George Bähr

Siegfried Gerlach

# George Bähr

Der Erbauer der Dresdner Frauenkirche

Ein Zeitbild

2005

BÖHLAU VERLAG KÖLN WEIMAR WIEN

Bibliografische Information der Deutschen Bibliothek:
Die Deutsche Bibliothek verzeichnet diese Publikation in der
Deutschen Nationalbibliografie; detaillierte bibliografische Daten
sind im Internet über http://dnb.ddb.de abrufbar.

Umschlagabbildung:
Bernardo Bellotto, Der Neumarkt in Dresden
von der Moritzstraße aus. Öl auf Leinwand.
Staatliche Kunstsammlungen Dresden.
Gemäldegalerie Alte Meister.

© 2005 by Böhlau Verlag GmbH & Cie, Köln
Ursulaplatz 1, D-50668 Köln
Tel. (0221) 913 90-0, Fax (0221) 913 90-11
info@boehlau.de
Alle Rechte vorbehalten
Satz: Peter Kniesche Mediendesign, Tönisvorst
Druck und Bindung: Westermann Druck, Zwickau
Gedruckt auf chlor- und säurefreiem Papier
Printed in Germany
ISBN 3-412-22805-2

# INHALT

# Vorwort

Das Für und Wider um die Rekonstruktion der Dresdner Frauenkirche, das vor nun schon mehr als einem Jahrzehnt die Gemüter leidenschaftlich bewegt hatte, ist inzwischen weitgehend verstummt. Der bedeutendste Sakralbau der protestantischen Christenheit, der einen Tag nach der verhängnisvollen Bombennacht vom 13. auf den 14. Februar 1945 ausgeglüht in sich zusammengestürzt war und dessen Ruine danach ein wechselhaftes, durchaus auch ideologisch bestimmtes Schicksal erleiden mußte, geht abermals seiner Vollendung entgegen. Seine Außenarchitektur, seit 1994 nach den Plänen des Ratszimmermeisters George Bähr in ihren Überresten saniert und ergänzt, ja im wesentlichen neu erbaut, hat ihre ursprüngliche Gestalt wieder gewonnen – nachdem das vergoldete Kuppelkreuz, von britischen Freunden als Zeichen der Versöhnung noch einmal geschaffen, am 22. Juni 2004 auf die Turmhaube gesetzt worden war. Die Ausgestaltung des Innenraums mit Altar, Orgel und Gewölbeausmalung schreitet voran; die kreuzförmige „Unterkirche", Teil der einstigen Katakomben, der Begräbnisstätte, wird bereits sechs Jahre lang als Ort des Gottesdienstes, für Konzerte und Vorträge genutzt.

Besucher der Elbmetropole aus vielen Ländern bewunderten, gemeinsam mit der einheimischen Bevölkerung, die ganze Zeit über das wachsende Gebäude. Sie interessierten sich aber auch für die Grabungen nach Bebauungsfragmenten aus der Vergangenheit in seinem Umkreis und standen staunend vor den Stahlregalen, wo man Steine und andere Fundstücke aus dem Trümmerberg, soweit sie noch zu verwenden waren, numeriert gelagert hatte. Im Zuge des angestrebten „archäologischen Wiederaufbaus" hat man sie unterdessen mit den

sichtbaren Spuren des Brandes und des Einsturzes der Fassade einge-
fügt.

Je weiter der Bau vorankam, um so deutlicher drängte sich naturgemäß dem Publikum der Eindruck seiner monumentalen und ebenso
anmutigen Erscheinung auf.

Breit ausgerichtete Spendenaufrufe zur Finanzierung des außergewöhnlichen Projekts riefen ein bemerkenswertes Echo hervor, nicht
zuletzt bewirkt von den Medien, die wiederholt über die Baufortschrit-
te berichten und Bilder davon weitum unter die Leute bringen.

Das Fundament für das Unternehmen legte unter der Devise „Ruf
aus Dresden" gleich nach der politischen Wende eine Bürgerinitiative.
1994 übernahm dann die Stiftung Frauenkirche, welcher der Freistaat
Sachsen, die evangelisch-lutherische Landeskirche und die Landeshauptstadt angehören, die Bauherrenschaft, unterstützt von den zahlreichen Mitgliedern der „Gesellschaft zur Förderung des Wiederaufbaus
der Frauenkirche Dresden e.V." und etlichen anderen Geldgebern.

Als die Arbeiten an dem erneut entstehenden Gotteshaus den hier
knapp skizzierten Stand erreicht hatten, fand der vorliegende Band
seinen Abschluß. Sein Thema ist es freilich keineswegs, worauf schon
der Titel der Darstellung hinweist, die Bauvorgänge, wie sie sich mit all
ihren Problemen und deren Lösung im verflossenen Jahrzehnt vollzogen haben, zu schildern und zu erklären. Im Gegenteil: Die Aufmerksamkeit dieser Studie gilt ausschließlich der Geschichte des Vorgän-
gerbaus aus dem achtzehnten Jahrhundert, der, wie wir noch sehen
werden, zweiten Frauenkirche, die am Ende des letzten Weltkriegs in
Trümmer gesunken war. Ihr geht es darum, das Dasein und vor allem
das mannigfache Wirken des Ratszimmermeisters auf dem Felde der
sakralen wir der profanen Baukunst, und zwar innerhalb wie außerhalb
der Residenz, eingehender als das bisher geschehen, vor dem Hintergrund der augusteischen Epoche zu betrachten. Um die Bährsche Lebenswelt zu erfassen, werden dazu die politisch-gesellschaftlichen und
die wirtschaftlichen Verhältnisse unter den Kurfürst-Königen in ihren
unterschiedlichen Formen gleichermaßen ins Blickfeld gerückt wie der
tiefgreifende Um- und Ausbau Dresdens, schließlich auch die kulturell-
künstlerischen Ausprägungen in der Elbkapitale jener Zeit. Das zielt
letztlich darauf ab, in einer Art Panorama, die für das Land und vor-

nehmlich die Stadt damals charakteristischen Gegebenheiten aufscheinen zu lassen.

Diesem Vorhaben kam es zugute, daß nach dem Beginn der Wiederherstellung der Frauenkirche die Forschung über sie einen enormen Schub bekam. Der Strom von Erkenntnissen, dessen wichtigste Quelle die lange Zeit als unübertroffen geltende Monographie von Jean Louis Sponsel vom Ausgang des neunzehnten Jahrhunderts gewesen war, auf die sich in der Regel die nachfolgenden Publikationen bezogen, schwoll nun so beträchtlich an, daß nicht wenige bislang unbekannte Fakten und Zusammenhänge auftauchten. Die älteren Untersuchungen hatten sich meistens auf die mehr oder weniger ausführliche Beschreibung des Bauwerks und seines Werdegangs konzentriert, zugleich war es mit anderen Bauten ihres Schöpfers verglichen, ja nicht selten als ein Sankt Peter in Rom ebenbürtiges Kunstdenkmal gerühmt worden. Nunmehr trat auf Grund der jüngeren Spezialstudien eine ganze Reihe teils neuer, teils verstärkt ins Bewußtsein gehobener Gesichtspunkte und daraus abgeleiteter Einsichten hinzu.

Sie betrafen beispielsweise das historische Umfeld des Opus George Bährs; seine typologische Einordnung in den protestantischen Kirchenbau; Fragen der Bautechnik wie der Finanzierung; die Planentwicklung; die Rolle des Ratszimmermeisters, vor allem Augusts des Starken sowie der Architekten des Oberlandbauamtes bei der Gestaltwerdung des Sakralbaus; die Rezeption des vollendeten Gebäudes in Literatur und Malerei und manches mehr.

Ein erheblicher Anteil an diesem Wissenszuwachs verdankt sich auch dem Umstand, daß in den letzten Jahren die originalen Bestände des Dresdner Stadt- und des Sächsischen Hauptstaatsarchivs an Bauakten und insbesondere an Baurechnungen zur Frauenkirche gesichtet und erschlossen werden konnten. Die Resultate dieser Bemühungen schlugen sich in den Artikeln der Kunsthistorikerin Gitta Kerstin Hennig nieder, die in den seit 1995 regelmäßig erscheinenden Jahrbüchern zum Wiederaufbau des Gotteshauses, die ohnehin ein Forum für eine Vielzahl bedeutsamer Beiträge bilden, veröffentlicht wurden. Sie erlaubten es, in die verschiedenen Phasen der Entwurfs- und der Bautätigkeit ebenso Einblick zu nehmen wie etwa in die Organisation der Baustelle und den Arbeitsalltag auf ihr. Auch der Katalog zu der über

„George Bähr Die Frauenkirche und das bürgerliche Bauen in Dresden" zwischen Dezember 2000 und März 2001 von den Staatlichen Kunstsammlungen Dresden und dem Landesamt für Denkmalpflege Sachsen im Residenzschloß veranstalteten Ausstellung, enthält zahlreiche von angesehenen Fachleuten über verschiedenste Themen verfaßte Abhandlungen. Diese erwiesen sich, zusammen mit der älteren Literatur, für die Auseinandersetzung mit dem Sakralbau ebenfalls als sehr hilfreich, so daß der Versuch gewagt werden konnte, den Weg nachzuzeichnen, der endlich hinführte zur zweiten Frauenkirche, einem Bauwerk von europäischem Rang.

Reutlingen, im Mai 2005 Siegfried Gerlach

# Die Grundsteinlegung der Frauenkirche

Am 26. August des Jahres 1726 legte der Dresdner Rat den Grundstein zu einer neuen Frauenkirche. Von *George Bähr* (1666 bis 1738) entworfen, sollte das siebzehn Jahre danach vollendete Gebäude dereinst zu den bedeutendsten Sakralbauten Europas gerechnet werden und seinem Schöpfer den Ruf eines der großen Architekten des Barockzeitalters einbringen.

Dem in einer langen Tradition verankerten Festakt wohnten, manche aktiv daran mitwirkend, neben den evangelisch-lutherischen Würdenträgern die Angehörigen der städtischen Obrigkeit und Repräsentanten des Hofes bei; außerdem zahlreiche Bürger aus unterschiedlichen Schichten sowie Chorknaben und Musikanten. Er war im vorangegangenen Sonntagsgottesdienst von allen Kanzeln mit den Worten abgekündigt worden, daß „zuvor in der alten Kirche, bey einer angeordneten Predigt, das allgemeine Gebeth, um gesegneten Fortgang desselben, gehalten werden soll, und wird deswegen die Predigt in der Sophien-Kirche vor diesmal eingestellt. Gott schaue in Gnaden auf uns und auf dieses ihm gewidmete Werck, und fördere es selbst, durch Christum, Amen!"[1]

Während der Zeremonie war es an dem Wirklichen geheimen Rath, Appellations-, Gerichts- und Oberkonsistorial-Präsidenten Gottlob Hieronymus von Leipziger als Abgesandten des drei Jahrzehnte zuvor zum katholischen Glauben übergetretenen und damals gerade in Polen weilenden Königs August II. (1670 bis 1733), den Beginn jenes Baus „zu Gottes Ehren und Zierde der Stadt"[2] in der gebräuchlichen Weise symbolisch zu vollziehen.

Schon vier Wochen vorher hatte der Gouverneur und Generalintendant über alle Gebäude Reichsgraf August Christoph von Wackerbarth (1662 bis 1734) den mehrfach überarbeiteten Plan Bährs ordnungsgemäß „signirt und approbirt". Schließlich war bereits seit dem 1. Juli begonnen worden, die Baugrube im vorgesehenen Umfang abzustecken, danach auszuheben, mit einem Geländer zu umgeben, das Gestühl für die Gäste aufzustellen und fortan die Grundmauer des neuen Gotteshauses aufzurichten.

Welchen Verlauf die Feierlichkeiten fast acht Wochen später nahmen, ist uns getreu überliefert.[3] So wissen wir, wer die offiziellen Teilnehmer waren und woher sie sich zum Schauplatz des Geschehens begaben, dem Friedhof der alten aus dem Mittelalter stammenden Kirche „Zu unserer Lieben Frauen", die es nunmehr, wegen ihrer Baufälligkeit und um Platz für den Neubau zu schaffen, abzutragen galt.

Schon um sechs Uhr in der Frühe brachen, um für die notwendige Ordnung zu sorgen, hundert bewaffnete Männer der Bürgerwehr in ihren bunten Monturen vom Altmarkt dahin auf; anderthalb Stunden später unter heiterem Himmel gefolgt von einer würdevollen Prozession: vom Rathaus her bewegten sich, derweil sämtliche Glocken läuteten, Bürgermeister und Senatoren, die Kirchväter, die Viertelsmeister und die Ältesten der Zünfte, Innungen und Handwerker, alle in festlich-schwarzem Habit, ebenfalls auf die einstige Begräbnisstätte zu.

Dort bildeten sie, ausgenommen die Ratsmitglieder, ein Spalier, durch das der Regierende Bürgermeister Christian Heinrich Vogler die Minister und die Räte ins Innere des Gotteshauses geleitete.

Die Predigt „zu dem Neuen Tempel-Bau" hielt der nicht zuletzt als brillanter Rhetoriker hohes Ansehen genießende Superintendent der Kreuzkirche, der Hauptkirche der Residenz, Dr. Valentin Löscher (1618 bis 1749); musikalisch umrahmt von einer vom Kreuzkantor Christlieb Reinhold, der ihm geistig-geistlich nahestand, eigens komponierten zweiteiligen Kantate in vierzehn Sätzen, einer, wie es in der zeitgenössischen Beschreibung heißt, „sehr starcken Music".[4]

Der orthodoxe Lutheraner, der „Prophet von Kursachsen", wie man ihn seiner leidenschaftlich-mahnenden Haltung wegen genannt hat, nutzte die Gelegenheit, vor den Anwesenden das evangelische Bekenntnis als den wahren christlichen Glauben zu bezeichnen, die „Konversion der Landes-Häuptter" ebenso wie „die Vertreibung der böhmischen Protestanten"[5] anzuprangern sowie ein düsteres Bild

Dresdens als „sündiger Stadt" zu malen, darin es „manches wüste Wesen" und „fast Sodomitisches Bezeugen" gebe.[6] Zugleich sprach er angesichts der Dimensionen des zukünftigen Bauwerks, die ihm beim Blick auf den markierten Grundriß bewußt geworden waren, eine Warnung aus, überschritten dessen „Capazität und der Splendor", das räumliche Fassungsvermögen wie die zu erwartende Prachtentfaltung, für ihn doch das rechte Maß, widerstrebten also seinem lutherischen Verständnis von Kirchenarchitektur.[7] Und dann verglich er, der den katholischen Hof sowohl aus theologisch-konfessionellen wie aus moralischen Motiven verabscheute und heftiger Kritik unterzog, August den Starken mit jenem weisen König des Alten Testaments, der Israel zur kulturellen Hochblüte geführt hatte, indem er ausrief, es wird einmal „zum Gedächtniß in die Chronicken geschrieben werden: Unser Salomo habe den Grundriß zu einer Evangelischen Kirche legen lassen."[8]

Nach dem Gottesdienst begaben sich die hochgestellten Persönlichkeiten, voraus der Schülerchor und der Pfarrer der alten Frauenkirche Johann Gottfried Michaelis und geführt vom zweiten Bürgermeister George Friedrich Stefigen sowie dem Stadtsyndicus und Oberkonsistorialrat Dr. Paul Christian Schröter, hinaus zu dem in Aussicht genommenen Baugelände; darunter die geistlichen Herren, die städtischen wie königlichen Räte und Geheimrat Leipziger.

An der Stelle, wo sich in absehbarer Zeit der Altar erheben sollte, wandte sich der Syndicus, der im Stadtratscollegium gegenüber dem Hof für die Bauangelegenheiten verantwortlich war, in knapper, „wohlgesetzter und nervöser"[9] Rede an den Vertreter des Königs und rühmte in ihr unter anderem die vom Monarchen „zu wiederholten mahlen gegebenen allertheuresten Religions-Versicherungen"[10]. Dann sprach auch der Geheimrat und spielte dabei gleichermaßen auf die vom Landesherrn dekretierten Garantien zur Erhaltung des konfessionellen Status quo an, unterstrich das mit dem Hinweis auf die andernorts inzwischen erbauten evangelischen Gotteshäuser und führte die Genehmigung des Frauenkirchenbaus durch die oberste Baubehörde, ähnlich wie Löscher, ebenfalls als Beweis für die „in der Religions-Verfassung in den hiesigen Landen"[11] zugesicherte Glaubensfreiheit an. Er schloß seine Ausführungen mit der Hoffnung, daß „der grosse GOtt bey diesem Baue selbst Baumeister seyn wolle, und das Werck der Hände derjenigen, so nicht nur davor unermüdete Sorge tragen, sondern sie auch selbsten daran legen, in der Maaße seegnen, bekräfftigen und bewahren möge, daß bey dem Ende dieses Baues, so wie bey dessen Anfange, mit frolockendem Munde könne ausgeruffen, und gesaget werden: Dis hat der Herr gethan, des lasset uns freuen und frölich seyn!"[12]

Danach reichte ihm der dritte Bürgermeister Christian Schwarzbach auf silberner Schale eine Kelle mit einem Griff aus Olivenholz. Das war der Auftakt zur eigentlichen Grundsteinlegung: von Leipziger warf damit dreimal Kalk unter den vom Steinmetzmeister Daniel Ebhardt (1697 bis 1737) modellierten Grundstein, bevor er in einer Höhlung desselben eine von einer irdenen Hülle ummantelte, kupferne Kassette abstellte. Sie enthielt ein Exemplar der Confessio Augustana, jener fundamentalen Bekenntnisschrift der lutherischen Kirche, die, von Melanchthon verfaßt, zur Verständigung mit den Andersgesinnten auf dem Reichstag zu Augsburg 1530 Kaiser Karl V. von den Protestanten übergeben worden war; ergänzt um einen Erinnerungstext des Stadtrats, in dem es gleich anfangs hieß: „In dieser Zeit ist, dem grundgütigen Gott sei Dank dafür gesagt, im Lande sowohl als auch im römischen Reich und in ganz Europa Friede."[13] Darüber hinaus fügte man noch eine vom Stempel- und Wappenschneider Johann Wilhelm Höcker in Gold und Silber geprägte Gedächtnismedaille hinzu, die auf ihrer Vorderseite die Ansicht der neuen Frauenkirche nach dem Bährschen Entwurf wiedergab[14], dazu endlich eine Anzahl der dazumal im Umlauf befindlichen Münzen.

Mit drei Hammerschlägen auf den Spund, der die Öffnung des Kästchens verschloß – der Chor sang unterdessen das Lied „Herr Gott, wir danken dir", und unter Kantor Reinholds Leitung musizierten nicht weniger als achtundsechzig Personen – endete die Feier, der mehr als zehntausend Menschen beigewohnt haben sollen; eine Angabe, die angesichts der damaligen Einwohnerzahl Dresdens wohl doch etwas zu hoch angesetzt sein dürfte.

Hinterher fand für die geladenen hohen Gäste – insgesamt 138 Personen – noch ein Festessen in des Rats renoviertem Gast- und Hochzeitshaus „Breyhahn" in der Breiten Gasse statt, die sich jenseits des Wallgrabens nahe der Bastion Mercurius hinzog. Die Baugewerken, worunter offensichtlich Bähr, der Ratsmaurermeister Johann Gottfried Fehre (1685 bis 1753) und der Steinmetzmeister Daniel Ebhardt zu verstehen waren, kamen, gemeinsam mit den Musikanten und den Ratsbediensteten, in dessen Obergeschoß in den Genuß einer Mahlzeit, die Bauleute hingegen erhielten „bey der Arbeit nach der Grundlegung ein Faß Königsteiner Bier zur Ergötzlichkeit"[15].

Ob der Ratszimmermeister, der nicht nur den Plan zur neuen Frauenkirche entscheidend ersonnen hatte und dem zusammen mit Fehre schon am 27. Juni 1726 „die Aufsicht und das Direktorium des Baus"[16], das heißt die Bauleitung übertragen worden war, während des Festaktes in irgendeiner Weise besondere Anerkennung erfuhr, ist keiner der Quellen, die man bisher aufzuspüren vermochte, zu entnehmen. Und erst recht ist uns nichts von seinem Auftreten, geschweige denn seinen Empfindungen an diesem Tag bekannt.

## GEORGE BÄHR – „DIE UNBEKANNTE PERSON"

Hier stoßen wir zum ersten Mal auf ein Problem, das einem bei der Beschäftigung mit dem späteren Ratszimmermeister Bähr immer wieder begegnet. Im Gegensatz nämlich zu seinem Opus, namentlich zu seinem hervorragendsten Bau, der Frauenkirche, das seit den neunziger Jahren des neunzehnten Jahrhunderts in zahllosen Studien untersucht, bis ins Detail durchleuchtet, unter den verschiedensten Aspekten interpretiert und in bauhistorische Zusammenhänge eingeordnet wurde, im Unterschied aber auch zu seiner amtlichen Tätigkeit[17] gelang es bisher nur in geringen Umfang, Person und Vita des Baumeisters zu erhellen.

Die spärlichen Zeugnisse, die darüber aufgefunden werden konnten, nicht viel mehr als biographische Rahmendaten, erlauben es nicht, so naheliegende Fragen wie die nach seinem Charakter, seiner Lebensweise und seinem Alltag, nach seinem Denken und Fühlen oder seinen Familienverhältnissen über eine geringe Zahl von gesicherten Fakten hinaus auch nur in einem einigermaßen befriedigenden Ausmaß zu beantworten. Und über seine Einstellung gegenüber den Kollegen, seine Ansichten zu den großen Problemen der Epoche, den politisch-gesellschaftlichen Umständen wie den künstlerisch-geistigen Bewegungen des Jahrhunderts wissen wir gleichfalls nichts. Briefe von ihm existieren ebensowenig wie ein Portrait, das uns eine Vorstellung von seiner äußeren Erscheinung vermitteln könnte – und dies in einer Zeit, in der nicht zuletzt infolge wachsenden psychologischen Interesses und biographischer Neugier solche Darstellungen von Menschen hoch im Kurs standen.

Das versetzt zunächst insofern in Erstaunen, als wir vom etwa gleichaltrigen Matthäus Pöppelmann (1662 bis 1736) auf einem – inzwischen allerdings verlorengegangenen – Medaillon eine jener Bildnisminiaturen besitzen, die mit ihrem kleinen Format dem Rokokogeschmack besonders entgegenkamen. Auch andere Architekten wie etwa der Dresdner Wolf Caspar Klengel ( 1630 bis 1691), den Heinrich Christian Fehling (1654 bis 1725) in einer einprägsamen Studie festhielt, oder der aus Berlin in die Elbmetropole herübergekommene Franzose Jean de Bodt (1670 bis 1745), welcher dem Hofmaler Louis de Silvestre (1675 bis 1760) Modell stand, wurden damals ebenso wie der Würzburger Zeitgenosse Balthasar Neumann (1687 bis 1753) portraitiert und natürlich ein Mann wie der Generalintendant des sächsischen Bauwesens Graf Wackerbarth.

Daß andererseits George Bähr offensichtlich niemals die Aufmerksamkeit eines Malers auf sich gezogen hat – das gilt bezeichnenderweise auch für den berühmten Orgelbauer Gottfried Silbermann (1683 bis 1753)[18] –, erklärt sich wohl kaum aus seinem bürgerlichen Stand – schließlich gab es in den oberen Bauinstanzen des Hofes in der Mehrzahl Baumeister aus dem Bürgertum[19] –, es war eher eine Folge seiner Ausbildung. Er hatte eine Handwerkslehre absolviert, war in eine Innung eingebunden, verdankte seine baukünstlerischen Kenntnisse autodidaktischen Bemühungen, gehörte mithin zu den Vertretern der „Zimmermannsarchitektur", wie im übrigen die meisten derer, die im achtzehnten Jahrhundert im Dresdner Kirchenbau wirkten.[20]

Zudem mag seine berufliche Stellung dabei eine Rolle gespielt haben, übte er doch, seitdem er in städtischen Diensten stand, keineswegs eine amtliche Funktion aus. Im Gegenteil: Das Bauamt des Rates, das ihn eingestellt hatte, verwaltete der Bürgermeister in seiner Eigenschaft als Stadtbaumeister, der jedoch weder mit der Planung noch mit der Ausführung von Bauvorhaben direkt befaßt war. Bähr hingegen arbeitete lediglich als „Bauvoigt" „auf Raths Anordnung", „auf Raths Befehl" und wurde als „Ratsdiener" mit sechs Gulden pro Jahr entlohnt.[21] Ein solcherart Abhängiger, einer jener „Empirici", wie man die aus dem Handwerk hervorgegangenen Baukünstler herablassend nannte,[22] kam offenkundig nicht in den Genuß, auf einem Bildnis verewigt zu werden, ungeachtet der vielen anerkennenden Urteile vor allem über das außergewöhnliche Werk der Frauenkirche nach deren Fertigstellung.[23]

Ganz anders verhielt es sich mit jenen Architekten, die im Oberlandbauamt und damit in einer höfischen Behörde tätig waren. Sie hatten, in Europa zu Studienzwecken meist weit umhergereist, eine fachliche Schulung auf internationalem Niveau erhalten, stammten zum Teil aus dem Ingenieurkorps, empfingen beträchtliche Gehälter – Pöppelmann bekam jährlich eintausendzweihundert Taler –, genossen im allgemeinen eine hohe Reputation, neigten indessen auch, wie berichtet wird, im Bewußtsein ihrer gesellschaftlichen Position und vermeintlich geistigen Überlegenheit nicht selten zum akademischen Dünkel.[24] So werden sie möglicherweise ein typisch barockes Repräsentationsbedürfnis entwickelt haben, das eben durch die Vergegenwärtigung in einem Portrait befriedigt wurde.

Hindert schon das Fehlen eines Bildes daran, gründlicheren Aufschluß über den Baumeister zu erlangen, so sind die Möglichkeiten, auf andere Weise Licht in das Dunkel seiner Existenz zu bringen, wie angedeutet, gleichermaßen eingeschränkt. Allenfalls in einigen Protokollen von Ratssitzungen oder von bestimmten Tätigkeiten, die in seinen Aufgabenbereich fielen, sowie in Berichten über seine Auseinandersetzungen im obersten Bauamt finden sich wenige, außerdem nur kümmerliche Hinweise darauf, was für eine Person er war und wie seine Vorgesetzten ihn einschätzten.[25] Von solcher Art ist ein Gutachten, von Mitgliedern der königlichen Baubehörde, in dem neben seiner Geschicklichkeit und seinem Verstand sein Fleiß herausgestellt wurde und von ihm als einem „arbeitssamen Mann", in einem Fall aber auch von „unvorsichtiger Gutmütigkeit" die Rede war.[26]

Im Grunde aber bleibt der Mensch George Bähr trotz aller wissenschaftlichen Anstrengungen bis heute seltsam konturlos, ein nahezu Unbekannter, der sich für die Nachwelt völlig hinter dem von ihm Geschaffenen verbirgt.

Angesichts dieses Befundes wollen wir uns später ausführlicher seiner Lebenswelt zuwenden, um daraus wenigstens Einblick in die äußeren Bedingungen und Gegebenheiten der Daseinsbahn einer als Person nur unscharf in Erscheinung tretenden herausragenden Gestalt der augusteischen Epoche zu gewinnen.

## GEOGRAPHISCHE UND SOZIALE HERKUNFT

George Bähr, dessen Name in einer Zeit, in der man es mit der Schreibweise so genau nicht nahm, einmal als Behr oder Beer, ein andermal, bevor es zur heutigen Form kam, auch als Baehr auftaucht[27], wurde am 15. März 1666 geboren. Fürstenwalde, der Ort, wo er als Ältester von sieben Geschwistern das Licht der Welt erblickte, liegt im Osterzergebirge, unweit der sächsisch-böhmischen Grenze, rund fünfunddreißig Kilometer südlich von Dresden. Damals gehörte es zur Herrschaft Lauenstein, genannt nach dem benachbarten Städtchen, das sich im Anschluß an eine von den Markgrafen von Meißen wohl schon im zwölften Jahrhundert gegründete Burg im oberen Müglitztal ganz allmählich entwickelt hatte. Sie war der Ausgangspunkt für umfangreiche Rodungen im Rahmen der deutschen Ostsiedlung, die zur Anlage von neun Waldhufendörfern führten, unter denen sich auch Fürstenwalde befand.[28]

Von der Müglitz her gesehen, dem tief eingekerbten Nebenfluß der Elbe, steigt es dreieinhalb Kilometer südöstlich dieses Wasserlaufs im Tal eines Baches mit zwei Gehöftreihen auf einer Länge von etwa zwei Kilometern einhundertzwanzig Meter an. Seine Flur, die sich mit ihren kleinen Parzellen, umgrenzt von Lesesteinwällen mit Gebüschgruppen, eng an die natürliche Situation angepaßt hat, erstreckt sich beiderseits hangaufwärts über eine sanftwellige Hochfläche. Dort erreichen Felder und Wiesen die beachtliche Höhe von siebenhundertdreißig Metern, die von einem später zur Poststraße zwischen der Elbresidenz und Teplitz (tschechisch Teplice) am südlichen Erzgebirgsfuß ausgebauten Verkehrsweg überquert wurde.

Diese Gebirgslage mit ihrem feuchten, kühlen, rauhen Klima, dazu den zum Teil kargen Böden, den vielen Nebel- und Frosttagen sowie dem verzögerten Frühlingseinzug läßt der Vegetation nur wenig Zeit zu ihrer Entfaltung. Nicht verwunderlich, daß die Erträge der agrarischen Nutzung, zumal in der Vergangenheit, stets gering, oft unsicher waren, und die Viehwirtschaft immer Vorrang hatte.

Die physischen Verhältnisse des Raumes, seine Ungunst, für die ein Gang über die Höhen mit ihren vom Sturm zerzausten Bäumen genügend Anschauung bietet, beeinflußten nicht wenig das Ortsbild: Über den häufig aus Gneis errichteten Erdgeschoßmauern erhoben sich, anfangs unter Stroh-, schließlich unter Schieferdächern, die Fachwerkkonstruktionen schlichter, am Giebel meist mit Holzschindeln verkleideter Häuser, vor deren Eingängen ein sogenanntes Vorhäusel den Witterungsunbilden wehrte. Zweiseithöfe mit Scheunen, die sich, des Windschutzes halber, der Wetterseite zuwandten, prägten überdies das Gesicht des Dorfes.[29] Ferner gab es seit Anfang des sechzehnten Jahrhunderts in der Siedlungsmitte die Dorfkirche, ein Bau mit Dachreiter, dessen flachgedecktes Schiff in einen Triumphbogen übergeht, hinter dem sich der Chor mit einem sehenswerten Sterngewölbe auftut.

Vom Spätmittelalter bis ins achtzehnte Jahrhundert, als er zum Erliegen kam, hatte in der Gegend der Bergbau, besonders durch die Erschließung der Zinnvorkommen am Geisingberg bei Altenberg, zeitweilig größere Bedeutung. Infolgedessen entstanden in den Tälern ringsum Schmelzhütten und Hammerwerke – letzteres galt auch für unseren Ort.

In solch einer Landschaft, die der Mensch in ihrer ursprünglichen Beschaffenheit unter viel Mühen nach und nach verändert hatte, wo man freilich am Ende des siebzehnten Jahrhunderts nur auf recht bescheidene Lebensumstände traf, verbrachte Bähr seine frühe Kindheit.

Nicht wenige ihrer Bewohner gehörten damals, soweit sie nicht über einen begrenzten Feldbesitz verfügten, zur nichtbäuerlichen Sozialschicht derer, die man als Häusler bezeichnete, nannten diese Landlosen doch lediglich ein kleines Haus ihr eigen. Deshalb mußten sie sich nicht selten bei den selbständigen Bauern als Landarbeiter verdingen oder zusätzlich durch eine handwerklich-gewerbliche Tätigkeit, vor allem als Leineweber, ihre Existenz sichern.[30]

Lange Zeit hielt sich die Auffassung, der Vater des zukünftigen Baumeisters sei ebenfalls in dem an den Flachsanbau in den niederschlagsreichen Mittelgebirgen gebundenen ländlichen Hausgewerbe beschäftigt gewesen. Eine neuere Untersuchung, die, weil die Kirchenbücher beim Brand des Pfarrhauses im Krieg 1813 vernichtet worden waren, vor allem auf der Auswertung von Kaufverträgen in Gerichtsbüchern sowie von Innungsakten fußt, konnte indessen belegen, daß schon jener Andreas Beer, wie dereinst sein Sohn, den Beruf des Zimmermeisters ausgeübt hatte.

Auch er war, und zwar 1640/1643, in Fürstenwalde zur Welt gekommen, war die Ehe mit einer Susanne Löwes eingegangen und hatte danach mit ihr, wie es damals die Regel gewesen, offenkundig dort gewohnt, wo er selbst aufgewachsen und erbberechtigt war: im Gut seines Vaters Hans Beer, eines angesehenen Bauern, also des Großvaters von George Bähr. Somit ließ sich dieses Anwesen am heutigen Unteren Schulweg 50 als das Geburtshaus des Frauenkirchen-Architekten identifizieren – 1988 wurde dort auch ein Gedenkstein aus Gneis aufgestellt – und die Annahme als irrig zurückweisen, daß dieser in dem Gut Nr. 63 im Unterdorf geboren worden sei, wo man vor über hundert Jahren, 1897, fälschlicherweise zur Erinnerung eine über vier Meter aufragende Spitzsäule aus Sandstein mit Inschrift errichtet hatte. 1688 ist Andreas Beer – eine bedeutsame Erkenntnis in unserem Zusammenhang – als einer von vier „Landmeistern" aus Fürstenwalde in Lauenstein nachweisbar; und am 2. Oktober 1669 erwarb er in dem Städtchen einen im Dreißigjährigen Krieg beim Durchzug schwedischer Truppen abgebrannten Bauernhof, eine „Brandwüstung". Falls man für dessen Wiederaufbau ein bis zwei Jahre veranschlagt, dürfte sich die Familie mit dem vier- bis fünfjährigen Buben – so das Resultat der erwähnten Nachforschungen – 1670 oder 1671 in dem neuen Domizil niedergelassen haben. Damit gelangte George Bähr in jene Stadt, die, nur vier bis fünf Kilometer von seinem Geburtsort entfernt, eine Zeitlang zu seiner Lebensumgebung werden sollte, in der er wohl auch die Schule besucht hat.[31]

Von einer Mauer mit drei Toren umschlossen, drängte sie sich auf einer hochgelegenen Flußterrasse um einen stark abfallenden, quadratischen Marktplatz unmittelbar neben der Burg eng zusammen.

Infolge des inzwischen mehr und mehr rückläufigen Bergbaus, dazu der kriegerischen Bedrängnisse des Jahrhunderts war die noch zweihundert Jahre zuvor wesentlich höhere Zahl ihrer Einwohner so beträchtlich dezimiert worden, daß nun nur noch rund dreihundert Menschen, vorwiegend Handwerker, Kleinbauern und wenige Bergleute in ihr lebten.

Trotz seiner geringen Größe war Lauenstein von alters her ein zentraler Ort, der gewisse Güter und Dienste für die Versorgung auch der Bevölkerung seines Umlandes anbot. Dazu trugen sein Wochenmarkt – bereits seit 1374 besaß es das Marktrecht –, in erster Linie jedoch ein Salzmarkt für die neun in der Nähe liegenden Waldhufendörfer bei. Außerdem fanden sich in der Stadt eine Apotheke, eine Baderei, vor dem Rathaus regelmäßig Fleisch- und Brotbänke, ja ein Hospital, seinerzeit das Armenhaus. Aber es gab auch eine Schule – wohl eine jener in ihrem Wert allerdings sehr unterschiedlichen Anstalten, die neben den längst existierenden städtischen Lateinschulen und den erst kurz zuvor geschaffenen Landes- oder Fürstenschulen gerade in den Montanregionen des oberen Erzgebirges nach der kursächsischen Kirchen- und Schulordnung von 1580 gegründet worden waren, Luthers Aufruf „an die Ratsherren" folgend, „daß sie christliche Schulen aufrichten und erhalten sollen".[32]

Die Herrschaft Lauenstein, die außer der Stadt selbst noch Neugeising, den Bergflecken Zinnwald und die Siedlungen der Rodungslandschaft umfaßte, war damals, wie schon seit 1517, im Besitz derer von Bünau. Unter Günther von Bünau, einem humanistisch gebildeten Mann, der an den kunstsinnigen Höfen von Prag und Dresden eine beachtliche Rolle gespielt hatte, waren um 1600 nach einer Feuersbrunst nicht nur die zerstörten Häuser der Stadt einschließlich der stilistisch aus niederländischen und italienischen Elementen zeitgemäß wieder aufgebauten Kirche neu entstanden, sondern nicht zuletzt die stark in Mitleidenschaft gezogene mittelalterliche Burganlage in den Formen der Renaissance modernisiert und in ihrem Innern glanzvoll ausgeschmückt worden. Zum Markt hin dokumentierte das Torgebäude des vorgelagerten Wirtschaftshofes mit seinem Rundbogenportal und dem Volutengiebel den zukunftsorientierten Kunstgeschmack, dem sich nun auch der Landadel verschrieben hatte.

Ob der heranwachsende Bähr diese für den kleinen, abgelegenen Ort bemerkenswerten Architekturen wahrnahm, ob er so aufgeweckt war, daß sie seine Phantasie beflügelten – mitunter offenbaren die Biographien von Baukünstlern derartiges –: davon haben wir wiederum keine Kenntnis.

In jenen Jahren hatte das Bauhandwerk Lauensteins, aller Wahrscheinlichkeit nach, Aufträge in reichlichem Maße; galt es doch vor allem die Schäden zu beseitigen, die ein erneuter Stadtbrand im Jahre 1668 verursacht hatte und dem der Kirchturm, das Pfarramt und die Schule zum Opfer gefallen waren.

Vielleicht läßt sich deswegen annehmen, daß der junge George denselben Beruf wie sein Vater gewählt hat, dann aber, nach Abschluß seiner Lehre, wie es die Innungsvorschriften verlangten, auf Wanderschaft, mit in der Regel häufig wechselnden Arbeitgebern, gegangen war, um seine handwerklichen Fähigkeiten zu vervollkommnen.[33] Dies kann freilich nicht vor 1682 geschehen sein, denn nach dem Ende seiner Schulzeit, als er vierzehn Jahre alt war, mußte er noch eine zweijährige Ausbildung bei einem uns freilich unbekannten Meister durchlaufen, bevor er seine Gesellenprüfung ablegen konnte.

Als er 1705, unterdessen ein Neununddreißigjähriger, in Dresden als Ratszimmermeister vereidigt wurde, war jedenfalls von „George Bähr von Lauenstein" die Rede, „so das Zimmerhandwerk erlernet auch darauf etliche Jahr als Geselle gearbeitet" habe ...[34].

Zunächst jedoch verliert sich seine Spur in der Stadt im Müglitztal.

# ANKUNFT UND ERSTE JAHRE IN DRESDEN

Wann genau George Bähr nach Dresden kam, wissen wir bis heute nicht. Lange Zeit galt als gesichertes Datum seiner Anwesenheit in der Residenzstadt lediglich ein Eintrag im Kirchenbuch der Dreikönigskirche im rechtselbischen Altendresden, in jenem Teil des Gemeinwesens, der später, von 1730 an, die „Neue Königstadt" hieß. In ihm ist für das Jahr 1693 der Tod einer Tochter des Zimmergesellen verzeichnet. Mittlerweile jedoch konnten jüngere Forschungen seine Eheschließung ebendort bereits für 1689 belegen. Wie dem auch sei, der Schöpfer der Frauenkirche siedelte offensichtlich schon in einer frühen Lebensphase nach der kurfürstlichen Kapitale über; auf alle Fälle in seinen zwanziger Jahren, zu einem Zeitpunkt also, noch bevor Prinz Friedrich August, nach dem plötzlichen Tod seines Bruders, des jungen Georg IV. (1668 bis 1694), als Kurfürst Friedrich August I., der als „der Starke" berühmt wurde, 1694 dessen Nachfolge antreten mußte.

Was ihn dazu bewogen hatte, sich in der harmonisch in das Elbtal mit seinen sanft ansteigenden Hängen eingebetteten Stadt niederzulassen, vermag man ebensowenig zu sagen wie sich Jahr und Tag seiner Ankunft angeben lassen. Man geht indes mit der Annahme gewiß nicht fehl, daß die Möglichkeiten, als tüchtiger Zimmermann, der auf seiner Wanderschaft wichtige Erfahrungen gesammelt hatte, in der Residenz nicht nur sein Auskommen, sondern eine seinen Befähigungen angemessene Beschäftigung zu finden, naturgemäß weitaus besser waren als in seinem Geburts- oder Ausbildungsort. So mag es für Bähr nahegelegen haben, sich gerade aus solchem Grunde dorthin zu begeben. Damals strömten ohnehin Scharen von Handwerkern, Meister wie Gesellen, in die kurfürstliche Kapitale, da angesichts der regen Bautätigkeit die lokalen Zünfte den wachsenden Bedarf an Arbeitskräften nicht zu decken vermochten – ein Vorgang, der, neben der Zuwanderung von Adligen und Bürgern, von Ausländern, Künstlern und Militärs, die das prächtige Hofleben anlockte[35], im Sozialgefüge der Bevölkerung sich zunehmend niederschlug.

Um jene Zeit, rund vier Jahrzehnte nach der Katastrophe des Dreißigjährigen Kriegs, befand sich Dresden längst wieder im Aufwind. Seine starke Befestigung hatte sie zwar, sieht man von den Vorstädten ab, vor Zerstörungen und feindlicher Besetzung, nicht jedoch vor Drangsalen wie Einquartierungen und Hungersnot bewahrt. Zudem war auch hier die Pest über Jahre hin zur Geißel geworden, so daß 1680 die Bestattungen, gegenüber anderen Jahren, noch das Vier- bis Fünffache betrugen. Viele Bürger hatten, hoher Steuern und Abgaben wegen, in beträchtlichem Maße ihr Vermögen verloren; und die Bautätigkeit war fast gänzlich zum Erliegen gekommen.[36]

Nun indessen zeugte allein die sich vermehrende Zahl ihrer Einwohner vom erneuten Aufschwung der Stadt. Lebten 1648 erst 16.000 Menschen in ihren Mauern, so waren es 1699, vor allem dank der Niederlassung von Glaubensflüchtigen besonders aus Böhmen, bereits 21.300, 1755 sogar mehr als 63.000.[37] Von den Vertriebenen gingen nach und nach ebenso Impulse auf das Wirtschaftsleben aus wie von der breiten Konsumentenschicht am kurfürstlichen Hof mit ihren anspruchsvollen Bedürfnissen nach Luxuswaren. Von der allgemein steigenden Nachfrage profitierten neben den Handwerksbetrieben nicht zuletzt die inzwischen, auch mit Hilfe ausländischer Spezialisten, entstandenen Manufakturen, die eine Vielzahl unterschiedlicher Erzeugnisse großenteils von hoher Qualität anboten. Davon wird noch ausführlicher die Rede sein.[38]

Damit zählte die Kapitale zum Kreis jener urbanen Siedlungen, die im achtzehnten Jahrhundert als Großstädte galten. Allerdings: an Größe, Wichtigkeit und Wirkung hielt sie keinem Vergleich mit den bedeutenden europäischen Haupt- und Residenzstädten der Epoche stand, mit solchen vom Range Londons, Paris', Madrids, Roms, deren Bevölkerung damals schon in die Hunderttausende ging. Ja, selbst mit den seinerzeit noch kleineren Metropolen wie Wien oder Prag konnte sie bei weitem nicht mithalten. Immerhin erledigte sie sich Schritt für

Schritt ihres provinziellen Habitus und begann allmählich, in ihre künftige Rolle als namhaftes Kunst- und Kulturzentrum hineinzuwachsen.[39]

Innerhalb der städtischen Gesellschaft Dresdens gewannen nunmehr Kaufleute und ehemalige kurfürstliche Beamte, soweit dies die landesherrliche Omnipotenz zuließ, an Einfluß, die bürgerliche Oberschicht drängte in den Rat der Stadt und besetzte in ihm den Platz manch eines Handwerkers.

Andererseits wuchs die Zahl der sogenannten unangesessenen Bürger, Bedienstete der verschiedensten Art, Ärzte, Künstler auch, die, ohne Haus- und Grundbesitz, zwar wirtschaftlich selbständig waren, aber nicht in städtische Ämter aufsteigen konnten, ständig an und trug damit zur sozialen Differenzierung bei.[40]

Solch bemerkenswerte demographische wie soziologische Veränderung offenbarte sich nicht zuletzt in einer Belebung des zuvor darniederliegenden Bauwesens und damit im Stadtbild. Abgesehen von einer Reihe stattlicher öffentlicher Gebäude, wie sie für eine Residenz dieses Formats damals durchaus typisch waren und etwa auf dem Merian-Strich von 1650 deutlich zu erkennen sind, herrschte auch in Dresden bis tief in die Neuzeit hinein das schmalbrüstige, schindelgedeckte Fachwerkhaus vor, hinter dem sich nicht selten mehrfach gegliederte Höfe erstreckten.

Um die immerwährende Brandgefahr zu bannen und den ehedem modernen städtebaulichen Auffassungen gerecht zu werden, versuchte der Stadtrat, durch verschiedene Bauordnungen dem Steinbau zum Durchbruch zu verhelfen, zugleich aber auch in den engen Quartieren die hygienische Situation zu verbessern.

Im siebzehnten Jahrhundert griff die nachdrücklich geforderte neue Bauweise dann tatsächlich immer mehr um sich. Die Häuser wuchsen, nicht nur am Altmarkt, auf vier, mitunter fünf Geschosse in die Höhe, in denen es auch die ersten Mietwohnungen gab, die selbst von Handwerkern mit ihren Familien, Gesellen und Lehrlingen genutzt wurden.[41] Kunstvoll verzierte Giebel und Bewunderung hervorrufende Sandsteinportale verliehen ihren Fassaden gegenüber den einstmals gotischen Bauformen in vielen Straßenzügen jetzt ein neuartiges Gepräge.

So bot Dresden seinerzeit hinter seinen mächtigen Mauern und Toren, den Wällen und Bastionen „das einheitliche Bild einer farbig reichbewegten bürgerlichen Renaissancearchitektur, zu der Plastik und Malerei wesentlich beitrugen, inmitten weniger monumentaler Bauten wie Schloß, Stallhof und Zeughaus".[42] Dieser Eindruck war noch verstärkt worden, nachdem der Hof in der zweiten Hälfte des siebzehnten Säkulums eine Anzahl bedeutsamer Bauvorhaben verwirklicht oder zumindest in Angriff genommen hatte.

Den Anfang machte, unmittelbar am Schloßkomplex, somit ebenfalls auf der hochwassergeschützten Terrasse des Taschenbergs placiert, 1664 das Opern- und Komödienhaus, das früheste feste und außerdem größte Theater nördlich des Mains, in welchem über zweitausend Besucher die Aufführungen verfolgen konnten.[43] Im Auftrag des kunstsinnigen Georg II. (1613 bis 1680), des Großvaters Augusts des Starken, der in der Architektur schon ein gewichtiges Repräsentationsmittel gesehen hatte, war es von Wolf Caspar von Klengel entworfen und ins Werk gesetzt worden. Der in Dresden geborene, außerordentlich einflußreiche Oberlandbaumeister, ein vielseitig gebildeter Offizier, Architekt und Festungsingenieur, der auf einer Romreise den Hochbarock Borrominis (1599 bis 1667) und Berninis (1598 bis 1680) zu studieren vermochte, übernahm später auch die Aufgabe, den Prinzen Friedrich August mit der großen Baukunst der Epoche vertraut zu machen. 1691 von Johann Georg Starcke (um 1640 bis 1695), seinem Schüler und Nachfolger, nicht wenig verändert, wurde das Gebäude – der Kurfürst hatte unterdessen die Konfession gewechselt – im Jahre 1707 abermals umgebaut und, völlig zweckentfremdet, vorübergehend zur katholischen Hofkirche bestimmt.

Im Rahmen der Erneuerungsarbeiten am Schloß zog man damals den Hausmannsturm, wiederum den Vorstellungen Klengels entsprechend, so hoch, daß er 1676 mit seiner von einer offenen Laterne bekrönten welschen Haube die Marke von siebenundneunzig Metern erreichte. Als nunmehr höchstes Bauwerk der Stadt, das auf ältester Bausubstanz aus der Zeit des mittelalterlich-markgräflichen Kastells unweit des Elbufers basierte, drückte es fortan der Dresdner Silhouette unübersehbar seinen Stempel auf.

Drei weitere Gebäude von freilich nur begrenzter Lebensdauer gilt es, für die hier zunächst ins Auge gefaßten Jahre noch zu erwähnen. Sie hatten nicht allzu lange vor Bährs vermuteter Ankunft in Dresden ihren Platz auf der unbebauten Fläche zwischen zwei Bastionen westlich der Schloßanlage gefunden; dort nämlich, wo sie anfangs des nächsten Jahrhunderts vor allem dem Pöppelmannschen Zwinger weichen mußten: das älteste davon Klengels Ballhaus, 1669 fertiggestellt; danach Starckes Schießhaus von 1673 und daneben das Große Reithaus, desgleichen von W.C. Klengel, zwischen 1677 und 1678 errichtet - samt und sonders in den Formen der Spätrenaissance.

Das umfangreichste, weil nicht nur auf Einzelarchitektur beschränkte, sondern tief ins Städtebauliche vorgreifende Projekt stand seinerzeit auf dem rechten Ufer des ausgeprägten Elbknies an, in Altendresden. Dieser Stadtbereich war 1685 Opfer eines verheerenden Brandes geworden und sollte, bis dahin jeglicher Regularität entbehrend, in wohlgeordneter Weise wiederaufgebaut werden. Die Pläne dazu stammten auch in diesem Fall erneut von Klengel. Sie sahen eine für die Epoche charakteristische strahlenförmige Straßenführung vor, deren mehr als einen halben Kilometer lange Hauptachse auf den Flußübergang zielte. Offenkundig französisch-italienischen Vorbildern nachempfunden, wurde das großzügige Vorhaben jedoch erst unter August dem Starken, von diesem selbst modifiziert und damit nun den Idealen barocker Stadtbaukunst angepaßt, zum Abschluß gebracht.

Auch linkselbisch, und zwar außerhalb der Fortifikation, geschah damals in bezug auf die Bautätigkeit einiges, was der Stadt ebenfalls völlig Neues hinzufügte.

Nach Westen hin war, Ausdruck der allgemeinen Aufwärtsbewegung, schon 1670 Neustadt-Ostra, die künftige Friedrichstadt, entstanden, wo sich aus frühen merkantilistischen Erwägungen des Staates Gewerbe ansiedeln sollte, dann aber auch Landhäuser höfischer und adliger Kreise, ferner vermögender Bürger größere Teile des Areals besetzten.

Und im östlichen Vorfeld der Befestigungen, jenseits des Pirnaischen Tores, kam es weit vor dem geschlossenen Baukörper auf den ebenen Fluren des Elbschwemmlandes ebenfalls zu einem unverkennbar den Bedürfnissen der Residenz gemäßen Wandel.

In den Jahrzehnten nach dem Dreißigjährigen Krieg, von denen hier ja berichtet wird, bemächtigte sich der tonangebenden Schichten auch in Dresden allmählich ein bis dahin unbekanntes Lebensgefühl. Es ließ deren Angehörige aus der Enge der Stadt hinaus in die Wiesen und Auen vor den Toren streben, ließ sie mit einem für die Schönheiten der Natur geschärften Blick an der offenen Landschaft Gefallen finden. In ihr erging man sich, Orte der Erholung und Ergötzung aufsuchend, Muße und Geselligkeit pflegend, überdies bald von dem Wunsch beseelt, während der warmen Jahreszeit sich auch beständig dort aufzuhalten.

So waren auf jenem rund zwei Quadratkilometer großen Gelände außerhalb von Wall und Graben bereits von der Mitte des siebzehnten Jahrhunderts an, den veränderten Lebensgewohnheiten der privilegierten Stände angepaßt, prächtige Gärten angelegt und die ersten Lusthäuser, häufig umgeben von ausgedehnten Parks, gebaut worden, wo man sich, bald mehr und mehr, dem sommerlich-pastoralen Spiel und Vergnügen in ländlich-idyllischer Umgebung hingab.

Den Höhepunkt dieser Entwicklung kennzeichnet das Palais mit dem von ihm dominierten Großen Garten, nahezu zwei Kilometer vom östlichen Außenrand der Stadt entfernt. Das lebhaft gegliederte Bauwerk über einem H-förmigen Grundriß, das ein reicher figuraler Fassadenschmuck, ergänzt durch Frucht- und Blattgehänge, zierte, war zunächst dem Kurprinzen, dem späteren Kurfürsten Georg III. (1647 bis 1691) – Vater Augusts des Starken –, als Sommerschloß zugedacht. Nach 1678 wuchs es in der Verantwortung Johann Georg Starckes empor, der inzwischen das Amt des Oberlandbaumeisters innehatte.

Nicht mehr hin zum römischen Hochbarock orientiert, sondern Anregungen der französischen Baukunst aufnehmend, die sein Architekt offenbar aus eigener Anschauung kannte und in schöpferischer Weise durchaus eigenständig verarbeitete, ist das Palais das früheste Beispiel sächsischer Barockarchitektur, mit dem sich „die Blütezeit des 18. Jahrhunderts keimhaft ankündigt"[44], ja „darüber hinaus der erste Monumentalbau des neuen ‚Großen Stils' im deutschen Sprachraum"[45].

Seinen Platz, gemeinsam mit acht benachbarten von Mansarddächern abgeschlossenen Kavaliershäusern, fand es im Schnittpunkt der beiden Hauptalleen einer Gartenkomposition, die mit einem von Marmorstatuen umringten Teich und den Ziergärten der Brodereiparterres, den Boskets mit ihren gestutzten Büschen und Bäumen sowie den angrenzenden kreuzförmigen Waldquartieren zu einer streng geometrischen Ordnung sich fügte. Sie war zwar prinzipiell der Vorstellungswelt André Le Notres (1613 bis 1700), des Schöpfers der damals vorbildgebenden Versailler Parkanlagen, verpflichtet, zeigte jedoch in ihrer vereinfacht-weitläufigen Gestalt auch Einflüsse der holländischen Gartentheorie. So stellte sie ein Stück höchstkultivierter Natur dar, die den obrigkeitlichen Geltungswillen der Zeit widerspiegelte. Johann Friedrich Karcher (1650 bis 1726), Obergärtner am Hof, Architekt und zeitweise sogar Oberlandbaumeister, hatte sie maßgeblich erdacht und war damit zum hervorragendsten Gestalter solcher Anlagen in der augusteischen Epoche geworden.

Ob und in welcher Intensität George Bähr in seinem ersten Dresdner Jahrzehnt jene vielfältigen Neuerungen in Struktur und Erscheinungsbild der Stadt wahrnahm, ist uns auf Grund fehlender persönlicher Äußerungen unbekannt. Wir sind nicht darüber unterrichtet, ob er die in der zweiten Hälfte des siebzehnten Jahrhunderts vom Hof veranlaßten Bauten genauer betrachtet und womöglich als „einprägsame Orte"[46] im Stadtgefüge empfunden hat. Es entzieht sich unserer Kenntnis, ob und seit wann er sich für die in seine Zeit fallenden Bauarbeiten am und um das Schloß herum interessierte, ob er das Palais im Großen Garten und diesen selbst zu Gesicht bekam und in ihrer formalen Eigenart zu würdigen wußte, in der sich, wie dargelegt, zum ersten Mal barockes Stilempfinden im Lande manifestierte. Auch, ob er des Wandels der bürgerlichen Bauweise gewahr wurde, ließ sich bisher nicht in Erfahrung bringen und ebensowenig, ob der sich damals anbahnende Wiederaufbau Altendresdens seine Aufmerksamkeit erregte.

Indes, wir wollen Vermutungen äußern: Sicher empfing gerade er als ausgebildeter Bauhandwerker, der, wie sich noch zeigen wird, darüber hinaus vielseitig tätig war, von den markanten Gebäuden der Residenzstadt bleibende Eindrücke. Und manche Baustellen, die es da und dort gab, werden ihn angezogen haben; nicht wenige davon schon deshalb unübersehbar, weil seinerzeit auf ihnen, wie bereits aus dem vorangegangenen Jahrhundert überliefert, nicht selten hunderte, wenn nicht noch mehr Arbeitskräfte beschäftigt waren.

Beim Ausbau der „Neuen Vestung" im Nordosten des Stadtkörpers, der 1589 begann, wirkten zwei Jahre danach beispielsweise nicht weniger als siebenhundert Menschen an diesem Werk, und als der Stallhof etwa gleichzeitig errichtet wurde, sollen es sogar bis zu zweitausend gewesen sein. [47] Vielleicht erfüllte ihn das eine oder andere solcher Unternehmen mit Staunen, ja mit Freude und Stolz darüber, in einer so außergewöhnlichen und aufstrebenden Stadt zu leben und zu arbeiten.

Im Gegensatz zu derartigen mehr oder minder berechtigten Annahmen kann man, weil urkundlich nachweisbar, auf jeden Fall dies wenige mit Gewißheit herausstellen: 1698 starb Bährs Frau Anna Sabine – ihr Mädchenname ist unbekannt –; ein Jahr darauf heiratete er ein zweites Mal: die um sechs Jahre ältere Maria Magdalena Jentzsch (1658 bis 1729), deren Vater, Dresdner Bürger und mit Schiffshandel befaßt, wahrscheinlich ein bescheidenes Vermögen hinterlassen hatte, das der Familie zugute kam. Ein aus dieser Verbindung hervorgegangener Sohn verschied wiederum bereits nach einem Jahr. 1699 und ebenso 1703 erscheint Bährs Name dann erneut in den Unterlagen der Dreikönigskirche, jenes Gotteshauses, in dem bekanntlich des Zimmermanns erste Eheschließung stattgefunden hatte. Offensichtlich also hat der spätere Ratszimmermeister, seitdem er in der Elbmetropole ansässig geworden war, besser: seitdem wir von seiner Anwesenheit in ihr Kenntnis haben, zunächst in dem rechtselbischen Stadtteil gewohnt. [48]

Erstaunlicherweise, denn bisher kannten wir nur den Baufachmann, wird seine Profession in jenem Kirchenbuch von 1699 als die eines „Künstlers" bezeichnet, was in seinem Fall, den Gepflogenheiten der Zeit entsprechend, „Künstler in mechanicis" bedeutete. [49] Das bedarf unter Umständen einer Erklärung: Im Verständnis der Epoche, des Barockzeitalters, in dem die Mechanik „überhaupt erst … zum Range einer Wissenschaft emporgestiegen (ist)" [50], galt als Künstler derjenige, der die Kenntnisse einer solchen Disziplin besaß, zugleich aber auch über das handwerkliche Können verfügte, seine theoretischen Einsichten praktisch anzuwenden. Ja, „Bähr und seine Zeitgenossen verstanden noch unter Kunst den Ausdruck jeder schöpferischen Leistung". [51]

Damit treffen wir auf eine Auffassung, die sich noch grundlegend von jener unterschied, die erst das späte achtzehnte Jahrhundert hervorbringen und „Kunst" allein auf Werke des Menschengeistes in Malerei, Bildhauerei, Musik und Dichtung einschränken sollte.

Vor diesem Hintergrund läßt sich verstehen, daß die Arbeit eines „Künstlers in mechanicis", der einen dem technischen Fortschritt im weitesten Sinne dienenden Beruf ausübte, durchaus auch in einer wechselseitigen Beziehung zur Baukunst stand. Hierzu ist vor allem an die architectura civilis zu denken, die man als bürgerliche Baukunst damals klar vom Militär- und Festungsbau in der Zuständigkeit des Hofes abgrenzte.[52]

Daß George Bähr in jenen Jahren mit einer „Kunst" in der aufgezeigten Art beschäftigt war, macht deutlich, daß er im Laufe seines beruflichen Werdegangs weitaus mehr an Fertigkeiten erworben hatte als bloß die eines Zimmermanns. Seine vielgestaltige, erfahrungsreiche Tätigkeit, verwurzelt in handwerklicher Ausbildung und gepaart mit technisch-wissenschaftlichen Vorlieben, erwies sich denn auch – wir werden darüber ausführlicher zu berichten haben – als wichtige Voraussetzung dafür, daß der Dresdner Rat zu einem späteren Zeitpunkt die Entscheidung traf, ihn in ein angesehenes und verantwortungsvolles städtisches Amt zu berufen.

Worin sein Wirken in jenen Jahren bestand, daß läßt sich abermals aus zuverlässigen Quellen erschließen. Ihnen kann man entnehmen, daß er bis 1705 in Altendresden mit dem Orgelinstrumentenbau befaßt war – und dies augenscheinlich mit nicht geringem Erfolg.

Wohl seinem außergewöhnlichen Ruf in diesem Metier – hatte er es womöglich bei einem Orgelbauer gelernt? – verdankte er die Aufnahme in die damals hochgeschätzte „Historie der berühmtesten Europaeischen Baumeister so sich durch ihre vortrefflichen Gebäude und verfertigte sonderbare Wercke bekand gemacht". Das von dem aus Württemberg gebürtigen, in Dresden lebenden Kommerzienrat und Schriftsteller Paul Jacob Marperger (1645 bis 1730) aus dem Französischen übersetzte und 1711 in Hamburg erschienene Opus würdigte George Bähr nicht nur deshalb, weil er „sich … durch Aufbauung vieler kostbarer Häuser berühmt gemacht" habe, sondern betont, sogar in erster Linie, daß er „stattliche Orgelwercke, so nach Florenz gekommen, verfertiget".[53] Und ein Pastor Christian Gerber spricht in dem von ihm 1717 vorgelegten Buch „Die unerkannten Wohltaten Gottes in dem Churfürstentum Sachsen 1717" auch davon, daß ein von Bähr erfundenes Instrument „von sich selbst spielete und zwar unterschiedliche Partien oder Stücklein, die recht künstlich" – das hieß damals so viel wie geschickt, klug, kenntnisreich – „gesetzt waren" – ein „vortreffliches Kunststück", bei dem es sich offensichtlich um einen Vorläufer jener mechanischen Orgeln handelte, die man heute noch gelegentlich auf Volksfesten finden kann. Auf Grund seiner vielseitigen Kenntnisse auf dem Gebiet des Orgelbaus zog man ihn später auch zu Orgelrevisionen heran, so zum Beispiel in der Kirche von Leubnitz-Neuostra am Rande Dresdens.[54]

Schon zuvor, 1701, aber auch danach tauchte in den Gerichtsakten der Herrschaft Lauenstein, die sich auf Erbschaftsangelegenheiten in seinem Geburtsort Fürstenwalde bezogen, sein Name mit der Berufsangabe „Orgelmacher" und dem Zusatz „aus Dresden" immer wieder einmal auf.

Allein im Bau „mechanischer Orgeln" und ihrer Gehäuse erschöpfte sich seine Aktivität offensichtlich keineswegs. Denn es wird berichtet, er habe außerdem eine Camera obscura erfunden, eine dieser „dunklen Kammern", einen innen geschwärzten Kasten mit transparenter Rückwand aus Papier oder Leinwand, auf der eine an der Vorderseite befindliche winzige Öffnung ein kopfstehendes, seitenverkehrtes Bild entstehen läßt.

Solche Lochkameras hatte bereits im fünfzehnten Jahrhundert der geniale Renaissance-Geist Leon Battista Alberti (1404 bis 1472), der Maler, Bildhauer, Musiker, Dramatiker, Baumeister und Architekturtheoretiker, seiner Mitwelt als optisches Hilfsmittel beim Zeichnen und Malen empfohlen, und im sechzehnten Jahrhundert gab es dieses dann auch in Deutschland.

Wir erinnern uns in diesem Zusammenhang vor allem an den großen Bernardo Bellotto genannt Canaletto (1720 bis 1780), den Meister der getreu-realistischen Stadtvedute. Schließlich bediente auch er sich bei der Vorbereitung seiner weithin bekannten Dresden-Gemälde, um eine schematische Umrißzeichnung zu gewinnen, in die er dann die Hauptlinien ihrer Komposition eintrug, dieser Urform des photographischen Apparates.[55]

Von anderen gewerblichen Tätigkeiten Bährs damals haben wir keine genaue Kenntnis, obwohl man auch schon lesen konnte, ihm verdankten sich selbst Uhren und Holzbildhauerarbeiten.[56] Genauso liegen andere Fakten und Begebenheiten seiner frühen Dresdner Jahre im dunkeln.

Dabei wüßte man natürlich allzu gern, wie sein Alltag aussah, in welcher Straße, in welchem Haus er seinerzeit wohnte, an welchem Ort er jeweils arbeitete; wie wir uns die Beziehungen zu seinen Ehefrauen und den Kindern vorzustellen haben; wie es um Gesundheit und Krankheit stand; welche Kontakte er beruflich und privat unterhielt, ob er Freundschaft und Geselligkeit genoß; ob seine Interessen über das Professionelle hinausreichten; auf welche Weise die Zeitumstände seine und seiner Familie Existenz, der Zeitgeist seine Anschauungen und Einsichten beeinflußten; ob er die Veränderungen der wirtschaftlichen und sozialen Verhältnisse bemerkte und dergleichen mehr.

Fragen über Fragen, die nach wie vor der Beantwortung harren; etwa auch danach, ob er in der Residenz die Möglichkeit besaß, sich über die aktuellen politischen Konstellationen zu informieren, über die fortwährenden „Kriegs- und Welthändel in und außer der Christenheit", in einer Stadt, wo es, im Gegensatz zu Leipzig, dem Vorreiter des sächsischen Pressewesens – 1650 war dort die erste Tageszeitung der Welt erschienen –, in der zweiten Hälfte des siebzehnten Jahrhunderts, abgesehen von ersten Annoncenblättern und amtlichen oder kirchlichen Mitteilungen, noch keine Zeitungen als gedruckte Medien gab.[57]

Ahnte er beispielsweise, daß das Kurfürstentum nach dem Dreißigjährigen Krieg, in dem es zwar 1635 beide Lausitzen erwerben konnte, mehr und mehr in den Schatten des aufsteigenden Brandenburgs geriet, welches sich anschickte, die Führungsrolle im deutschen Protestantismus zu übernehmen; des gewichtigen Nachbarn, der 1680 Magdeburg für sich zu gewinnen und damit eine beherrschende Position an der mittleren Elbe zu erringen vermochte.

Waren ihm die Krisen und Katastrophen der damals jüngeren Vergangenheit bewußt? Endlich: Hatte ihn, vielleicht noch in seiner osterzgebirgischen Heimat, die Kunde vom folgenreichen Sieg über die Türken vor den Toren Wiens 1683 erreicht; davon, daß in jenem Jahr ein sächsisches Heer mit 11.000 Mann unter dem Kurfürsten Johann Georg III. an der Entsetzung der Kaiserstadt von der osmanischen Belagerung maßgeblich beteiligt gewesen war? Kam auch er, wie viele seiner Zeitgenossen, zu der Gewißheit, daß dieser Triumph eine schwerwiegende Gefahr mit einschneidenden Konsequenzen für Europa abgewendet hatte?

Und, um ein Exempel aus einer ganz anderen Sphäre anzuführen: Was wußte George Bähr von der kulturellen Situation innerhalb der Elbmetropole in seinem zweiten, dritten Lebensjahrzehnt, vom Wandel des Kunstgeschmacks?

Außerdem: War ihm seinerzeit schon der aus dem westfälischen Herford gebürtige Matthäus Daniel Pöppelmann, der sich 1686 in der Residenzstadt niedergelassen hatte und als späterer Leiter des Oberlandbauamtes für ihn eine besondere Bedeutung erlangte, bereits ein Begriff? Kannte er die Namen solcher Künstler wie den des aus der Nähe von Traunstein in Bayern stammenden Chiemgauer Bauernsohns Balthasar Permoser (1651 bis 1732), der als Hofbildhauer schon in den frühen neunziger Jahren die mächtigen Herkulesgestalten, hochbarocke Sandsteinplastiken, für den Großen Garten schuf, oder denjenigen des Goldschmieds Johann Melchior Dinglinger (1664 bis 1731) aus dem schwäbischen Biberach an der Riß, der, seit 1692 in Dresden, bereits für den Prinzen Friedrich August anspruchsvolle Schmuckarbeiten übernahm?

Sah er in der Stadt, die mit den überwältigenden Hoffesten, ihren vortrefflichen Bauten und den in ihr beheimateten bedeutenden Geistern sich bereits damals außerordentlich glanzvoll darstellte, auch die Schattenseiten dieser Lebensverhältnisse, Armut, Mangel, Dürftigkeit und Bedrückung in manchen Schichten ihrer Bewohner, die tiefen sozialen Gegensätze innerhalb des Gemeinwesens?

Erfuhr er etwas von den kirchlich-konfessionellen Händeln jener Jahre, über die es noch ausführlicher zu sprechen gilt?

Schließlich sei ein letztes Beispiel erwähnt, das uns der „Mechanicus" Bähr ausdrücklich nahelegt: Hatte der spätere Erbauer der Frauenkirche wohl von den Fortschritten gehört, die sich auf dem Gebiet der Naturforschung, namentlich der Physik, im siebzehnten Jahrhundert gerade auch in Deutschland abzeichneten.[58] Wußte er von den Versuchen und Erkenntnissen Otto von Guerickes (1602 bis 1686), des Ingenieurs und Bürgermeisters von Magdeburg, der das Wesen des Luftdrucks erfaßt, barometrische Beobachtungen gemacht, die Luftpumpe erfunden, ein physikalisch-astronomisches Lehrbuch mit Beschreibungen elektrischer Phänomene herausgebracht hatte? Zählte auch er zu den Bewunderern jenes typisch barocken Spektakulums im Jahre 1657, bei dem sechzehn Pferde die „Magdeburger Halbkugeln" infolge des in ihnen erzeugten Vakuums nicht auseinander zuziehen vermochten?

# DIE LEBENSWELT DER AUGUSTEISCHEN EPOCHE

## Augusts des Starken Politik

*Das Streben nach absolutistischer Herrschaft*

In die Zeitspanne bis zur Wende vom siebzehnten zum achtzehnten Jahrhundert, die bislang im Mittelpunkt unserer Betrachtung stand, fiel ein politisches Ereignis, das unter seinen vielfältigen Auswirkungen Bedingungen schuf, die es unserem Zimmergesellen ermöglichten, sein Schöpfertum als Architekt in höchster Vollendung zu entfalten.

Am 28. April 1694 übernahm Friedrich August I. von Sachsen, der künftig den Barockfürsten schlechthin verkörpern sollte, als Vierundzwanzigjähriger die Kurwürde. Unvermutet mußte er als der Zweitgeborene nach seines Bruders Johann Georg IV. (1688 bis 1694) jähem Tod die Herrschaft über sein Land antreten: „nicht die geringste Kenntnis von den Geschäften" besitzend – so jedenfalls beliebte er es Jahre danach, nicht ganz den Tatsachen entsprechend, in seinen fragmentarischen Memoiren zu betonen.[59] Dennoch stellte er sich offenkundig, von seinem Wert und seinen Fähigkeiten überzeugt, mit Schwung und zielstrebig den neuen Herausforderungen. Schließlich boten sich ihm fortan jene seinem Naturell gemäße Entwicklungsmöglichkeiten, die ihm als jüngerem Bruder eines regierenden Kurfürsten sonst sicher verwehrt worden wären.[60]

Der Zimmerer und Mechaniker Bähr, damals achtundzwanzig Jahre alt, sollte unter dem Regiment dieses außergewöhnlichen Herrschers, der nach 1700 einer in ihrer Reichhaltigkeit bewunderungswürdigen höfischen Kultur zum Durchbruch verhalf, den Höhepunkt seiner beruflichen Laufbahn erreichen. Er sollte in jenen Jahren zu den architektonischen Sternen erster Ordnung aufsteigen und letzten Endes mit Fischer von Erlach, Neumann, von Hildebrand, Schlüter, Pöppelmann, den Dientzenhofers und Asams sowie einigen weiteren Berühmtheiten unter den Barockbaumeistern in der Reihe derer stehen, die „Namen schweren vollen Klanges"[61] tragen.

Bevor es dazu kam, mußten allerdings noch rund drei Jahrzehnte ins Land gehen, in denen er, wie sich zeigen wird, allerlei Höhen und Tiefen während seiner Tätigkeit als Architekt zu durchleben hatte und wohl auch die nun anhebende Ära in ihren hellen wie in ihren dunklen Seiten wahrnahm. Bährs kreativste Lebensphase war weitgehend identisch mit der Regierung Augusts des Starken, erstreckte sich aber zudem noch fünf Jahre in jene Periode hinein, in der anschließend dessen Sohn Friedrich August II. die Regentschaft innehatte.

Diese Epoche, die wie kaum eine andere in der neueren Geschichte Sachsens und nicht zuletzt der Dresdens deutliche Spuren hinterließ, ist von der sächsischen Historiographie seit den dreißiger Jahren des zwanzigsten Jahrhunderts in Anlehnung an die antike Ära gleichen Namens gern als das „Augusteische Zeitalter" apostrophiert worden. Erst neuerdings zog man die Berechtigung solcher Bezeichnung mit der Begründung in Zweifel, es mangele ihr an Eigenständigkeit, unterscheide sie sich doch in ihren wirtschaftlichen, gesellschaftlichen und innenpolitischen Gegebenheiten nicht genügend von den Verhältnissen, wie sie zuvor und danach in Erscheinung getreten waren.[62]

Abgesehen davon erwiesen sich ihre Resultate für Land und Leute ohnehin als recht verschiedenartig, je nach dem kurfürstlichen Wirkungsfeld, der sozialen Stellung von Gebietern und Beherrschten oder auch der Region innerhalb des Territorialstaates. Ihr hoher kultureller Rang, der sich besonders unter der Herrschaft der Kurfürst-Könige ausbildete und in der Tatsache zum Ausdruck kam, daß Sachsen sich damals verstärkt in die europäische Entwicklung von Kunst und höfischer Lebensgestaltung einfügte und deren Ergebnisse übernahm, wird damit keineswegs in Frage gestellt.

So sei denn jene Lebenswelt, in der George Bähr zu dem geworden ist, was er schließlich war, in der sich seine rastlose und für die Residenzstadt so nachdrücklich prägende Tätigkeit vollzog, in einigen ihrer hervorstehenden Merkmale und Entwicklungen etwas genauer ins Auge gefaßt.

Anders gesprochen: Wir wollen im folgenden sein Dasein und sein Wirken einbetten in die politische, wirtschaftlich-soziale, geistig-künstlerische und bauliche Situation der Zeit. Danach werden wir zu dem Architekten zurückkehren und seinem Lebensfortgang, vor allem aber seinen Werken im einzelnen unsere Aufmerksamkeit widmen.

Seit langem ist sich die Geschichtsschreibung in ihrem Urteil über den Hauptakteur in jenen Jahrzehnten, August den Starken, in einem wesentlichen Punkt einig, darin nämlich, daß „man nicht sagen (kann), jener (habe) politisch eine glückliche Hand gehabt"[63] – eine Auffassung, die sich insbesondere beim Blick auf die von ihm betriebene äußere Politik und ihre Konsequenzen für das Land und seine Bevölkerung aufdrängt.

Die meisten seiner Biographen aus den letzten Dezennien schildern August II. – so nannte er sich nach seiner Inthronisation zum polnischen König, während er, seiner Körperkraft wegen, im Volksmund fortan „der Starke" hieß – als eine impulsive, phantasievolle, lebenshungrige, durch und durch selbstbewußte, Kühnheit ausstrahlende, aber auch liebenswürdig-volksnahe Natur mit einem gewissen Hang zur Melancholie, die, zur dramatischen Steigerung ihrer Möglichkeiten neigend, schon früh dem Außergewöhnlich-Großartigen sich verschrieben hatte.

Von unbändigem Ehrgeiz besessen, tatendurstig, wie viele seiner fürstlichen Standesgenossen grenzenlos ruhmsüchtig, verfolgte er unaufhörlich weitreichende Ziele, um Kursachsens Prestige, somit sein eigenes zu mehren. Die oft überspannten Vorhaben, nicht zuletzt auf politischem Gebiet, scheiterten indes zu wiederholten Malen daran, daß es seinem Handeln an der gebotenen Stetigkeit, am Sinn für das rechte Maß gebrach; daß ihm das Gefühl für das Mögliche fehlte, also das Vermögen abging, die häufig spontan ersonnenen Pläne mit den realen Voraussetzungen für ihre Verwirklichung in Einklang zu bringen.[64]

Wo er sie resolut ins Werk setzte, offenbarte er nicht selten skrupellos-rigorose Züge, bediente er sich doch um seiner eigensüchtigen Interessen willen, die in höchstem Maße auf ein Fürstenleben als permanentes Fest gerichtet waren, dann ebenso ohne Bedenken der ihm anvertrauten Menschen wie der verfügbaren staatlichen Mittel. So scheute er sich, mitunter ganz und gar verantwortungslos, beispielsweise nicht, die Gelder, die er benötigte, dadurch zu beschaffen, daß er Gebietsteile und Rechte rundheraus verpfändete oder veräußerte.[65] Und – dies sei hier nur am Rande erwähnt – mit seinem Verhältnis zu den Frauen, nicht zuletzt mit dem demütigenden Verhalten gegenüber seiner Ehefrau Christiane Eberhardine aus dem Hause Ansbach-Bayreuth (1671 bis 1727), die ihrem lutherischen Glauben zeitlebens treu blieb, sowie seiner Mätressenwirtschaft „bewegte er sich auf dem Boden einer Herrenmoral, die für sich keine allgemeingültigen sittlichen Grundsätze gelten läßt"[66], wenn man ihm auch zugestehen muß, daß er seinen illegitimen Kindern ein wohlgesinnter, um die Zukunft besorgter Vater war.

Was seine innere Politik anlangte, so war er nach dem Regierungsantritt bestrebt, den von seinen Vorgängern, Vater und Bruder, vorgezeichneten Leitlinien folgend, die kurfürstliche Herrschaft mit einer Reihe energischer, bereits den Einfluß der Aufklärung verratender Maßnahmen, die unter anderen auch darauf abzielten, Regierung und Verwaltung durch genauere Landeskenntnis zu verbessern, mehr und mehr zu festigen, ja auszuweiten.

So galt ihm als vorrangig, eines der seit dem siebzehnten Jahrhundert in Europa sich allgemein durchsetzenden absolutistischen Regime zu etablieren, das auch ihm die möglichst uneingeschränkte und ungeteilte Staatsgewalt ohne Mitwirkung ständischer Institutionen sichern sollte. Auf dem Wege dorthin hieß das vor allem, den Einfluß des im Landtag vertretenen Adels zurückzudrängen, den Verwaltungsapparat zu straffen, neue Zentralbehörden zu schaffen, das Steuersystem zu vereinheitlichen und das stehende Heer schlagkräftiger zu machen.[67]

Im Zusammenhang mit der Heeresreform seit 1717 verdient hier schon einmal das sogenannte Zeithainer Lager in der Flußniederung östlich der Elbstadt Riesa Erwähnung: eine Truppenschau mit dreißigtausend Soldaten, die August der Starke, gepaart mit ausgedehnten Manövern und umrahmt von typisch barocken Festlichkeiten, im Frühsommer 1730 glänzend hatte inszenieren lassen, um den eingeladenen in- und ausländischen Gästen, an ihrer Spitze der Preußenkönig Friedrich Wilhelm I. (1688 bis 1740), die militärische Leistungsfähigkeit Sachsens nach den vorangegangenen Niederlagen im Nordischen Krieg vor Augen zu führen – woraus allerdings folgte, daß der nördliche Nachbar nun seine eigene Aufrüstung noch beschleunigte.[68] Darüber hinaus suchte der Landesherr, dies vor allem als Instrument, um den unablässig steigenden Finanzbedarf des Hofes zu dekken, nach dem Vorbild Jean-Baptiste Colberts (1619 bis 1683) eine strikt merkantilistische Wirtschaftspolitik zu betreiben. Sie fand ihren Ausdruck in der Gründung einer Vielzahl von Manufakturen, und zwar sowohl in Städten wie auf dem flachen Land.[69]

Die geschilderten Entwicklungen spiegelten sich im Ausbau der Administration innerhalb der Residenz. Nacheinander richtete man dort eine ganze Anzahl neuer Ämter ein: so das eines Statthalters für den Fall, daß sich der Regent im östlichen Landesteil, in Polen mithin, aufhielt; dann das Generalrevisionskollegium, dem es oblag, den aus der Sicht des Herrschers unzulänglichen Zuständen im Steuerwesen entgegenzutreten – eine Aufgabe, deren Erfüllung die Stände mit ihrer Ankündigung, die Steuerzahlung zu verweigern, indes weitgehend verhinderten; danach das Generalakzisekollegium als oberste Steuerbehörde, die allein dem Kurfürsten verantwortlich war, wodurch er, unkontrolliert, seine Einkünfte beträchtlich zu erhöhen vermochte.

Mit einer Oberrechenkammer, die das Finanzgebaren zu überprüfen hatte, schuf man ein in Deutschland gänzlich neues Verwaltungsorgan. Und mit dem Geheimen Kabinett, dem bisher als höchste Instanz fungierenden, ständisch beeinflußten Geheimen Rat noch übergeordnet, rief man 1706 die Zentralbehörde schlechthin ins Leben, mit drei Departments, für innere, auswärtige und militärische Angelegenheiten, deren Minister und Beamte die unabänderlich-absolutistischem Willen entspringenden Entscheidungen des Monarchen ausführen mußten – auch dies seinerzeit ein Novum innerhalb der deutschen Territorialstaaten, dem Preußen erst zehn Jahre später folgte. Aus ihm ging unter dem Sohn und Nachfolger Augusts des Starken das von Heinrich Graf Brühl (1700 bis 1763) bekleidete Amt des Premierministers hervor.

Schließlich gab es seit 1712 die Kommerzienkommission, die als erste Institution ihrer Art im Reich von Dresden aus Handel und Gewerbe zu fördern hatte.[70] Zu den gesetzgeberischen Maßnahmen, die der Modernisierung der Verwaltung dienen sollten, zählte auch die Einführung des Gregorianischen Kalenders zum 1. März 1700. Er ersetzte den Julianischen Kalender, der im Zuge der von Papst Gregor XIII. im Jahre 1582 in die Wege geleiteten Reform in vielen europäischen Staaten damals allerdings längst außer Kraft gesetzt worden war. Ferner hatte man schon 1705 unter anderem verbindliche Maße festgelegt, 1709 die Versorgung der Bergleute bei Krankheit und Unfall neu geregelt und 1710 selbst die Verbesserung des Obstbaus zum Programm erhoben.

„Es war eine wohlgegliederte und im wesentlichen aufeinander abgestimmte Staatsverwaltung entstanden, in der gut ausgebildete und zuverlässige Beamte tätig waren. Daraus ergab sich aber auch zunehmend eine Reglementierung des gesellschaftlichen Lebens in seiner ganzen Breite.“[71]

Trotz all solcher von zähem Ringen begleiteter Bemühungen gelang es dem Kurfürsten und späteren König nicht völlig, Sachsen in einen im streng verfassungsmäßigen Sinne absoluten Staat zu verwandeln. Namentlich die Landstände, die sich in besonderer Weise den Landesinteressen verpflichtet fühlten, wußten als wichtige Gegenkraft, der zum Beispiel des Steuerbewilligungsrecht seit langem zustand und die infolgedessen ein gewisses Regulativ den hohen Ausgaben des Hofes gegenüber darstellten, eben das zu vereiteln. Die fortwährenden Auseinandersetzungen zwischen den widerstreitenden Parteien hatten jedoch zur Konsequenz, daß jenes Recht im Laufe der Zeit immer wieder beschnitten wurde; freilich, was die direkten Steuern, also diejenigen auf das Einkommen und Vermögen, betraf, so blieb es am Ende doch unbestritten. Allzu schwierige Probleme, die stets dann auftraten, wenn die kurfürstlich-königliche Seite die absolutistische Macht zu erzwingen suchte, konnten häufig auf dem Wege des Kompromisses überwunden werden. „Die dabei gefundenen und praktizierten Lösungen führten letztlich zu politischen Verhältnissen eigener Prägung in Kursachsen“.[72]

Insofern waren die Stände im Kurfürstentum, wie eine jüngst erschienene Untersuchung gezeigt hat, ein durchaus „ernstzunehmender Faktor der territorialen Staatsbildung“, die es keineswegs verdienen, nur „als Verlierer der Geschichte“ charakterisiert zu werden.[73]

So blieb denn Augusts des Starken Traum, endlich so ohne Einschränkung regieren zu können wie sein leuchtendes Vorbild Ludwig XIV. (1638 bis 1715), dessen Herrschaftsform und Hofhaltung er auf seiner Kavalierstour kennengelernt hatte, in dem von ihm angestrebten Ausmaß unerfüllt.

## *Der Griff nach der Großmacht*

Nach außen hin verfolgte der junge Regent eine Politik, die – formelhaft als Griff nach der Großmacht zu bezeichnen – dem Land angesichts der Lasten, die er damit dem Volk auferlegte, wenig zum Nutzen gereichte. Seine Ruhmbegierde ließ ihn, wie andere Reichsfürsten seiner Zeit auch, koste es, was es wolle, über den Stand eines Kurfürsten hinaus nach der Königswürde streben. Sie sollte ihm zur Ranggleichheit mit den Habsburgern, den Inhabern des deutschen Königsthrons, verhelfen. Nur eine solche Standeserhöhung schien Friedrich August I. die Chance zu bieten, seine Pläne zu verwirklichen und in den Kreis der maßgebenden europäischen Mächte aufzusteigen. So richtete er – ließ sich doch seine Absicht nur außerhalb der Grenzen des Heiligen Römischen Reiches deutscher Nation in die Tat umsetzen – nach dem Tod des Polenkönigs Johann Sobieski (1629 bis 1696), der gemeinsam mit einem kursächsischen Kontingent 1683 Wien von der türkischen Belagerung befreit hatte, sein Begehren fest entschlossen und beharrlich auf dessen Krone.

Der Preis dafür, in dem katholischen Land an sein Ziel zu gelangen, war die Konversion; ein im protestantischen Sachsen, der Wiege der Reformation, unerhörter, schockierender Akt, der dem Kurfürsten seiner religiösen Indolenz wegen offensichtlich nicht schwerfiel. Bei seinen Untertanen indes, vor allem den Ständen und der Geistlichkeit, stieß sie auf helle Empörung und heftigen Widerstand, denn trotz eines sogleich erlassenen sogenannten Religionsversicherungsdekrets, das ihnen den Status quo auf der Grundlage des Augsburgischen Bekenntnisses von 1530 garantierte, sahen sie die Gefahr der Rekatholisierung heraufziehen.

Die Folgen jenes auch durch finanzielle Leistungen, das heißt Bestechungen großen Umfangs an den polnischen Adel sowie militärische Drohgebärden bewerkstelligten Thronerwerbs im Jahre 1697, zu dem er gezwungen war, zwei Konkurrenten, den Sohn des verstorbenen Polenherrschers, Jakub Sobieski, und den französischen Prinzen Francois-Louis de Conti (1664 bis 1709) aus dem Feld zu schlagen, erwiesen sich als äußerst problematisch: Nicht nur, daß Kursachsen die Führung der evangelischen Reichsstände an Brandenburg-Preußen abtreten mußte, der neue König August II. – am 15. September in Krakau gekrönt – wurde in eine Reihe kriegerischer Auseinandersetzungen hineingerissen, die das Land wirtschaftlich wie militärisch überforderten und der Bevölkerung mehr oder weniger schwere Bürden aufluden: so in den Reichskrieg gegen das Frankreich Ludwigs XIV., in den Spanischen Erbfolgekrieg und die Kämpfe mit den Osmanen.[74]

Vor allem im Verlauf des seit 1700 um die Vorherrschaft im Ostseeraum gegen Schweden geführten Nordischen Krieges, den er im Bündnis mit Dänemark und Rußland ohne Einsicht in die realen Machtverhältnisse mit dem Überfall sächsischer Truppen auf Riga leichtfertig vom Zaun gebrochen hatte, erlitt er, teils auf polnischem, teils auf kursächsischem Boden, durch die schwedische Armee mehrmals schmähliche Niederlagen. Sein Vorhaben, Polens Erwartung zu erfüllen, das 1660 von der schwedischen Großmacht eroberte polnische Livland zurückzugewinnen, mißlang.

Mit dreiundzwanzigtausend Mann brach 1706 der Feind in Sachsen ein und besetzte es kampflos für die Dauer von zwölf Monaten.[75] Die Vorkehrungen, die man zur Verteidigung Dresdens getroffen hatte – man verstärkte vor allem die Befestigungen in seinem Vorfeld – konnten zwar Zerstörungen in den südlichen Vorstädten nicht verhindern, bewahrten aber die Stadt selbst dank ihrer kraftvollen Gegenwehr vor der Einnahme. Der Rat beklagte dennoch die schweren Lasten, welche die Einwohner zu tragen hatten. Denn sie mußten die Schanzarbeiten und verschiedene Wachdienste ohne Bezahlung auf sich nehmen und dazu für den Unterhalt der eigenen großen Garnison sorgen. Daraufhin verließen viele Dresdner, unter ihnen Handwerker wie Kaufleute, die Kapitale, und Handel und Verkehr erfuhren Einschränkungen.[76]

Schließlich zwangen die Eindringlinge August den Starken zu Bedingungen, die man als schändlich empfand, schon 1706 den Frieden von Altranstädt auf, genannt nach einem kleinen Ort in der Nähe von Leipzig. Sie forderten Kontributionen in Höhe von fünfunddreißig Millionen Reichstaler, darüber hinaus Naturalleistungen, die nur schwer zu

**Abb. 1** Wohnhaus George Bährs. An der Mauer 2, Ecke Seestraße in Dresden, 1711 von Bähr aufgekauft, umgebaut und mit Stuckdekor ausgestattet.

Tafel 1

**Abb. 2** Fassade des „British Hôtel". Landhausstraße 6 in Dresden, 1712 bis 1715 in Gemeinschaftsarbeit von Georg Hase und George Bähr errichtet.

Tafel 2

**Abb. 3** Bürgerliches Wohnhaus. Große Meißner Gasse 15 in Dresden,
1723 erbaut; Bähr zugeschrieben.

**Abb. 4** Schloß Sorau/Zary (Polen), Südflügel zwischen 1705 und 1726 von Bähr errichtet; Fassadenriß um 1720.

**Abb. 5** Schloß Diesbar-Seußlitz, Kreis Riesa-Großenhain, Hauptbau, 1722 bis 1724 von Bähr geschaffen.

Tafel 4

**Abb. 6** Schloß Hermsdorf, Kreis Kamenz, 1729 bis 1732 unter Leitung Bährs umgebaut.

**Abb. 7, links** Kirche in Dresden-Loschwitz. 1705 bis 1708 von Johann Christian Fehre erbaut; Zimmererarbeiten von Bähr.

**Abb. 8, rechts** Kirche zur Heiligen Dreifaltigkeit in Schmiedeberg, Kreis Dippoldiswalde, 1713 bis 1716 von Bähr errichtet.

**Abb. 9** Trinitatskirche in Carlsfeld, Kreis Aue-Schwarzenberg, zwischen 1684 und 1688 erbaut; Entwurf Wolf Caspar Klengel zugeschrieben, nicht belegbare Mitarbeit Bährs als Zimmergeselle vermutet.

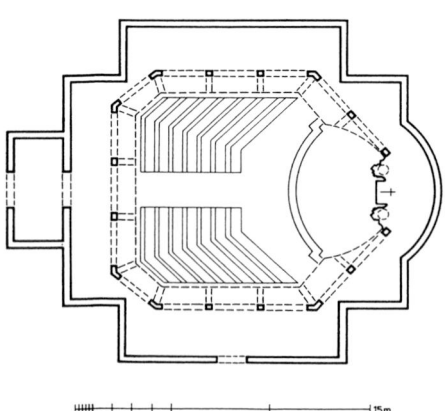

**Abb. 10 oben**
Dorfkirche in Beitsch/
Biecz in der Nieder-
lausitz, 1716 bis 1719
von Bähr errichtet.

**Abb. 11 links**
Grundriß der Kirche
in Beitsch/Biecz.

Tafel 8

**Abb. 12** Dorfkirche in Forchheim, Kreis Marienberg, 1719 bis 1726 von Bähr erbaut.

**Abb. 13** Pfarrkirche in Kesselsdorf, Weißeritzkreis, 1723 bis 1726 von Bähr umgebaut und erweitert.

**Abb. 14** Stadtkirche in Hohnstein, Kreis Sächsische Schweiz, 1724 bis 1728 nach Brand von Bähr wiederaufgebaut.

**Abb. 15** Dorfkirche in Schmannewitz, Kreis Torgau-Oschatz,
1731/32 von Bähr erbaut.

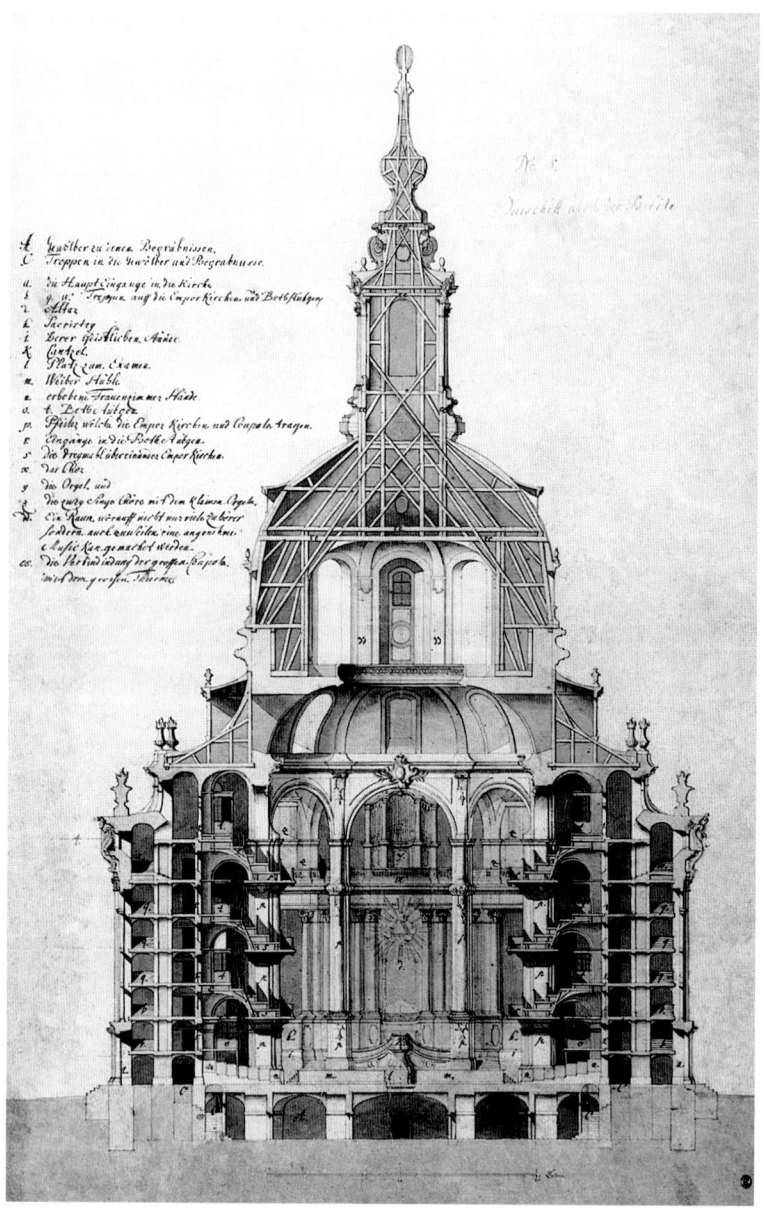

Tafel 12

**Abb. 16, links** Dresden: Frauenkirche, sogenanntes „Erstes Projekt",
1724/25, Nord-Süd-Schnitt.

**Abb. 17** Dresden: Frauenkirche, „Erstes Projekt", 1724/25, Südansicht.

Tafel 13

**Abb. 18** Dresden: Frauenkirche, Approbationsprojekt, 1726, Südansicht.

Tafel 14

**Abb. 19** Dresden: Frauenkirche, ausgeführter Zustand von unbekanntem Zeichner, 1. Hälfte 18. Jahrhundert.

Tafel 15

**Abb. 20** Dresden: Frauenkirche, Innenraum mit Kanzel, Altar und Orgel.

erbringen waren. Außerdem suchten sie das Volk mit harten und langwährenden Einquartierungen heim, die mancherorts Erinnerungen an die Leiden des Dreißigjährigen Krieges wachriefen. Zugleich besiegelte die Niederlage für den Landesherrn den Verlust des polnischen Throns an den vom Schwedenkönig bereits 1704 eingesetzten Stanislaus Leszczynski (1677 bis 1766). Erst nach dem kriegsentscheidenden Sieg der Russen über Karl XII. (1682 bis 1718) beim ukrainischen Poltawa drei Jahre darauf vermochte er sie 1709 mit deren Hilfe sowie Österreichs Duldung, aber auch niederländischer Kredite wieder zu erlangen.

Seine Rückkehr nach Polen, die Erneuerung des Bündnisses mit Zar Peter dem Großen, mancherlei diplomatische Schachzüge, zudem die Tatsache, daß er nach dem Tode Kaiser Joseph I. (1676 bis 1711) zum Reichsvikar, das heißt zum Verwalter der Königsgewalt bei „Reichsvakanz" bestellt wurde, ließen seine Macht in Kursachsen kulminieren. Dies alles erhöhte vorübergehend auch sein Ansehen in Europa und sicherte für Jahrzehnte dem Land den Frieden. Im polnischen Landesteil war er freilich in weiten Kreisen unbeliebt, weil er die Macht des Reichstages zu beschneiden und das Wahlkönigtum in eine Erbmonarchie zu verwandeln trachtete.

Einen besonderen Triumph konnte er im Jahre 1719 erleben, als die Vermählung seines inzwischen ebenfalls heimlich konvertierten einzigen legitimen Sohnes, des Kronprinzen Friedrich August (1696 bis 1763), mit der österreichischen Erzherzogin Maria Josepha, der Tochter des verstorbenen Kaisers, zustande kam. Mit der dynastischen Beziehung, die er damit zum Hause Habsburg zu knüpfen vermochte, verband er weitreichende politische Hoffnungen, die sich sogar auf den Kaiserthron richteten. Ein Erfolg war ihnen allerdings, wie man weiß, nicht beschieden.[77]

Am Ende sollte sich zeigen, daß das Kurfürstentum und seine Menschen aus der nahezu sieben Jahrzehnte existierenden sächsisch-polnischen Personal-Union, die, wie man einmal formuliert hat, „auf den Schlachtfeldern des Siebenjährigen Krieges ... wie das Meißner Porzellan unter den Stiefeln eines preußischen Grenadiers"[78] unabänderlich zerbrach, kaum jenen Gewinn ziehen konnten, den man sich davon versprochen hatte. Zum einen war es nicht gelungen, das mitteldeutsche und das polnische Territorium durch eine Landbrücke miteinander zu verbinden: ein aussichtsloses Unterfangen schon deshalb, weil dies nur auf Kosten von Gebieten hätte geschehen können, die sich entweder im Besitz der Hohenzollern oder in dem der Habsburger befanden. Zum anderen hatte der Zusammenschluß mit Polen offenbar auch insofern mehr Nachteile als Vorteile gebracht, als hohe Geldsummen, vom Landesherrn nicht selten mit rabiaten Methoden beschafft, von Sachsen aus dorthin abgeflossen und wertvolle Arbeitskräfte abgewandert waren. Die Wirtschaftsbeziehungen planvoll zu erweitern – August der Starke wollte im neu dazu gewonnenen Landesteil die „commercien in schwang" bringen – hielt sich jedoch in Grenzen.

Dabei warf bereits die geographische Situation des zweigeteilten Staatsgebildes – das Kurfürstentum Sachsen und das polnische Königreich hatten sogar gänzlich verschiedene Verfassungen – von vornherein Probleme auf. Allein die Größe Polens – es erstreckte sich von der Grenze zu Pommern und Schlesien im Westen bis zur russischen östlich von Dwina und Dnjepr und vom Rigaer Meerbusen im Norden bis hinunter zur Grenze des Osmanischen Reiches entlang von Bug und Dnjestr und übertraf damit seiner Fläche nach das ganze damalige Deutschland – erwies sich für die Aufgabe, den in vieler Hinsicht so unterschiedlichen Raum den kursächsischen Verhältnissen anzugleichen, als Hemmschuh.[79]

Immerhin gibt es in der jüngsten polnischen Geschichtsforschung inzwischen Stimmen, die das bisher ausgesprochen negative Bild des Kurfürst-Königs und seiner Politik teilweise revidieren und von Sachsen und Polen im achtzehnten Jahrhundert als von durchaus kompatiblen, also zueinander passenden Partnern sprechen. Schließlich hätten sich die beiden Herrschaftsbereiche im Hinblick auf ihre Ökonomie zunehmend enger verzahnt. Ein Beweis dafür sei etwa die wachsende Zahl polnischer Händler auf den Leipziger Messen. Ja, mehr noch, August habe gegen allerlei verbissene Widerstände im Wahlkönigreich „sogar tatsächliche Ansätze einer Reform in die Wege (geleitet), die erst fünfzig Jahre später Poniatowskis Aufklärer aufgriffen und durchsetzten".[80]

## Wirtschaft und Landesausbau

Gegenüber dem, was zuvor über die äußere Politik seinerzeit gesagt wurde, gewinnt man beim Blick auf die wirtschaftlichen Verhältnisse, auf den Landesausbau und das Städtewesen im Kurfürstentum einen eher positiven Eindruck. Vor allem gilt das für Sachsens kulturelles Leben, das damals in ganz Europa bewunderte Höchstleistungen hervorbrachte, über die noch ausführlicher zu reden sein wird. Das zeigte sich in Leipzig, das seinerzeit ebenfalls auf vielen Feldern neue Wege beschritt, namentlich aber in Dresden, wo dank der Rezeption der entsprechenden europäischen Entwicklungen die Barockkunst in brillantem Ausmaß aufblühte.

Zwei Wirtschaftssektoren, ein traditioneller und ein sich nun immer kräftiger entwickelnder, bildeten neben der natürlich noch immer bedeutungsvollen Agrarproduktion in jenen Jahren das Rückgrat des in seiner Ökonomie mehr und mehr fortschreitenden Territorialstaats.

Der Bergbau, in der Vergangenheit die Haupteinnahmequelle im Land, hatte, besonders bei der Förderung von Silbererz, zwar noch einen erheblichen Umfang. Aus seiner einstigen Spitzenposition im Alten Reich war er allerdings auf den dritten Platz gedrängt worden.[81] Darin offenbarte sich eine allgemeine Tendenz, nämlich der allmähliche Rückgang der bergbaulichen Aktivität, welcher, ständig andere Erze und Regionen erfassend, schon seit Mitte des sechzehnten Jahrhunderts sich vollzog.

Andererseits erlangte damals, wie bereits mehrmals berührt, das Manufakturwesen im Kurfürstentum, trotz mancher Widerstände des in Zünften organisierten Handwerks, zunehmend Bedeutung und gab dem Gewerbeleben mächtige Impulse; dies das Ergebnis einer staatlichen Wirtschaftspolitik, die bekanntlich ein Merkantilsystem, freilich der gemäßigten Spielart, anstrebte und dem Export heimischer Erzeugnisse gegenüber dem Importgut die Priorität einräumte. Deshalb sollte die Produktion so vorangebracht werden, daß sie nicht nur das lieferte, was Land und Leute selbst benötigten, sondern zugleich eine ausgedehnte Ausfuhr ermöglichte. So leitete der Merkantilismus zu dem spezifisch neuzeitlichen Wirtschaftstyp über.

„August der Starke erkannte offenbar klar die Zusammenhänge zwischen merkantilistischer ‚Theorie‘ und Praxis, griff gern selbst fördernd und anregend in die Wirtschaft ein und berief, um die Gebrechen in Handel und Gewerbe zu erörtern und ihnen abzuhelfen, zeitweilig aus Kreisen des Rates der Messestadt Leipzig ein Kommerzienkollegium"[82] – Vorgänger ähnlicher Einrichtungen, die sich später seinem Nachfolger verdankten.

Von den neuartigen schon arbeitsteilig verfahrenden Produktionsstätten, die mit verschiedenen maschinellen Hilfsmitteln und nicht selten einer beträchtlichen Menge von Arbeitskräften, darunter auch Frauen und Kinder, die Gütererzeugung wesentlich vermehrten, entstanden nach einer vorangegangenen Gründungswelle allein zwischen 1694 und 1733 insgesamt sechsundzwanzig.[83] Das geschah, wie schon zuvor, in Städten unterschiedlicher Größe, aber ebenso – dies eine kurfürstlich-sächsische Besonderheit – in ländlichen Gegenden wie im Vorland des Erzgebirges und in der Lausitz.

Es waren überwiegend solche der Textilherstellung, doch auch andere, die mannigfache Gebrauchsgegenstände bis hin zu Luxuswaren und militärischen Ausrüstungen anfertigten, gehörten gleichermaßen dazu. Getragen wurden sie jedoch nicht nur vom Landesherrn selbst, nicht nur von Grundherren, sondern in wachsender Zahl von Kapitaleigentümern aus dem städtischen Bürgertum, auch von Exulanten, deren Fähigkeiten eigener Art häufig das Wirtschaftsleben befruchteten. So konnte Sachsen damals bald den Gipfel dieser Entwicklung erreichen.

Einen ähnlichen Aufschwung erlebten seinerzeit die „Bergfabriken"; meist älterer Entstehung, die nun vom Staat ebenfalls nachdrücklich gefördert wurden. Sie umfaßten das Hüttenwesen und die ganze darauf bezogene Gewerbetätigkeit, in der Regel an die Wasserkraft gebundene Werke, die sich vor allem im Westteil des Erzgebirges befanden.

Eine hervorragende Rolle unter den neuen Betrieben spielten jene Unternehmen, die man in Dresden und seinem Umkreis ins Leben gerufen hatte. Dazu läßt sich auch die 1710 vom Landesherrn im benachbarten Meißen gegründete Porzellanmanufaktur, die erste in Europa, rechnen. Die Erfindung des Porzellans im Jahre 1708 in Sachsen, mit dem das chinesische und japanische Produktionsmonopol gebrochen wurde und die man als eine „Innovation von größter wirtschaftlicher und kultureller Tragweite"[84] bezeichnet hat, ging, wie allgemein bekannt, auf Johann Friedrich Böttger (1682 bis 1719) zurück. Ihn hatte der Kürfürst-König, wegen seiner angeblichen Fähigkeit, Gold machen zu können, 1701 als Staatsgefangenen mit einer begrenzten Bewegungsfreiheit in Haft nehmen lassen. Der Ort für seine Experimente, waren die bezeichnenderweise „Vulkanhöhlen" genannten Räumlichkeiten im Untergeschoß des 1590 auf der Jungfernbastei unmittelbar an der Elbe (auf der späteren Brühlschen Terrasse) von dem italienischen Architekten und Bildhauer Giovanni Nosseni (1544 bis 1620) errichteten Lusthauses.[85] Die Manufakturen, in erster Linie auf die Bedürfnisse des Hofes, des Adels und der Armee zugeschnitten, lieferten darüber hinaus gewebte, gewirkte und gestrickte Waren; Seide, Tapeten und Handschuhe; Spiegel, Leuchter, Draht; Gläser und Fayencen – 1708 war schon in Altendresden eine von holländischen Meistern betriebene „Backerey" von Delfter Gut eröffnet worden[86] –; Schmuck und Kerzen, aber auch Waffen, ja vieles andere mehr.

Angesiedelt hatten sie sich am Rande der befestigten Stadt, vereinzelt außerdem in ihren Vorstädten, wo billige Arbeitskräfte ebenso zur Verfügung standen wie kostengünstiges Baugelände.

Bereits 1674, mithin zwanzig Jahre vor Friedrich Augusts I. Regierungsübernahme, war – wir sprachen beiläufig schon einmal davon - im damals gerade im Ausbau befindlichen – seit 1728 nach dem Kurprinzen „Friedrichstadt" genannten – Neustadt-Ostra, „vorm Wilsdruffer Tor", eine Seidenmanufaktur eingerichtet worden. Gegründet von dem mit dem Philosophen Gottfried Wilhelm Leibniz (1646 bis 1716) befreundeten Bürger Johann Daniel Crafft (1624 bis 1697) avancierte sie zu einem Vorbild für ökonomischen Fortschritt in Kursachsen, mußte jedoch Anfang des achtzehnten Jahrhunderts wegen Kapitalmangels ihre Pforten schließen und konnte auch, obwohl ihre Produkte den Vergleich mit denen aus Frankreich, Holland und England aushielten, trotz aller Bemühungen späterer Besitzer nicht wieder belebt werden.

1692 kam eine kurfürstliche Salpeterhütte hinzu; 1696 eine Glashütte, die, vom Miterfinder des „Weißen Goldes", dem Naturforscher Ehrenfried von Tschirnhaus (1651 bis 1708), geleitet und bald auch mit der Lieferung großer Spiegel und Fensterscheiben für die königlichen Architekturen in Polen betraut, zu jenen Bauten gehörte, die im Nordischen Krieg den schwedischen Truppen zum Opfer gefallen waren; 1711 die Edelstein- Schleif- und Poliermühle; 1718 eine Wachsbleiche – alles Unternehmen, für die sich die Lage nahe der Weißeritz, dem wasserreichsten Nebenfluß der Elbe, als nützlich erwies.[87] Weitere Gründungen auf demselben Terrain, und zwar erst unter der Regierung Augusts III., ließen sich dazu noch nennen.

Obwohl Dresden als Residenz, im Unterschied zu manch anderen sächsischen Städten der Zeit, kein Produktionsstandort im eigentlichen Sinne war, besaß es doch solch eine Branchenvielfalt. Ergänzt um eine Vielzahl von verschiedenartigen, heute zum Teil ausgestorbenen Handwerken wie etwa jenen der Federschmücker, Goldschläger, Hutstaffierer oder Perlenhefter, die allesamt im Dienst barocker Prachtentfaltung standen und ihre Leistungsfähigkeit unentwegt erhöhten, bildete sie eine für seine Einwohnerschaft bedeutsame Erwerbsgrundlage.[88]

Der wirtschaftliche Progreß, der sich in alldem ausdrückt und den Ausbau des Landes positiv beeinflußte, ging mit dem Bestreben einher, die damals noch recht unzulänglichen Verkehrsverhältnisse, die Fuhrleuten wie Reisenden nicht geringe Strapazen abverlangten, zu verbessern.

Innerhalb Kursachsens verliefen seit alters Fernverbindungen zwischen Nord und Süd, gekreuzt von solchen, die vom Rhein und dem oberdeutschen Raum nach Schlesien, ja weiter nach Osten strebten und wichtige Zentren miteinander verknüpften. Diese, aber selbst untergeordnete Verkehrswege, die ein vielfältig verschlungenes System darstellten, wurden nun ausgebaut, in manchen Fällen gepflastert, zudem Brücken geschlagen. Diejenigen von Grimma und Wurzen über die Mulde, von Zittau über die Lausitzer Neiße entwarf, ebenso wie die umgestaltete Dresdner Elbbrücke, sogar ein so genialer Architekt wie Pöppelmann. Deshalb konnte man bereits im neunzehnten Jahrhundert dem einstigen Mitteldeutschland im nachhinein die Anfänge des Kunststraßenbaus hundert Jahre vor der Anlage der Eisenbahn zuschreiben.[89]

Außerdem errichtete man in den Tagen Augusts des Starken neue Poststationen, die bisweilen Unterkunft und Verpflegung gewährten, und seit 1722 zur allgemeinen Orientierung sogenannte Distanz- und

Postmeilensäulen, deren größte und besonders ansprechende, Obelisken ähnelnd, vor den Toren oder auf den Plätzen der Städte aufgestellt wurden.

Sie waren das Werk Adam Friedrich Zürners (1680 bis 1742), der 1721 vom Kurfürst-König beauftragt worden war, alle Landstraßen von Bedeutung damit zu versehen. Der ehemalige Pfarrer eines Dorfes in der Nähe von Großenhain erlangte noch aus einem anderen Grund landesgeschichtliche Berühmtheit, hatte er doch, schon länger aus Liebhaberei der Landesvermessung hingegeben, später die Stellung eines Hofgeographen inne und in dieser Eigenschaft 1712 vom Regenten die Weisung erhalten, alle Ämter „samt denen darinnen befindlichen Herrschaften, Rittergütern, Städten, Dörfern und dergleichen in mappas geographicas" festzuhalten. Für diese zweite kartographische Landesaufnahme nach der des Freiberger Markscheiders Matthias Öder (gest. 1614) aus der Zeit um 1600 war eigens ein spezieller Vermessungswagen konstruiert worden. Mit ihm erzielten Zürner und seine Mitarbeiter eine bis dahin nicht erreichte geodätische Exaktheit, die dem absolutistischen Landesausbau nicht wenig zugute kam. Das Ergebnis des Unternehmens, der eindrucksvolle mit farbigen Abbildungen ausgestattete „Atlas Augustaeus Saxonicus", welcher dem Wunsch des Herrschers entsprach, die örtlichen und regionalen Eigenarten Sachsens in zeitgemäß prachtvoller Form seiner Mitwelt zu präsentieren, konnte freilich erst 1753, nach dem Tode seines Schöpfers, vollständig erscheinen.[90]

Die Entwicklung von Wirtschaft und Raum innerhalb des sächsischen Territoriums im achtzehnten Jahrhundert spiegelte sich auch im Städtewesen außerhalb Dresdens und seiner durch Bauten des Hofes und des Adels geprägten Umgebung und machte das Kurfürstentum schließlich zum maßgebenden Städteland im mittleren Deutschland – eine Tendenz, die sich bereits im vorausgegangenen Säkulum abzuzeichnen begann.

Obwohl sich die Beseitigung der vom Dreißigjährigen Krieg verursachten Schäden da und dort sehr lange hinzog, belebte sich andererseits nunmehr in zahlreichen Fällen die Bautätigkeit in außerordentlicher Weise. Verhältnismäßig oft entstanden neue Rathäuser sowie Kirchen[91], und manche aus dem Mittelalter überkommenen Gotteshäuser erhielten nun, vor allem wenn sie abgebrannt waren, bei ihrer Wiederherstellung eine barocke Turmhaube. Dieser Aufschwung im Sakralbau, an dem, wie wir noch eingehender zeigen werden, auch George Bähr aktiv teilnahm, gründete vornehmlich in der angewachsenen Bevölkerung und dem dadurch hervorgerufenen Raumbedarf für den Gottesdienst.

Bauliche Dynamik offenbarte sich, auf dessen spezifische Funktionen ausgerichtet, aber ebenso in dem gegenüber der Residenzstadt so ganz anders gearteten Leipzig: Bürger- und Handelshäuser, nun gleichermaßen im modernen Barockstil errichtet, säumten mehr und mehr dessen Innenstadtstraßen; der neue Bautyp des Durchhauses, der benachbarte Straßen miteinander verband und mit Seitengebäuden und geräumigen Höfen Messezwecke erfüllte, fand in ersten Exemplaren seine Realisierung. Außerdem schob sich die Metropole – die alten Befestigungen waren inzwischen einer Allee gewichen – mit Bürgergärten und Einzelbauten in ihr Umland vor.[92]

In vielen Gegenden Sachsens führten jetzt die von den obersten Bauinstanzen formulierten Prinzipien, denen sich die Bauherren zu beugen hatten, zur Ausbildung eines „schlichten, zurückhaltenden, bewußt harmonischen Barocks" für bürgerliche Stadthäuser, effektvoll durch seine „zarten, abgewogenen Profile und Proportionen", wobei jedes Gebäude „der Veranschaulichung einer ästhetischen Konzeption (diente), welche das gepflegte, lichte, heitere Stadtzuhause forderte".[93] Allem Schematismus abhold, fügten sie sich „in gelockertem Rhythmus" wohlabgestimmt „der Baufront ein" und verliehen so den „sächsischen Straßenbildern urbane Anmut und repräsentative Wirkung".[94]


## August III. und der politische Niedergang Sachsens

Nach dem Tode Augusts des Starken bestieg sein Sohn Friedrich August II. – 1734 in Krakau gekrönt und als König von Polen danach den Titel August III. führend – den Thron. Vorausgegangen war eine über siebenjährige Kavalierstour durch eine Anzahl west- und südeuropäischer Länder, die nicht zuletzt auch der Vorbereitung seiner – wir wiesen bereits einmal darauf hin – zunächst streng geheim gehaltenen

Konversion gedient hatte und von welcher der vielseitig ausgebildete Kronprinz mit tiefen Eindrücken vor allem von Italiens Künsten zurückgekehrt war.

Darauf folgten später, nach seiner Eheschließung, Zeiten der Statthalterschaft in Kursachsen während der oft monatelangen Abwesenheit des Monarchen im anderen Landesteil.

Mit seiner Inthronisation konnte die sächsisch-polnische Personalunion noch für weitere drei Jahrzehnte erhalten werden.

Der wie sein Vater außerordentlich kunstverständige Wettiner, mit ausgeprägtem Schönheitssinn begabt, blieb im Gedächtnis der Nachwelt nicht nur als Liebhaber italienischer Opern, sondern namentlich als leidenschaftlicher Sammler erlesener Bilder haften, dem in besonderem Maße die Dresdner Galerie ihren Weltruf schuldet.

Mit seiner Regentschaft ist aber auch die Erinnerung an den verlustreichen Niedergang Sachsens verknüpft, der dazu führte, daß der Traum seines Vorgängers, eine europäische Großmacht zu schaffen, sich nicht erfüllte.

Selbst politischen Dingen gegenüber weitgehend gleichgültig, nicht recht bereit, Verantwortung für das Staatswesen zu übernehmen, überhaupt wenig tatkräftig, trachtete der neue Kurfürst-König, dem man einen durchaus lauteren Charakter bescheinigte, kaum danach, an den überkommenen Gegebenheiten etwas zu ändern.

Damit geriet er zunehmend unter den Einfluß seines Grünstlings, des Grafen Heinrich von Brühl (1700 bis 1763), der, ursprünglich als Page an den Dresdner Hof gekommen und bald danach unaufhaltsam aufgestiegen, seit 1746 das Amt des allmächtigen Premiers innehatte, und überließ diesem mehr und mehr die Entscheidungen auf jenem Felde. So hat man davon gesprochen, daß der Landesherr „bei seiner weichen, empfindsamen Wesensart keine Neigung (zeigte) zu eigenen politischen Gedanken und Zielen, von dem lebenssprühenden Willen zur Tat und dem hohen Schwung (seines Vaters [Ergänzung des Verfassers]) hatte er nichts geerbt. Es genügte ihm, unter den Verhältnissen weiterzuleben, in die er hineingewachsen war. An der Regierung zeigte er wenig Interesse, war aber umso mehr auf die Darstellung seiner Würde bedacht. In gewisser Weise war er menschenscheu, manche Beobachter hielten ihn für träge und wenig arbeitsam … In dieser

Art hat Friedrich August II. dreißig Jahre lang regiert oder auch nicht regiert, indem er das Regieren dem Premierminister überließ, der sich, ohne je eine höhere Bildung genossen zu haben, die Lenkung des Staatsschiffes zutraute".[95] Hemmungslos ehrgeizig und ränkefreudig, ohne Skrupel seine persönlichen Vorteile beständig im Auge behaltend, taktierend und paktierend (dazu ebenfalls kulturell ambitioniert), betrieb Brühl eine wechselhaft-glücklose Politik, die Sachsen eher zum Spielball denn zum Akteur werden ließ. Indem er in den preußisch-österreichischen Auseinandersetzungen sowohl im Zweiten Schlesischen Krieg (1744 bis 1745) als auch im Siebenjährigen Krieg, den Friedrich II. 1756 mit einem Präventivschlag eröffnet hatte, die falsche, die Verliererseite wählte, wurde das Land immer wieder zum Aufmarschgebiet wie zum Schauplatz von Kampfhandlungen und trug ihm, durch die inzwischen ungleich stärkere Militärmacht des nördlichen Nachbarn besiegt, Besetzung und Verwüstung, Geldforderungen in schwindelerregender Höhe und Ausbeutung der verschiedensten Art ein. Schon im Ersten Schlesischen Krieg (1740 bis 1742), in dem es sich mit Preußen gegen Österreich gewandt hatte, mußte es mit der Annexion des habsburgischen Schlesiens durch den Preußenkönig seine Hoffnungen begraben, eine dauerhafte Landbrücke nach Polen zu schlagen.

Am Ende spielte das Kurfürstentum, das schließlich auch die polnische Krone einbüßte, im politischen Wettstreit um die führende Stellung in Mitteleuropa allenfalls eine untergeordnete Rolle. Zwar sicherte ihm der Frieden von Hubertusburg im Jahre 1763 den territorialen Besitzstand der Zeit vor dem Kriege, Sachsen indes sank, während Preußen seine Herrschaft beträchtlich auszubauen vermochte, zur zweitrangigen Macht herab und verlor, auch infolge einer fragwürdigen Finanzpolitik, zudem seinen wirtschaftlichen Vorsprung.

Wir machten schon mehrmals darauf aufmerksam: George Bähr, der unter der Regierung Augusts III. nur noch fünf Jahre lebte – die Frauenkirche ging damals ihrer Vollendung entgegen – starb 1738. So blieb es ihm erspart, die hier knapp skizzierte Entwicklung in vollem Umfang wahrnehmen zu müssen. Vor allem erlebte er nicht mehr, wie Dresden, zu dessen Ruhm als Deutsches Florenz – so nannte Herder (1744 bis 1803) später die Elbmetropole – er so Bewundernswertes beigetragen hatte, durch den Krieg heimgesucht wurde; ebensowenig die Brandschatzung seiner Vorstädte wie die schweren Zerstörungen durch das preußische Bombardement von 1760, dem neben bedeutenden Palais die Kreuzkirche unweit des Altmarktes, erstaunlicherweise aber nicht sein sakrales Hauptwerk zum Opfer fiel.

## Barocker Ausbau der Residenzstadt

### *Repräsentationsverlangen und Baukunst*

Unablässig war August der Starke als Kurfürst-König darauf bedacht, seiner Rangerhöhung auf den unterschiedlichsten Feldern und in mannigfachen Formen künstlerisch-sichtbar Ausdruck zu verleihen. So leidenschaftlich gerade er von solchen Absichten sich leiten ließ, er stand damit unter seinen Standesgenossen nicht allein. Es entsprach vielmehr dem allgemein üblichen Verhalten zeitgenössischer Regenten, ihre Herrschaft darzustellen, ja zu inszenieren, um sie auf diese Weise zu legitimieren.

Dazu bot nach barockem Verständnis die Kunst im weitesten Sinne das wirksamste Mittel: Theater, Oper und Ballett ebenso wie höfisches Zeremoniell und Festgepränge, die Präsentation der in den fürstlichen Schatzkammern aufbewahrten Kostbarkeiten, nicht zuletzt aber die architektonische Ausgestaltung der Residenz. Mit besonderem Elan war man dem Bauen hingegeben, indes nicht, wie der als Friedrich I. 1701 zum „König in Preußen" gekrönte brandenburgische Kurfürst betonte, „aus Lust, sondern aus necessität"[96], aus einer Notwendigkeit, welche die neue Würde, vor allem im Wettstreit mit anderen gleichwertigen Herrscherhäusern erzwang.

Für August den Starken, der solchen Rang durch die Wahl zum polnischen König damals bereits erreicht hatte, bedeutete das, zu seinem und seines Landes Ruhm an erster Stelle Dresden zu einem Gesicht zu verhelfen, das Glanz und Reichtum ausstrahlte. Nur so - dies offenkundig seine Überzeugung - könne man die Bewunderung von Fürsten und Monarchen im Reich wie in Europa auf die Stadt lenken und dazu auch die unterschiedlichen Stände und Schichten seiner Untertanen beeindrucken.

Dieses Ziel, bei all seiner Sprunghaftigkeit letztlich doch beharrlich verfolgend, gelang es ihm nach und nach, freilich ohne daß er seine weit ausgreifenden Pläne vollständig zu realisieren vermochte, aus Dresden nach der „Kaiserstadt Wien die schönste, eleganteste und einheitlichste Stadt Deutschlands"[97] zu machen.

Im Gegensatz zu Augusts Politik, namentlich der auswärtigen, die angesichts der Lasten, die sie dem Kurfürstentum und seiner Bevölkerung aufbürdete, den Stempel des Fragwürdigen trägt und daher meist abfällig beurteilt wird, fand jene Leistung wie überhaupt alles, was er auf kulturellem Gebiet vollbrachte und der Nachwelt hinterließ, allgemeine Anerkennung. Dabei kam ihm, der ein „ausgesprochen musischer Mensch (war)"[98], die Begabung einer geschmacksicheren, den schönen Künsten zugeneigten durchaus kreativen Persönlichkeit von – allem Anschein nach – unerschöpflichem Einfallsreichtum zugute, in der sich barocker Formenkult in exemplarischer Weise offenbarte. So hat man wohl mit Recht gesagt: „Wohin der König seinen Fuß setzte, wurde entworfen, gewerkt und gebaut"[99]. Den Bedeutungszuwachs, den die Elbmetropole bald durch ihn erfuhr, ließ Gottfried Wilhelm Leibnitz, den großen in Leipzig geborenen Philosophen, sogar in Betracht ziehen, ob nicht die Residenz des Wettiners als Ort einer Akademie der Wissenschaften geeigneter sei als Berlin oder die Kaiserstadt an der Donau.

Augusts Vorstellungen von feudalem Lebensstil, die künstlerischen Auffassungen, die ihm eigen waren und seinen Gestaltungswillen bestimmten, verdankte er in hohem Maße einer Grand Tour, die ihn von 1687 an, damals gerade erst siebzehn Jahre alt und in standesgemäßem Gefolge unterwegs, mit Frankreich, der Iberischen Halbinsel und Italien in Berührung brachte.

Reisen solcher Art, seit dem Dreißigjährigen Krieg fester Bestandteil aristokratischer Erziehung, dienten dazu, die Söhne von Fürstenhäusern in ausländische Höfe einzuführen, ihnen die Möglichkeit zu bieten, ihre Fremdsprachenkenntnisse zu erweitern, sich Geschmack und Bildung anzueignen, nicht zuletzt mit anderen Ländern, Völkern und Sitten sich bekannt zu machen.

Nach zwei Jahren kehrte Friedrich August, bereichert durch neue Eindrücke und Begebenheiten, nach Dresden zurück. In Versailles, ne-

ben Paris das erste Ziel des Unternehmens, wo Ludwig XIV. ihn empfangen hatte, interessierten den jungen Herrn weitaus mehr als die politischen Verhältnisse die Zeugnisse bedeutender Architektur, Parkanlagen
und Festkultur. Vor allem aber fand das System der Vaubanschen Forti-
fikationen, das die Seine-Metropole umgab, seine Aufmerksamkeit –
wohl ein Nachhall jener frühen Unterweisung im Festungsbau, die er
von Wolf Caspar Klengel erhalten hatte. In Venedig, dieser „sinnver-
wirrenden Stadt" (Jacob Burckhardt) mit ihren vielfältigen Kunstwerken
und einem regen Musikleben, gab er sich, wie seinerzeit auch andere
Angehörige des europäischen Hochadels, frei von protokollarischen
Zwängen, erlebnishungrig dem karnevalistischen Treiben hin.

Schon vier Jahre später wird er, außer Rom und Neapel, die Serenissima abermals besuchen. Fast ist man geneigt anzunehmen, er habe
ähnlich wie Goethe ein Jahrhunderts später empfunden, der bei seiner
Abreise aus Venedig unter dem vierzehnten Oktober 1786 notiert hatte: „Ich habe indes gut aufgeladen und trage das reiche, sonderbare,
einzige Bild mit mir fort"[100].

Dort auch hat ihm der Canal Grande, gesäumt von den Palästen
der einst fürstengleich lebenden Kaufherren, die von der Pracht und
Herrlichkeit der alten Lagunenstadt kündeten, den Gedanken nahege-
legt, das Elbknie in seiner Residenz gleichermaßen in eine von den
Fronten repräsentabler Bauten gefaßte Wasserstraße zu verwandeln.
Und so eiferte er denn mit seinen Baumeistern, die er mit feinem Ge-
spür für deren Begabung zum Teil von fernher an seinen Hof zu ziehen vermochte, jahrzehntelang diesem Vorbild nach, versuchte immer
wieder, seine städtebaulichen Visionen zu verwirklichen.

Dazu konnte er sich, nachdem er König geworden war, wie sein
Nachfolger auch, in seinem nach und nach mit einer Reihe neuer Zentralbehörden ausgestatteten Staatswesen auf eine wohlgeordnete Bau-
verwaltung stützen.

An ihrer Spitze stand der „General-Intendant über alle in Sachsen
und Polen befindlichen Civil-Fortifications- und Militärgebäude, auch
alle Academies". Dieses Amt bekleidete damals der uns schon bekannte spätere Gouverneur von Dresden und Generalfeldmarschall Graf
August Christoph von Wackerbarth der, in Lauenburg gebürtig, schon
seit 1695 das gesamte sächsische Bauwesen geleitet hatte; ein hochge-

bildeter Mann, der Wissen und Weitblick nicht zuletzt ausgedehnten Reisen verdankte, unter anderem nach Rom, wo er intensive Architekturstudien betrieben hatte. Zeitweise Berater Augusts des Starken in architektonischen Fragen trat er gleichwohl eher mit Leistungen auf der diplomatischen und militärischen, vor allem jedoch der administrativen Ebene hervor, verstand er es doch häufig, die mitunter allzu phantastischen Pläne des Landesherrn mit den finanziellen Möglichkeiten des Staates in Einklang zu bringen. Als Bauherr hinterließ er vielfältige Spuren in der Residenz und ihrem Umland. Er auch war es, der, wie wir noch sehen werden, um den Wünschen des Oberlandbauamtes zu entsprechen, Johann Christoph Knöffel (1686 bis 1752) mit einem Gegenentwurf zu Bährs Frauenkirchen-Plan beauftragte. Im Jahre 1728 rückte dann der Franzose Jean de Bodt in Wackerbarths Position auf.

Die Zuständigkeit für alle zivilen Bauvorhaben – das schloß den Sakralbau ein – lag seit 1718, seinem Gründungsdatum, beim Oberlandbauamt, das nunmehr die Stelle des bis dahin den Stil der öffentlichen Bauten prägenden kurfürstlichen Landbauamtes einnahm. Von Anbeginn stand ihm mit dem Titel eines Oberlandbaumeisters der vom Generalintendanten geschätzte Matthäus Daniel Pöppelmann aus Herford in Westfalen vor. Dieser war schon 1680 in den Dienst des Hofes getreten, zunächst nur als Zeichner, danach als Baukondukteur arbeitend, dabei vielfach mit praktischen Aufgaben befaßt, wurde aber erst 1705 zum Landbaumeister ernannt, womit seine eigentliche Karriere begann. Von jenem Jahr an genoß er die Gunst des Kurfürst-Königs, war seitdem maßgeblich an den umfangreichen Zwinger- und Schloßplanungen beteiligt und wuchs rasch in die Rolle einer bestimmenden Kraft der residenzstädtischen Architekturszene hinein, so daß seine „bewegte, schmuckfreudige Gestaltungsweise"[101] für Jahrzehnte in Dresden und seiner Umgebung zur Geltung kam. Da er mit seiner Behörde zudem die Bautätigkeit auf dem Lande zu überwachen hatte, wirkten sich seine baukünstlerischen Vorstellungen weithin im Kurfürstentum aus. Hinzu traten Pflichten auf Randgebieten, die später in eigenen Disziplinen aufgegangen sind, so zum Beispiel die Instandhaltung von Deichen und Flußufern oder der Straßen- und Wegebau.

Außer ihm waren in seinem Umkreis noch andere hervorragende Baumeister beschäftigt, die meisten davon bürgerlichen Standes; manche von ihnen, wie der aus Paris gebürtige Zacharias Longuelune (1669 bis 1748) und sein Schüler Johann Christoph Knöffel (1686 bis 1752), stiegen im Laufe ihrer Tätigkeit in die Leitung des Amtes auf, und nicht wenige dieser Hofarchitekten schufen, oft Seite an Seite mit ihren Fachkollegen, Bauwerke, die der Kapitale gleichfalls zur Zierde gereichten.[102]

Eine wichtige Aufgabe des Oberlandbauamtes war es, alle Baupläne, die ihm einschließlich der Kostenkalkulationen vor Baubeginn vorgelegt werden mußten, zu begutachten und gegebenenfalls zu billigen. Dazu zählten natürlich auch die Entwürfe des städtischen Bauamtes, das für das bürgerliche Bauwesen Dresdens zuständig war. Zwar hatte schon Johann Georg II., der Großvater Augusts des Starken, dieser Verwaltung die Entscheidungsrechte über Bauvorhaben entzogen, anfangs des achtzehnten Jahrhunderts jedoch vermochte es der Rat, seine Befugnisse, was das Bauen anging, gegenüber dem Hof wieder zu erweitern und dank dessen konnte der Stadtbaumeister an den Genehmigungsverfahren für Privathäuser beim königlichen Oberbauamt teilnehmen.[103].

Als Richtschnur für ihr Handel dienten dieser Behörde jene für die Zeit typischen „Baureglements", die ein Bündel von Bestimmungen bildeten, der sich sowohl Bauherren wie Baumeister zu unterwerfen hatten. Sie sollten letzten Endes den Idealen des barocken Städtebaus zur Verwirklichung verhelfen, die sich vor allem dann erfüllten, wenn bei allem Streben nach Geschlossenheit von Straßenzügen und Plätzen die Individualität der Einzelbauten bewahrt werden konnte und die architektonische Prachtentfaltung von der Peripherie der Stadt zu ihrem Zentrum sich kontinuierlich steigerte.

Namentlich die 1720 von Wackerbarth erlassene und von Pöppelmann offenbar beeinflußte Bauordnung, der 1732 und 1736 noch weitere „Ordonnancen" für die Vorstädte folgten, erwies sich mit ihrem umfassenden Katalog von Forderungen als so wegweisend, daß sie bis an die Wende vom neunzehnten zum zwanzigsten Jahrhundert ihre grundsätzliche Bedeutung behielt. Ihre durchaus flexibel angewandten Anweisungen zielten auf die Formgebung der Architektur und deren harmonische Einfügung in die größeren baulichen Zusammenhänge, auf ein angemessenes Verhältnis von Gebäudehöhe und Straßenbreite sowie die Einteilung der Metropole in Bauzonen, die sich besonders durch unterschiedliche Geschoßzahlen unterschieden. Sie bezogen sich aber auch auf mehr technische Details wie den Brandschutz, die Abflußleitungen, die Spannweiten von Kellergewölben, nicht zuletzt die Wahl der Materialien, der Fassadenfarbe und dergleichen.[104] Das Resultat war eine nach den Schönheitsnormen des Zeitalters, das heißt auch: durch den gleichsam wohltuenden Zusammenklang von bürgerlichem und höfischem Bauwesen geordnete Stadt, in der sich auch kleinteilige Hausformate zu in sich geschlossenen Raumbildern voller Harmonie verbanden.

Das Oberlandbauamt zeichnete sich bei der Erledigung seiner Aufträge durch eine geradezu moderne Arbeitsweise aus; insofern nämlich, als man es nicht nur einem Architekten überließ, sich mit einem Projekt auseinanderzusetzen, vielmehr wurden stets, unabhängig voneinander, mehrere Baumeister mit solcher Aufgabe betraut. Erst aus der Diskussion des danach Vorgelegten ging dann der endgültige Plan zur Bauausführung hervor: dieses vom Wettstreit um die beste Lösung bestimmte Verfahren, bei dem oft auch einzelne Elemente der verschiedenartigen Konzepte miteinander verschmolzen wurden, brachte in der Regel jene qualitätsvolle Architektur hervor, die viele Dresdner Barockbauten charakterisierte.[105]

August der Starke, von dem einhundertfünfunddreißig Zeichnungen überliefert sind, die sich zwar in großer Zahl auf das militärische Bauwesen beziehen, doch auch Entwürfe für Zivilgebäude, Gartenanlagen und Festdekorationen zum Inhalt haben, nahm auf dieses Vorgehen nicht selten sachkundig Einfluß, indem er etwa seine Änderungswünsche eigenhändig in die Pläne eintrug.[106] Zur Reinzeichnung seiner Ideen hatte er 1704 extra die Stelle eines „Cammer-Dessineurs" eingerichtet, die lange Zeit mit dem Ingenieurobristen Johann Christoph Naumann (1664 bis 1742), dem Erbauer von Schloß Hubertusburg, besetzt war. Von den städtebaulichen Intentionen des Königs zeugt auch die für unseren Zusammenhang bedeutsame Tatsache, daß der Architekt 1717/1718, die Regulierung des Stadtraums um den Neumarkt im Auge, einen Grundrißplan vorlegte, der bereits den Neubau der Frauenkirche als Zentralbau in Aussicht nahm.[107]

Bei der Entwurfsarbeit und der Vorbereitung eines Bauvorhabens, wozu die Architekten und Baubeamten auch Hilfskräfte ohne feste Bezahlung heranzogen, ging man – das dürfte auch für die Arbeitsstelle Bährs, das städtische Bauamt, gegolten haben, so vor, wie es prinzipiell noch jahrhundertelang gang und gäbe war: Man verwendete hölzerne Reißbretter, Zirkel, Winkel und Schiene, zeichnete auf dickem, weißem Papier mit Graphit und Tusche, ja tönte und schattierte mit zarter Farbe, wie man es von Pöppelmann weiß. Neben Aufrissen und perspektivischen Darstellungen ergänzte man die skizzierte architektonische Situation durch belebende Staffage, beispielsweise Menschen, Bäume, Tiere, Wolken. Für Korrekturen benutzte man aufgeklebte Deckblätter. Darüber hinaus gehörte es zum Amtsalltag, Baukosten zu veranschlagen und Rechnungen zu prüfen, ferner Aufträge an die verschiedensten Handwerker zu erteilen, die, sofern sie am Hof angestellt waren, der Dienstaufsicht des Chefs unterstanden; endlich galt es, den Einkauf von Baustoffen in die Wege zu leiten.

Geregelte Arbeitszeiten scheint es damals auch schon gegeben zu haben. Jedenfalls – davon hat man Kenntnis – mußten die Oberlandbaumeister die der Behörde eingereichten Pläne, einer Instruktion des Generalintendanten zufolge, immer freitags, im Sommer um sieben Uhr, im Winter um acht Uhr, kontrollieren.[108]

In der von geradezu mitreißender schöpferischer Kraft erfüllten Bauepoche, die unter der Regierung Augusts des Starken anhob, schwang sich die Baukunst zu immer neuen technischen, handwerklichen und ästhetischen Höhen auf. Sie ließ in der Tat eine ganze lange Reihe großer Projekte, welche sich für das angestrebte neue Antlitz der Stadt als prägend erwiesen, heranreifen und zum Abschluß bringen. Daß der Bauwille des Wettiners sich auch auf Warschau, seine zweite Residenz, erstreckte, ist nicht verwunderlich: Dort hinterließ die Ära der sächsischen Königsherrschaft im Stadtbild ebenfalls ihre Spuren, wenngleich nicht wenigen seiner Vorhaben eine Realisierung allenfalls in Ansätzen beschieden war.[109]

Den Auftakt in Dresden bildete, um nur die wesentlichsten Bauten aufzuführen, das **Taschenbergpalais**, das auf einer flachen Erhebung in rund zweihundertfünfzig Metern Entfernung vom linken Elbufer zwischen 1705 und 1708 errichtet und Jahrzehnte danach noch einmal erweitert wurde. Für die Gräfin Anna Constanze Cosel (1680 bis 1765), des Königs berühmte Geliebte, in Auftrag gegeben, stellte es eine

Art Gemeinschaftsarbeit mehrerer am Oberlandbauamt beschäftigter Architekten dar. Matthäus Daniel Pöppelmann, für geraume Zeit als alleiniger Schöpfer des Gebäudes angesehen, war offensichtlich erst an dessen späterem Umbau beteiligt. Obzwar noch ohne die bewegtgekurvten Formen, wie sie am Zwinger zutage treten, zeigte seine feingegliederte Fassade eine durchaus reiche Stuckornamentik, so nicht zuletzt Festons, Schmuckmotive aus einem Gewinde von Blumen, Blättern und Früchten. Sie überzogen vor allem den Mitteltrakt und verliehen, im Verein mit der wohl Wiener Vorbildern nachempfundenen plastischen Portalgestaltung, dem hochbarocken Bau seine beschwingt-festliche äußere Erscheinung. Das Innere mit mehrteiliger Eingangshalle und doppelläufiger Treppenanlage, der Zimmerflucht sowie dem Festsaal in den Obergeschossen atmete Großzügigkeit und entsprach den Prätentionen der privilegierten Hausherrin, die dort angemessen Hof halten konnte.[110]

*Höfische Festkultur und Architektur*

Wir betonten es bereits einmal: Die Notwendigkeit, seine hohe hierarchische Stellung, die er insbesondere dem Erwerb der polnischen Königskrone zu verdanken hatte, gerade auch sinnlich wahrnehmbar zu machen, ließ den Landesherrn nicht nur danach streben, seine Residenzstadt glanzvoll auszubauen. Ebenso verfolgte er das Ziel, der höfischen Festkultur, welcher nach dem Dreißigjährigen Krieg immer größere Bedeutung zugekommen war, noch mehr Geltung zu verschaffen, sie in ihren Leistungen zu steigern, in der Art und Weise ihrer künstlerischen Ausgestaltung zu verfeinern. So dienten die vom Hof arrangierten Festlichkeiten keineswegs einzig und allein dem unterhaltsamvergnüglichen Zeitvertreib einer dem Müßiggang verfallenen Hofgesellschaft, waren doch auch sie mit ihrer in der Regel ins Allegorisch-Mythologische überhöhten Programmen in erster Linie darauf angelegt, Herrschaftsanspruch gegenüber dem Adel, ja dem Volk in seiner Gesamtheit zu artikulieren und damit die ständische Lebenswelt zu stützen. Geistesgeschichtlich hat man sogar davon gesprochen, daß „das höfische Leben totales Fest (ist). In ihm gibt es nichts als das Fest, außer ihm keinen Alltag und keine Arbeit, nichts als die leere Zeit und die lange Weile. Und es sieht so aus, als ob es der horror vacui sei, der das Fest erzeugt habe, der gleiche horror vacui, der dem barocken Auge eine leere Wand zu einem so unerträglichen Anblick macht, daß die Künstler angehalten werden, sie mit einem Netz von Pomp oder Zierlichkeit zu überspinnen".[111]

Bei solchen epochentypischen Veranstaltungen übernahm der Regent selbst häufig nicht nur die Rolle des ideenreichen Regisseurs, der den Handlungsablauf, oft bis ins Detail, nach seinen Vorstellungen ausrichtete. Er beteiligte sich als Akteur in jeweils anderer Gestalt und Kostümierung auch unmittelbar am Geschehen: zum Heros stilisiert, zu einer von Gottes Gnaden über die gewöhnlich Sterblichen hinausgehobenen Figur, zog er dann die Aufmerksamkeit ganz und gar auf sich. So war er schon 1695 bei einem „Götteraufzug" als Götterbote Merkur im polnischen Königsornat, zwei Jahre danach beim Karneval als Alexander der Große aufgetreten.

Vor solchem Hintergrund ist es nicht verwunderlich, daß neben der Baukunst und ihren Werken sich vornehmlich jene Inszenierungen, denen als gesellschaftliche und kulturelle Ereignisse durchaus unterschiedliche Bevölkerungsschichten beiwohnten, dem Bewußtsein der nachkommenden Generationen von der augusteischen Ära besonders eingeprägt haben.

„Jedes barocke Fest ist eine ausgedehnte und ausgewogene Komposition aus vielen Elementen"[112], die, um möglichen Überdruß am Dargebotenen zu begegnen, ständig neu angeordnet und variiert wurden; dabei jeweils einer leitenden Idee, wie sie der höfische Festkalender nahelegte, einem wohldurchdachten Plan folgend; strengen, im traditionellen Zeremoniell wurzelnden Regeln gehorchend und einem dem Rang des Gastgebers gemäßen Aufwand verpflichtet.

Je nach Anlaß von kürzerer oder längerer Dauer wechselten bei solch pathetisch-pompösen Demonstrationen von Macht und Größe, denen im frühneuzeitlichen Staat stets eine über die Person des Herrschers dem Land geltende identitätsstiftende Aufgabe zugedacht war, die verschiedenen Aktionen und Attraktionen einander ab: Opern-, Theater- und Ballettaufführungen schlossen sich Konzerte, Bälle und Maskeraden an; Festbankette und Festzüge gesellten sich zu Reiterspielen, zu Jagden aller Gattung, zu Tierhatzen, die nicht selten zur

Tierquälerei ausarteten, und zu Jahrmärkten mit sogenannten Wirtschaften, bei welchen Angehörige des Hofes als Vertreter des Landesgewerbes, als Handwerker, Fischer, Schäfer oder Winzer auftraten. Schiffsparaden und Gondelfahrten, wofür sich in unserem Fall natürlich die Elbe anbot, folgten Feuerwerke, auch solche auf dem Strom, schließlich Illuminationen von Parks und Gärten. Bei alldem spielte das gemeine Volk allenfalls die Rolle des Zuschauers oder war Teil der notwendigen Statisterie. Gedruckte Beschreibungen in schwülstig-barocker Sprache, Darstellungen in Stichwerken, auf Gemälden und Medaillen gaben, um Eindruck zu erwecken und Achtung einzuflößen, weithin Kunde von den Vorgängen.[113]

Diese alle Maße übersteigende Festkultur, die namentlich August der Starke pflegte, wünschte er sich doch wie andere nach Reputationsaufwertung trachtende Fürsten auch, „daß man sich in ganz Europa zuraune, wie splendid und prächtig es an seinem Hofe zugehe"[114], offenbarte eine für das Zeitalter charakteristische Verschwendung und bürdete der Bevölkerung erhebliche finanzielle Lasten auf. Dennoch nahm diese, sieht man von gelegentlicher Kritik seitens kirchlicher Kreise einmal ab, all das im allgemeinen als selbstverständlich hin. Neuerdings hat man der sächsischen Obrigkeit sogar bescheinigt, „wenn auch die Repräsentation Unsummen verschlang, wurde doch mit Mitteln und Materialien wirtschaftlich umgegangen", und dies „betraf auch die Haushaltung der höfisch-absolutistischen Oberschicht bis hin zu der des Königs".[115]

Daß davon auch Impulse auf das Wirtschaftsleben, nicht zuletzt das Manufakturwesen ausgingen, ist ebenfalls unbestritten. Das gründliche und zielstrebige Feiern mehr oder minder umfangreicher Feste, zu dem man sich bei jeder sich bietenden Gelegenheit bereitfand, verlangte Künstlern wie Handwerkern immense Anstrengungen ab. Schließlich mußten die vom König, nicht selten in Form eigener Skizzen, gegebenen Anregungen von Architekten in realisierbare Entwürfe übertragen, Pläne für den Ablauf der Veranstaltungen ausgearbeitet und Berechnungen von Ämtern wie Kommissionen angestellt werden. Danach waren Scharen von Angehörigen unterschiedlichster Berufe und Stände – von Bauern und Zimmerleuten über Schreiner, Maler, Gärtner und Schneider bis hin zu Köchen und Konditoren – damit beschäftigt, das Festgelände herzurichten, Wagenladungen von Holz, dazu Leinwand und Werg herbeizuschaffen, für die vorgesehenen Dekorationen und Installationen, für Kostüme ebenso wie für Speis und Trank zu sorgen. Endlich hatten Feuerwerker, Musiker, Komödianten und viele andere Mitwirkende ihre Vorbereitungen zu treffen.

Galten solche Arbeiten, dem flüchtigen Charakter eines Festes entsprechend, in aller Regel der Errichtung bloßer baulicher Provisorien, zielten sie von vornherein zumeist auf nichts weiteres als das Kulissenhafte, das Illusionäre des barocken Welttheaters, so stand die Festkultur als eine künstlerische Hervorbringung des Zeitalters darüber hinaus auch in engem Zusammenhang mit der Architektur. Denn eine damals eigens entstandene Gruppe von Bauten gründete in der Tat in dem Bedürfnis des Regenten, gerade für Festlichkeiten und fürstliches Vergnügen dauerhafte Schauplätze zu schaffen.

Festarchitektur in solchem Sinne ist in erster Linie jener Gebäudekomplex, der, zwei Jahre nach dem Taschenbergpalais in Angriff genommen, einen Kulminationspunkt der europäischen Barockbaukunst darstellt: der *Zwinger*.

Als im Sommer 1709 König Friedrich IV. von Dänemark, ein Vetter des kursächsisch-polnischen Herrschers, in Dresden weilte und es zu Ehren jenes Monarchen und seines Gefolges möglichst prächtig zu feiern galt, schuf man westlich vom Schloß auf dem Mauerkranz der „Luna" genannten Bastion der Stadtbefestigung einen neuen Festplatz. Dort errichteten die beiden Hofarchitekten Johann Friedrich Karcher und Matthäus Pöppelmann ein hölzernes „Amphitheater" mit Triumphbogen und Logen – eine als Notbehelf dienenden Anlagen, wie sie seinerzeit für Krönungen und Prozessionen, den Besuch weltlicher und geistlicher Herrschaften, für Spiele wie Turniere und dergleichen mehr auch in anderen bedeutenden Residenzen aus wenig dauerhaften Materialien entstanden.[116]

Indes: Schon ein Jahr später begann Pöppelmann mit dem Bau eines ersten Gebäudes aus Stein, einer Orangerie, die sich August für die Überwinterung der kälteempfindlichen Exoten seiner Pflanzensammlung damals wünschte, die vorübergehend im Garten eines Leipziger Kaufmanns untergestellt waren. Damit wurde – dies die große Ausnahme – „die vergängliche Festdekoration ‚verewigt'"[117] und die über mehrere Phasen verlaufende Baugeschichte des Zwingers eingeleitet, die eine in Gliederung und Formenschatz einzigartige, in ihrem Einfallsreichtum geradezu verblüffende Architektur hervorbrachte.

Schritt für Schritt wuchs sie, ohne genau fixierte Gesamtplanung, um einen weiträumigen Platz heran, der sich nach Nordwest wie nach Südwest in halbrunden Höfen, sogenannten Exedren, von Bogengalerien umfangen, tief ausbuchtet. An deren Scheiteln erheben sich, von der Stadt abgewandt, der Wallpavillon, mit seiner plastischen Gestaltung ein Zeugnis der zu höchster Meisterschaft herangereiften barokken Baukunst, sowie, ihm gegenüber, der Glockenspielpavillon, beide mit nahezu elliptischem Grundriß. Die Stellen, wo jene an Apsiden erinnernden Ausbuchtungen ansetzen, flankieren spiegelbildlich je zwei Saalbauten und begrenzen dort das innere Karree. Ursprünglich gleichfalls Orangerien, wurden sie später dazu bestimmt, die wissenschaftlichen und Teile der Kunstsammlungen der Wettiner aufzunehmen. Hinter den in nordöstlicher Richtung aufgeführten Bau fügt sich noch das Nymphenbad an, mit seinen mythologischen Frauengestalten und der rauschenden Kaskade einen intimen Bereich bildend - „ein anmutiges Gegenstück zur Fontana de Trevi in Rom, kühl und feucht durchstäubt, voller Wassergötter und Wassergetier", wo „sich die Quellenmädchen zum Bad (entkleiden)"[118].

Die südwestliche Seite vor dem Wallgraben wird von den majestätischen Langgalerien abgeschlossen, deren Mitte vom filigranen Kronentor, das der italienisch-hochbarocken Kunsttradition verhaftet ist, ihren Akzent erhielt.

Das zartgliedrige Zwinger-Bauwerk, das man bekanntlich immer wieder als Gipfel des Barocks in Europa gerühmt hat, mit überaus reichem figuralem Schmuck ausgestattet, offenbart seinen besonderen „Reiz ... im rhythmischen Wechsel von Pavillons und flachen Galerien" von Geschwungenem und Geradlinigem, von überschäumender Phantasie und einer sie zügelnden Ordnung".[119] Er beruht nicht zuletzt aber auch auf der genialen Verschmelzung der kraftvoll-dynamisch bewegten Plastik Balthasar Permosers und seiner Mitarbeiter mit der graziösen Architektur Pöppelmanns, wie das vor allem am Kronentor und am Wallpavillon in Erscheinung tritt. In diesen Bildhauerarbeiten, insbesondere in den Hermen an den Portalpfeilern des letzteren schlug sich ohne Zweifel das Vorbild der römischen Baukunst Berninis nieder, die damals über Österreich und Böhmen nach Sachsen vermittelt wurde.[120]

So läßt sich „nach Rang und Stil dem Zwinger im deutschen Sprachraum nur das Belvedere des Prinzen Eugen in Wien vergleichen"[121]. Sein Schöpfer selbst nannte ihn „eine römische Erfindung"[122], wohl in Erinnerung an das Marsfeld im alten Rom, das er auf einer seiner für ihn anregungsreichen Studienreisen, deren Ziele Prag, Wien und Salzburg, überdies Italien und Frankreich waren, gesehen hatte. Festplatz, Orangerie und Gartenanlage in einem, ist er zugleich „ein Denkmal des Selbstverständnisses Augusts des Starken geworden, dem alle Götter des Olymp und alle Musen des Parnaß huldigen und dienen. Die allegorische Pantomime, die diese Architektur aufführt, gipfelt in dem König als ‚Hercules Saxonicus' auf dem Wallpavillon, der die Erdkugel emporhebt, und der kupfergetriebenen vergoldeten Bekrönung des Tores am Graben, über die vier polnische Adler die polnische Königskrone tragen"[123].

Als die Bauarbeiten an dem Großprojekt 1732 eingestellt wurden, blieb das fast quadratische Viereck des inneren Festraums nach Nordosten hin offen. Der anspruchsvolle Plan, dort, zwischen Zwinger und Elbe, ein grandioses Schloß neben der überkommenen Residenz zu errichten, kam, obwohl dafür viele Entwürfe vorlagen, nicht zur Ausführung: die prekäre Situation im Land infolge der Verwicklung in den Nordischen Krieg und die Zersplitterung der Kräfte durch die Verbindung mit Polen dürften dies letztlich vereitelt haben.[124]

Die dem Zwinger zugedachte Funktion als Festspielplatz und Sommerbühne hatte sich bereits 1719 in höchstem Maße erfüllt: nämlich anläßlich der minuziös inszenierten Hochzeit des sächsischen Kurprinzen mit der österreichischen Erzherzogin Maria Josepha (1699 bis 1757), an der, wie erwähnt, vom Kurfürst-König spekulative Erwartungen, die bis zum Erwerb der Kaiserkrone reichten, geknüpft worden waren.

Die damals arrangierten Festlichkeiten, die „Planetenfeste", beinah einen Monat lang im September während, müssen zu den größten und imposantesten der Zeit in Europa gerechnet werden.[125] Dabei wurde an verschiedenen Stellen innerhalb Dresdens wie in dessen Umgebung mit unvorstellbarem Aufwand gefeiert – und dies, obgleich gerade in jenem Jahr Hungersnot und Teuerung nach Mißernten und Ausfuhrverbote für Getreide aus Schlesien und Böhmen die Bevölkerung bedrängten.[126] Vor allem markierten die Reiterspiele, die „Karussells" und das „Jupiterfest" im Zwinger bedeutsame Höhepunkte des Gepränges, die das Hofpublikum, die unzähligen Gäste aus dem In- und Ausland in Erstaunen und Begeisterung versetzten.

Und dem Herrscher eröffnete das neue bauliche Ensemble eine der von ihm ständig ersehnten Möglichkeiten, sein Macht, ja Reichtum und Schönheit in einer vom sonst Üblichen sich abhebenden Weise, weil in völlig andersartigem Rahmen, zu demonstrieren. Daß gerade von diesem gewaltigen Bauvorhaben und den ausgedehnten Feierlichkeiten die Wirtschaft profitierte, das Manufakturwesen, soweit es künstlerisch bedeutsame Produkte schuf, eine einzigartige Förderung erfuhr, überdies aber auch die Tausende von reichen Fremden, die aus solchem Anlaß in die Stadt strömten, Geld ins Land brachten, versteht sich von selbst.[127]

Zwei weitere Gebäude, von außen in einer für jene Zeit ungewöhnlich schlichten Gestalt sich darbietend, zählen ebenfalls zu denen, die sich der augusteischen Festkultur verdankten.

Das bedeutendere davon, *das neue Opernhaus*, welches das ältere von Klengel am Taschenberg ersetzte und wiederum ein Werk Pöppelmanns war, konnte noch kurz vor Beginn der Fürstenhochzeit von 1719 fertiggestellt werden. Es schloß sich, im Hintergrund vom hohen Steildach der gotischen Sophienkirche überragt, unmittelbar an den Naturwissenschaftlichen Pavillon (in dem heute die Porzellansammlung untergebracht ist) an, einer der beiden Saalbauten auf der Stadtseite des Zwingers, durch den auch der Hauptzugang zum Zuschauerraum mit seinen zweitausend Sitzplätzen führte. Im Gegensatz zu seinem schmucklosen Äußeren präsentierte sich das Innere mit drei Rängen und der Königsloge, dessen Ausstattung einem namhaften Theaterarchitekten, dem Italiener Allesandro Mauro (gest. nach 1748), und seinem Bruder Girolamo aufgetragen worden war, in typisch barocker Pracht. Hier, wo die Hofkapelle mit ihren hervorragenden Solisten, ihren Sitz hatte, wurden während der Festlichkeiten italienische Opern aufgeführt, die erneut stärker zu fördern August der Starke sich angelegen sein ließ: so unter anderen „Giove in Argo" (Zeus in Argos) und „Theophane" vom Hofkapellmeister Antonio Lotti (1666 bis 1740)[128], den man, zusammen mit erstklassigen Sängern, ebenfalls aus Italien engagiert hatte. Georg Friedrich Händel (1685 bis 1759), der solche Aufführungen besuchte, war von deren Qualität so angetan, daß er viele dieser Künstler abwarb und nach London holte.[129] Als Pendant zum Opernhaus entstand zur selben Zeit direkt hinter dem anderen Saalbau, dem Deutschen Pavillon, der **Redoutensaal**, ein vorzugsweise für Tanzveranstaltungen vorgesehenes Fachwerkgebäude, das jedoch schon 1756 wieder abgerissen wurde.

*Residenzlandschaft*

Auch im Umkreis Dresdens wurden damals Gebäude, mitunter ganze Baukomplexe aufgeführt, die für gesellschaftliche Veranstaltungen der beschriebenen Art gedacht waren. Vor allem aber ging man daran, schon vorhandene Schlösser mit ihren Gärten von Grund auf umzugestalten und so zu erweitern, daß sie als Orte für mancherlei Feste, für das Hof- und Residenzleben im allgemeinen Ablauf der Jahreszeiten den gewandelten Anforderungen genügten. Dabei spielte auch der 1718 vom König geäußerte Verzicht auf den Neubau eines Residenzschlosses eine Rolle, ebenso aber die Vorbereitungen für die aufwendigen Hochzeitsfeierlichkeiten ein Jahr darauf. So entstand nach und nach eine vielgliedrige Residenzlandschaft, die sich – soziologisch gesehen – durch „eine Fülle dauernder persönlicher Beziehungen der damaligen Führungsschicht"[130] auszeichnete.

Zu jenen Baulichkeiten sei neben ganz praktischen wie etwa den Flößereihöfen an Elbe und Weißeritz, den Kurfürstlichen Weinpressen, Fasanengärten und Fischhäusern einmal an das in einem reizvollen Teichrevier nordwestlich der Kapitale inmitten einer geometrisch-axialen Komposition mit mächtigen Rundtürmen aufragende **Jagdschloß Moritzburg** erinnert, das zwischen 1723 und 1724 aus einem kleinen Vorgängerbau des sechzehnten Jahrhunderts hervorgegangen, seine heutige Form erhielt. Pöppelmann, Longuelune und de Bodt waren die ausführenden Architekten.

Zum anderen kommt einem in diesem Zusammenhang das flußaufwärts von Dresden prangende Schloßensemble von **Pillnitz** in den

Sinn, das, 1720 begonnen und fünf Jahre später zu Ende gebracht, mit seinen hochgezogenen, geschweiften Dächern, sowie den an fernöstliche Vorbilder anklingenden Zierformen der Chinoiserien dem Wunsch des Königs nach einem „orientalischen Lustgebäude" entsprang. Auch an seiner Gestaltgebung war Pöppelmann maßgeblich beteiligt. Zu den bewundernswerten Elementen des Komplexes zählt nicht zuletzt die von Longuelune entworfene Treppe, die, wohlproportioniert und elegant, das sogenannte Wasserpalais mit der Elbe verbindet und die mit Gondeln ankommenden Gäste geradezu majestätisch empfing.

Beide rund fünfundzwanzig Kilometer voneinander entfernt emporgewachsenen Bauwerke prägten nachhaltig jene Residenzlandschaft, die sich mit einer Reihe weiterer fürstlicher Landsitze, welche besonders dem die Prachtentfaltung gleichermaßen nicht wenig beflügelnden Jagdvergnügen dienten, seinerzeit außerhalb der Elbmetropole ausbildete. Doch zu ihr gehören auch, gleichsam als westliches, wenn auch weitaus bescheideneres Gegenstück zu Pillnitz, das renaissanceartige *Übigau*, von 1724 bis 1726 von Johann Friedrich Eosander von Göthe (1670 bis 1729) für den Kabinettsminister Jacob Heinrich von Flemming (1667 bis 1728) entworfen; und endlich *Großsedlitz*, das charakteristische Beispiel barocker Gartenkunst: von August Christoph Wackerbarth 1719 als niedergebranntes Kammergut erworben, seit 1723 in königlichem Besitz und in der Hauptsache unter Johann Christoph Knöffel geplant, ist es mit zwei Orangerien und seinen skulpturengeschmückten, terrassierten Außenanlagen, allerdings ohne den geplanten Schloßbau, auf uns gekommen.[131]

*Sammelleidenschaft und Bautätigkeit*

Die Sammelleidenschaft war zwar allen Souveränen der Epoche eigen, für den repräsentationssüchtigen und kunstsinnigen August den Starken wie nicht zuletzt für seinen Sohn aber besonders bezeichnend – ein Faktum, das wir in anderem Rahmen noch genauer betrachten werden. Auch diese Neigung wirkte in nicht geringem Maße auf die Bautätigkeit ein. Denn die künstlerisch oder historisch wertvollen Gegenstände, die sich, ererbt oder erworben, im Besitz der Herrscherhäuser befanden, sollten nicht nur sorgsam aufgehoben, sondern, um des daraus resultierenden Prestiges willen, für die Zeitgenossen in angemessener Weise zur Schau gestellt werden.

Zu diesem Zweck galt es nach den Vorstellungen des Kurfürst-Königs, die vorhandenen Bestände der sächsisch-wettinischen Kunstkammer, der „Geheimen Verwahrung", neu zu ordnen, und zwar so, daß fortan die Objekte nach dem Material, aus dem sie bestehen, zu gliedern wären.

Zu den ersten Bauvorhaben, die er unter solchem Aspekt nach dem Brand des Schlosses im Jahre 1701 in Angriff nehmen ließ, gehörte das dort gelegene *Grüne Gewölbe* – Gemächer aus acht Prunksälen im Westflügel des Erdgeschosses, die ihren Namen von der ursprünglichen Wandtönung erhalten hatten.[132] Seit 1723 wurde es unter Beteiligung Pöppelmanns und des französischen Innenarchitekten Raymond Leplat (1664 bis 1742) Zug um Zug um- und ausgebaut, erlesen ausgestattet und dann als erstes Museum in Europa, zumindest bedingt, der Öffentlichkeit zugänglich gemacht.

In ihm fanden jene rund dreitausendzweihundert berühmten Meisterwerke der Edelmetall- und Edelsteinkultur, Kostbarkeiten aus Gold, Silber und Elfenbein, exquisite Pretiosen und edles Geschirr, prächtige Orden und ausgesuchte Waffen einen würdigen Platz, die in den Schmuckstücken des bedeutenden Hofjuweliers Johann Melchior Dinglinger, vor allem in dessen „Hofstaat zu Delhi am Geburtstag des Großmoguls Aureng Zeb" ihre höchste Entfaltung erfahren hatten.

Zur Ausgestaltung des neuen Ausstellungsortes waren hervorragende Kunsthandwerker, zumal Möbeltischler, herangezogen worden, deren Arbeiten, wie von Kennern versichert, in ihrer Qualität mit denen aus London oder Paris sich durchaus vergleichen ließen. So fügten sich Aufmachung und Einrichtung der Räumlichkeiten, in Formen und Farben aufeinander abgestimmt, zu einem harmonisch empfundenen Ganzen zusammen, das in seiner ästhetischen Wirkung von den künstlerischen Absichten und der Prachtliebe des sächsischen Landesherrn kündete.

Nur vier Jahre danach, also 1727, begann die Umgestaltung des 1715 von Pöppelmann am rechten Elbufer erbauten *Holländischen Palais* – so genannt, weil der holländische Gesandte dort offenbar für kurze Zeit sein Domizil gehabt hatte. Das Gebäude, ursprünglich für den Grafen Flemming errichtet und bald darauf vom Kurfürst-König übernommen, war bereits 1719 in die Feierlichkeiten des Kurprinzen einbezogen worden. In ihm konnten die zum Teil von weither angereisten Gäste das fürstliche Porzellan in großer Zahl – man registrierte damals mehr als fünfundzwanzigtausend Einzelstücke – und in vielerlei Gestalt bewundern.[133]

Auf ausdrücklichen Wunsch Augusts des Starken, der von seiner „maladie de porcelaine" gesprochen hatte, wurde es zum *Japanischen Palais*, zu seinem „Porzellanschloß" erweitert, das die unterdessen noch umfangreichere Sammlung des von ihm so hochgeschätzten „Weißen Goldes" aufzunehmen vermochte. Das betraf einmal die von ihm zum Teil en gros bei der Vereinigten Ostindien-Compagnie gekauften Erzeugnisse aus dem Fernen Osten, worauf nicht allein der Name des Bauwerks, sondern vornehmlich manche chinoisen Anklänge seiner Architektur hinweisen wie etwa die geschwungenen Dächer über den Eckpavillons. Zum anderen galt es insbesondere für das auf der Albrechtsburg produzierte Meißner Porzellan, das dank seiner bestechenden Farbgebung, den anmutigen Dekors wie der kraftvollen figürlichen Modellierung – im malerischen Stil von Johann Gregorius Höroldt (1696 bis 1775), im plastischen von Johann Joachim Kaendler (1706 bis 1775) geprägt – ganz dem Formgefühl des Rokokos entsprach. So spielte es als Vorbild für andere Manufakturen, die bald entstanden, eine wichtige Rolle, hatte doch Europa seinerzeit eine wahre Porzellanmanie ergriffen.

Die Schloßanlage mit ihren vier Flügeln, die einen Rechteckhof umschließen, sowie den Kuppeln, welche die beiden Haupttrakte überragen, geht wiederum auf Matthäus Pöppelmann zurück, dem allerdings die schon dem klassisch strengen Barock ihres Heimatlandes zuneigenden französischen Architekten Zacharias Longuelune und Jean de Bodt, ferner der Deutsche Johann Christoph Knöffel zur Seite standen.[134] Seither bildet es eine gewichtige städtebauliche Dominante am flußnahen Rand der Neustadt und zeugt damit vom Willen des Regenten, den Strom rechts wie links mit repräsentativen Bauten einzufassen.

*Palastarchitektur*

Dresden wäre unter den Kurfürst-Königen nicht zu der unverwechselbaren Barockstadt geworden, hätte sich zu den Monumentalbauten im achtzehnten Jahrhundert nicht die Palastarchitektur sowohl des sächsischen als auch des hohen polnischen Adels, der Magnaten, gesellt.

Dazu rechnete eine Reihe hochbarocker Gebäude mit meist streng symmetrisch gestalteten Schauseiten, die zwischen 1700 und 1729, oft von namhaften Baumeistern entworfen, vorwiegend zum östlichen Stadtrand hin aufgeführt wurden: so etwa das Palais Kötteritz-Werthern in der Kreuzgasse, an dem Platz, den später das zweite Gewandhaus einnahm; das Palais de Saxe in der Moritzgasse mit dem dazugehörenden British Hôtel in der Landhausstraße; das Palais Flemming-Sulkowski in der Pirnaischen Gasse; das Palais Vitzthum-Rutowski, ebenfalls in der Kreuzgasse; endlich das Kurländer Palais am Ende der von der Frauenkirche ausgehenden Rampischen Gasse, das bereits Züge des französischen Barock-Klassizismus aufwies.

Aber auch manche bürgerliche Dresdner, die durch die Herstellung und den Vertrieb von Luxuswaren oder durch verschiedenartige Dienstleistungen für den Hof zu Wohlstand gelangt waren und dem herrschaftlichen Lebensstil nacheiferten, ja neben dem Adel überhaupt zu den beflissenen Rezipienten der barocken Hochkultur zählten[135], ließen sich damals prächtige Wohnbauten, mitunter an Palais erinnernden Zuschnitts, errichten.

Und ebenso trugen die Bürgerhäuser, welche die Straßen der „Neuen Königstadt", vor allem die Haupt- und die Königstraße sowie die Große Meißner Gasse säumten und trotz des strikten Baureglements mit einer jeweils individuellen Prägung Eindruck machten, wesentlich zu dem seinerzeit modernen Stadtbild bei.

Nicht zuletzt hierbei zeigte sich die ästhetische Leitfunktion, die der Dresdner Hof auch in dieser Hinsicht für die Gesellschaft innehatte. Damit „ist wohl keine andere Stadt, außer Prag, bis 1945 reicher an barocken Adelspalais gewesen als Dresden und keine reicher an der Fülle wohlerhaltener Bürgerhäuser, die sich zu Häuserzeilen und Straßenfronten von wundervoller Einheitlichkeit zusammenschlossen"[136].

In solchem Zusammenhang begegnen wir nun abermals George Bähr, der bei einer Anzahl derartiger Bauvorhaben, gemeinsam mit verschiedenen Gewerken, mitgewirkt hat – ein Faktum, das es künftig an einzelnen Beispielen ausführlicher zu erörtern gilt.

*Umgestaltungen in der Altstadt*

Während rechtselbisch der neue Stadtteil ausgebaut wurde, der mit seinen schnurgeraden, mit Linden bepflanzten Achsen, mit seiner Weite und Helle und seinem menschlichen Maß von vornherein den typischen Stempel barocken Städtebaus erkennen ließ, vollzog sich in der Altstadt eine Umgestaltung, die den noch aus dem Mittelalter herrührenden Grundriß nur langsam veränderte.

In diesem vom Schloß aus nach Süden und Osten sich erstreckenden Bereich kompakter Bebauung gab es, umfangen von der bastionären Befestigung, viele enge Gassen und außer dem „Alten Markt" und dem „Neuen Markt" kaum größere Plätze. Der Wandel, der dort vor sich ging und ebenfalls mit dem Aufstieg Dresdens zur europäischen Kulturmetropole in Beziehung stand, betraf vornehmlich die Bausubstanz. Diese zumindest mußte dem Repräsentationsstreben des Herrscherhauses und des Adels, aber auch den Ansprüchen der aufstrebenden Bürgerschaft angepaßt werden.

So fielen nunmehr, um die Brandgefahr zu bannen, nach und nach die letzten Fachwerkhäuser der Spitzhacke zum Opfer und wurden durch Gebäude aus Stein ersetzt, wobei anfangs des achtzehnten Jahrhunderts Bauordnungen überdies die Bauhöhen genau vorschrieben.[137] Neben die Bauten aus der Renaissance-Zeit mit ihren hohen, nicht selten reich ausgestalteten, volutengeschmückten Staffelgiebeln traten Schritt für Schritt solche mit dem französischen Mansarddach, deren Fassaden, durch Lisenen, schwach vortretende Mauervorlagen, und zwischen den Fenstern herausgearbeitete Sandsteinspiegel gegliedert waren. Erker, bis dahin weit verbreitet, fanden sich nur noch an den Eckhäusern.

Besonders um den Altmarkt zogen sich in den Erdgeschossen Läden mit hölzernen Vorbauten, unter denen die zum Verkauf angebotene Ware lag.

Außerdem wuchsen umfangreiche Bauwerke sakraler wie profaner Natur allmählich über das Niveau der aus der Vergangenheit stammenden Häusermasse empor, mit ihren markanten Umrissen hoch in den Himmel ragend. Da vor allem sie das bürgerliche Quartier in der ummauerten Stadt einengten, mußte deren Areal, indem man den Gebäuden oft noch ein weiteres Geschoß aufsetzte, immer intensiver genutzt werden.

Durch neuartige Anordnung der nun häufig spezifischen Zwecken dienenden Räume verbesserten sich andererseits die Wohnverhältnisse selbst bei Handwerkern und Händlern; und durch Um- und Neubauten und Modernisierungen entstanden zudem ansehnliche Mietshäuser.[138] Ferner wurden in der ersten Hälfte des achtzehnten Jahrhunderts zwischen Wallstraße und Altmarkt auf zumeist städtischen Grundstücken mehrere kommunale Versorgungseinrichtungen erbaut, wie etwa das Spritzenhaus, der Marstall, die neue Roßmühle, das neue Wohn-, Malz- und Brauhaus und „Raths Breyhahn" als „Raths Hochzeitshaus"[139], das wir bereits von der Grundsteinlegung der Frauenkirche her kennen.

Eine imponierende Leistung jener Zeit war auch die Neugestaltung der alten 1275 in steinerner Ausführung erstmals genannten Elbbrücke. Weil diese den wachsenden Verkehr nicht mehr aufzunehmen vermochte, dazu mancherlei Schäden an ihr sichtbar geworden waren, mußte sie grundlegend renoviert und zugleich nicht unwesentlich erweitert werden. Der nach Plänen des auch auf diesem Gebiet erfahrenen Pöppelmann vom Ratsmaurermeister Johann Gottfried Fehre zwischen 1727 und 1732 geschaffene Bau überspannte, von den Flußufern zur Mitte hin sanft ansteigend, die Elbe mit achtzehn Bögen, insgesamt mehr als vierhundert Meter lang und elf Meter breit.

Zwei Wagen nebeneinander konnten sich darauf bewegen, und den Fußgängern standen eigene Gehwege zur Verfügung, die sich über den Pfeilern zu halbrunden Austritten mit Steinbänken und achtundvierzig schmiedeeisernen Laternen verbreiterten.

So war nach allgemeinem Urteil eine der schönsten Brücken Europas entstanden – man hat sie „die bedeutendste seit der Spätrenaissance genannt"[140], der – von nun an „Augustusbrücke" geheißen – unzählige Besucher der Elbmetropole fortan ihre Bewunderung zollten und die immer wieder durch die Jahrhunderte von den Malern der damals zu hohem Rang sich entwickelnden Stadtvedute gleichermaßen wie von denen der folgenden Kunstepochen zum Gegenstand ihrer Bilder gewählt wurde.

Zugleich sollten die beiden Brückenköpfe neu geordnet werden: auf der Altstädter Seite kam dies nicht zustande; gegenüber aber, am

Neustädter Ufer, faßte Longuelune eine großartig-wirkungsvolle Lösung ins Auge, die dem imperialen Anspruch Augusts des Starken entgegenkam. Von den zwei Gebäuden, die dort vorgesehen waren und die Blicke auf sich gelenkt hätten, wurde jedoch nur eines – und auch das noch abweichend vom originären Konzept – aufgerichtet: Das Blockhaus, ein quadratischer Bau von strenger Lisenenarchitektur, welchem, zusammen mit dem „Goldenen Reiter", der Statue des Königs auf kurbettierendem Pferd, die Hauptstraße ihren Point de vue verdankt.

Nicht nur auf dem architektonisch-städtebaulichen Feld wirkten die Anregungen nach, welche der Herrscher durch die Begegnung mit einer Reihe außergewöhnlicher europäischer Kapitalen auf seinen ausgedehnten Reisen empfangen hatte. Paris vor allem sowie Versailles mit der glanzvollen Hofhaltung Ludwigs XIV., die er beide wie die anderen frankomanen Fürsten seiner Zeit bewunderte, erweckten in ihm den Wunsch, ebenso gewisse Einrichtungen dessen, was man heute als die materielle Infrastruktur bezeichnet, in seiner Residenzstadt zu schaffen oder das in solcher Hinsicht bereits Vorhandene zu verbessern – Aufgaben, mit denen der Ratszimmermeister Bähr nicht selten ebenfalls befaßt war.[141]

So bemühte man sich damals, teils in der von Spannungen keineswegs freien Zusammenarbeit von Hof und Rat[142], den Feuerschutz und das Feuerlöschwesen voranzubringen, desgleichen die Wasserversorgung und die Straßenpflasterung; letzteres besonders auch im Interesse von Sauberkeit und Hygiene innerhalb der Häuserballung. Man verstärkte die Festungsanlagen und baute die Straßenbeleuchtung aus, so daß es sie seit 1705 in der Altstadt, seit 1728 auch in der Neustadt gab. Man gründete Hospitäler und wandte seine Aufmerksamkeit der Armenversorgung zu, die sich um so dringlicher erwies, als die Not vornehmlich der völlig mittellosen Schichten, aufs Ganze gesehen, nach dem Dreißigjährigen Krieg erschreckende Ausmaße angenommen hatte.[143] Wohl in Reaktion darauf errichtete man, „zur allmählichen Abschaffung der Bettelei in den Landen",[144] wie es bezeichnenderweise hieß, 1717 ein Armenhaus vor dem Wilsdruffer Tor, ein vom königlichen Oberbauamt und dem Bauamt der Stadt ausgeführtes Projekt, dem sich andere ähnliche anschlossen.

Derartige Vorhaben wurden jedoch nicht nur in Dresden verwirklicht, sie beeinflußten auch die Bautätigkeit außerhalb der Residenz, in weiteren Orten des Kurfürstentums, namentlich dann, wenn diese vom Adel ausging, der sich bekanntermaßen nicht zuletzt dabei am Vorbild des Hofes orientierte. Vom Straßen- und Brückenbau selbst dort war schon die Rede.

*Kirchenbau in der Kapitale*

Darüber hinaus erbaute man unter der Regierung Augusts des Starken in Dresden zwei hervorragende Kirchen, die jedoch erst nach dessen Tod vollendet werden konnten.

Dabei handelt es sich zunächst um die Frauenkirche von George Bähr, auf den wir in diesem Zusammenhang wieder treffen, der freilich hier nur knapp erwähnt werden soll, werden wir ihm und seinem Werk doch später ausführlich unsere Aufmerksamkeit widmen. Seit 1726 wuchs der monumentale Zentralbau am Neumarkt in die Höhe und trug nach seiner Vollendung entscheidend zum Ruhm Dresdens als Barockstadt bei.

Sechs Jahre danach begann Pöppelmann, gemeinsam mit Bähr und Johann Gottfried Fehre, in der Neustadt die Dreikönigskirche zu bauen. Sie fand ihren Platz an der Hauptstraße, der wichtigsten Achse jener regelmäßig-barocken Anlage auf der rechten Elbseite. Zuvor allerdings mußte ihre Vorgängerin, welche das durch den großen Brand von 1685 zerstörte mittelalterliche Gotteshaus schon drei Jahre danach ersetzt hatte, aber unterdessen inmitten des neuen Straßenzugs lag, also den städtebaulichen Intentionen buchstäblich entgegenstand, wieder abgerissen werden. Der daraufhin von 1732 an errichtete dritte Kirchenbau, mit seinem Mansarddach äußerlich recht schlicht gehalten und bis ins neunzehnte Jahrhundert turmlos, fügte sich der Straßenflucht mit seiner östlichen Schmalseite ein, die ihre Gliederung durch ein Rundbogenportal, einen Dreieckgiebel und hohe Fenster einfassende Pilaster erhielt. Das Innere versuchte der Ratszimmermeister – im Unterschied zu dem genehmigten Plan – so zu verändern, daß es den Bedürfnissen des protestantischen Predigtgottesdienstes zumindest annähernd entsprach. Um das zu erreichen, verschob er vor allem die drei mittleren Pfeiler beiderseits nach außen, womit der Grundriß des zweigeschossigen Emporenraumes, den ein hohes Muldengewölbe mit Oberlichtfenstern abschloß, die Form eines gestreckten Ovals gewann und der Eindruck einer zentralisierenden Raumkomposition aufschien.[145] Übrigens konnte auch George Bähr, der ja 1738 starb, die beiden Sakralbauten in ihrer endgültigen Gestalt, ebenso wie der Kurfürst-König, nicht mehr sehen. Das gleiche gilt naturgemäß für Gaëtano Chiaveris (1689 bis 1770) den römischen Spätbarock verkörpernde katholische Hofkirche[146] – mit ihrem durchsichtigen, grazilen Turm und den umlaufenden, die Dächer verdeckenden Balustraden mit den von dem Italiener Lorenzo Mattielli (1688 bis 1738) geschaffenen Heiligenfiguren der Gegenreformation das effektvolle Pendant zur glockenförmigen Kuppel der Frauenkirche –, denn deren Grundstein wurde erst im Sterbejahr des Ratszimmermeisters gelegt.

*Neue Kunstauffassungen und Wandel des Lebensgefühls*

Während der Regierung Augusts III. offenbarten sich allmählich Wandlungen im Kunst- und Geistesleben sowie im Lebensgefühl der die Hochkultur tragenden Oberschicht. Das eine zeigte sich, wir sprachen bereits kurz davon, schon einmal daran, daß der Sohn Augusts des Starken, anknüpfend an die vordem von seinem Vater zusammengebrachte Gemälde-Kollektion, seine auf die Kunst gerichteten Ambitionen nicht zuletzt im Sammeln erlesen-kostbarer Werke der abendländischen Malerei auslebte. So ließ er nicht wenige der von ihm begehrten Bilder in den Zentren des europäischen Kunsthandels aufkaufen, in Venedig, Bologna, Florenz und Rom, in Prag, Paris und Amsterdam, und an die Elbe bringen.

Damit verhalf er der Dresdner Galerie zur Weltgeltung und demonstrierte auf die ihm eigentümliche Weise anderen Herrscherhäusern sein wie seines Hofes außergewöhnliches Format.

Graf Brühl, „der allmächtige Gebieter in Sachsen"[147], selbstsüchtig immerfort bemüht, die Neigungen seines Kurfürst-Königs zu befriedigen – dabei gleichfalls Besitzer einer beachtlichen Gemäldesammlung, die Katharina die Große, nachdem dieser verschieden war, für die

Eremitage in St. Petersburg erwarb – faßte jene Absichten in die Worte, es gelte, „mit fürstlichem Glanz den Gesandten und anderen ansehnlichen Fremden recht in die Augen zu leuchten"[148].

Hinter Augusts Vorliebe für die Malerei (und die italienische Oper) trat sein Interesse an Architektur und Städtebau, das seinen Vater und Vorgänger zeitlebens so stark bewegt hatte, merklich zurück. Gleichwohl: Neben dem schon von August dem Starken mit Nachdruck betriebenen Ausbau der „Neuen Königstadt", wo man auch weiterhin Haus an Haus fügte, wurden selbst in seiner Ära noch durchaus beachtenswerte Gebäude aufgeführt. Darunter waren das Architekturensemble aus Stadtpalais, Bibliothek, Privatgalerie und Belvedere samt einer prächtigen Gartenanlage, jene „Brühlschen Herrlichkeiten", die Johann Christoph Knöffel auf dem elbseitigen Festungswall der Altstadt schrittweise für den baubesessenen Premier realisierte. Mit dieser im nachhinein sogenannten Brühlschen Terrasse, als „Balkon Europas" vielfach gerühmt, fand die Orientierung Dresdens auf die Elbe, die Verknüpfung von Stadt- und Flußlandschaft recht eigentlich ihre Vollendung. Für Brühl baute Knöffel damals auch das in der Friedrichstadt innerhalb des einstigen höfischen Lustgartens von Johann Christoph Naumann für die Herzogin von Württemberg-Teck (die ehemalige Gräfin Lubomirska, eine Mätresse Augusts des Starken) geschaffene Schlößchen zum Sommersitz um, indem es mit neuen Seitenflügeln, einem Ehrenhof und einer Orangerie versah, ergänzt um einen großartigen barocken Park.

Außerdem errichtete man seinerzeit unter anderem – Zeugnisse bürgerlicher Macht – zwei neue Rathäuser – das am Altmarkt, danach eines am Neumarkt, beide freilich erst in den vierziger und fünfziger Jahren fertiggeworden – sowie 1761/1762 für einen illegitimen Sohn des Kurfürst-Königs das Coselpalais hinter der Frauenkirche, dessen Vorgängerbauten zuvor durch preußischen Artilleriebeschuß zerstört worden waren. Schließlich legte man letzte Hand an das Blockhaus. Vor allem aber erhielt durch den Bau der Katholischen Hofkirche, ein architektonisches Werk, das sogar in Italien seinesgleichen sucht und „wie ein letzter voller Akkord (wirkt), der aus dem ersten Drittel des 18. Jahrhunderts Dresdner Kunst in die neue Zeit herüberhallt"[149], auch der Brückenkopf am linken Elbufer seine ungewöhnlich beeindruckende Gestalt.

Mit Ausnahme des Brühlschen Palais und jenem außerhalb der Altstadt gelegenen Sommersitz des Premiers, deren Baubeginn noch in die Lebenszeit Bährs fiel, wurde all dies jedoch erst jenseits seines Todesjahres in die Tat umgesetzt. Was unser Baumeister indes darüber hinaus noch hätte beobachten können, das war die Aufstellung des aus vergoldetem Kupfer geschaffenen Reiterdenkmals am Neustädter Markt 1736, das ursprünglich den Scheitelpunkt der Augustusbrücke, dann das Blockhaus krönen sollte.

Als sein Weg ausklang, erlebte er auch noch, daß mehrere seiner bedeutenden Zeitgenossen starben, womit sich der Ausgang einer künstlerischen Epoche ankündigte: Im Jahre 1731 der Goldschmied Dinglinger, 1732 der Bildhauer Permoser, 1734 Wackerbarth, der Gouverneur der Stadt, und 1736 der große Pöppelmann, der 1705, als der Rat Bähr in sein städtisches Amt berufen hatte, zum Landbaumeister ernannt worden war.

Seit dem zweiten Drittel des achtzehnten Jahrhunderts veränderten sich, wie erwähnt, die bis dahin vorherrschenden Kunstauffassungen in zunehmendem Maße. Das hatte sich indessen schon in den zwanziger Jahren, also auf einem Höhepunkt des Bährschen Schaffens, bemerkbar gemacht und gewisse Spuren auch in der architektonischen Ausformung der Frauenkirche hinterlassen.

Während der Dresdner Barock in der Zeit Augusts des Starken, festlich beschwingt und reich ornamentiert, wie er sich zunächst darbot, seine entscheidenden Impulse von der italienischen wie der österreichischen Baukunst empfangen hatte, verschoben sich später die Akzente deutlich zugunsten des klassizierenden Stils Frankreichs.

Drei Architekten, hin und wieder bereits in unser Gesichtsfeld geraten, müssen dazu noch etwas genauer gewürdigt werden. Vor allem im Palais- und Bürgerbau wirkten sich jetzt unübersehbar die Vorstellungen des seit 1715 in der Residenzstadt tätigen Zacharias Longuelune aus. Der auch als Zeichner hochbegabte Baumeister vertrat eine Architekturanschauung, die im Geiste des klassizistisch ausgerichteten Akademismus seines Heimatlandes – er war anscheinend in Paris geboren – in der Zähmung des barocken Überschwangs, insbesondere seiner schwingenden Bewegung, ihr Ideal sah. So bevorzugte er eine strenge und maßvolle Formensprache, wie sie nicht wenig für das Blockhaus kennzeichnend ist. Nicht mehr repräsentabel-dekorative Elemente akzentuierten seine Gebäudefronten, sondern eine systematische Reihung von Lisenen, welche die Fensterachsen umgriff.

Der klassisch eingefärbten Spielart des Barocks, die auf schmuckvolle Gestaltungsweise im Sinne Pöppelmanns verzichtete, hing auch Jean de Bodt an: hugenottischer Abkunft, nach Jahren erfolgreicher Tätigkeit vor allem in Berlin, wo er das Zeughaus vollendet hatte, seit 1728 in sächsischen Diensten und als Generalintendant für die Militär- und Zivilgebäude Nachfolger Wackerbarths, damit zeitweilig sogar Vorgesetzter des mit ihm befreundeten Longuelune.

Kraft seines Amtes vermochte er, der für die jüngere Architektengeneration französische Modernität schlechthin verkörperte, nicht geringen Einfluß auf das Dresdner Baugeschehen zu nehmen. Seine architektonischen Überzeugungen werden namentlich an der Gemeinschaftsarbeit des Japanischen Palais sichtbar, dessen Mittelrisalit und die Vorhalle mit der großartigen Treppenanlage seine persönliche Handschrift verraten.

Danach trat Johann Christoph Knöffel auf den Plan: in der Elbmetropole geboren, Schüler sowohl Pöppelmanns als auch Longuelunes, gelernter Maurer, der bis zum Leiter des sächsischen Zivilbauwesens aufstieg, als Oberlandbaumeister mit den führenden Architekten der höfischen Baubehörde gleichgestellt war und dem Brühl, der mächtige Bauherr jener Zeit, sein Wohlwollen schenkte.

Er gilt als Begründer des Dresdner Rokokos,[150] der in seinen späteren Jahren die eher kühlen Formen seiner beiden Vorausgegangenen, denen er noch mit seiner Ritterakademie in der Neustadt aus den Jahren 1723 bis 1728 gehuldigt hatte, durch eine sparsame Ornamentik an den hochfenstrigen Fassaden seiner Bauten auflockerte. Diese Reverenz an die Vorlieben des Barocks für das Dekorative, das sich beim Volk großer Popularität erfreute, fand in der Residenzstadt viel Anklang. Sie freilich bedeutete angesichts der unterdessen aufkeimenden vor- und früklassizistischen Tendenzen in gewisser Weise einen künstlerischen Rückschritt.

Man hat dieser Knöffelschen Architektur, die von Longuelune die gleichsam französisch-rationalistische Lisenengliederung sowie dessen Blockform übernommen hatte, „zurückhaltende Eleganz und ätheti- sches Raffinement"[151] zugeschrieben und davon gesprochen, das Straßenbild der Kapitale habe durch sie seine „sanfte Stille und helle Milde"[152] gewonnen. So fand in ihr offenbar die Dresdner Baukunst „ihren charakteristischen und gemäßesten Ausdruck".[153] Eben dies zeigte sich beispielhaft nicht zuletzt am Kurländer Palais, am Stadtpalais Brühls wie an den beiden Rathäusern.

In den Jahren, als die dynamisch-bewegte Architektur des residenzstädtischen Hochbarocks sukzessive ausklang und an ihre Stelle jene Stilrichtung des barocken Klassizismus trat, die einer unaufdringlicheinfacheren Formgebung den Vorzug gab, wandelten sich, wie vorher angedeutet, nach und nach das Lebensgefühl, ja die Lebensgewohnheiten der gesellschaftlichen Oberschichten. Nicht mehr der auf Wirkung nach außen bedachte Herrschaftsgestus, wie er sich in den plastisch gewölbten Repräsentationsbauten mit ihrem reichen Zierat, vor allem aber auch in der pompösen Festkultur manifestierte, bestimmte deren Verhalten. Im Gegenteil: Nun zog man sich lieber in die Abgeschlossenheit seiner Schlösser, zumal derjenigen im Umkreis der Metropole zurück – so, wie es der neue König mit Frau und umfänglicher Kinderschar hielt, der ein Leben in solcher Abgeschiedenheit schätzte. Hoffeste, die zu arrangieren Augusts III. Sache ohnehin nicht war, kamen dem Geist des Rokokos entsprechend, allmählich aus der Mode. Statt dessen pflegte man eine intimere, schlichtere, exklusivere Geselligkeit ohne Massen von Zuschauern auf Tribünen und Galerien, am Rande von Straßen und Plätzen; man maß der privaten Sphäre besondere Bedeutung zu; bewegte sich, befreit von den Einengungen des höfischen Zeremoniells, leichter und ungezwungener; begann schließlich, die Reize der arkadischen Idylle zu entdecken.[154]

Daß diese Gesinnungs- und Geschmacksveränderung sich bald auch im Zuschnitt wie in der Einrichtung der Innenräume widerspiegelte, wo nunmehr Bequemlichkeit den repräsentativen Anspruch ersetzte, und daß sie in manch einer Verspieltheit der Gartenanlagen zum Ausdruck kam, davon sei hier nur beiläufig gesprochen.

*Das Stadtbild*

Als sich die augusteische Epoche ihrem Ende zuneigte, bot Dresden eine gegenüber dem Beginn des achtzehnten Jahrhundert vollkommen gewandelte Erscheinung. Die städtebaulich-architektonischen Leistungen, die diesen Umbruch hervorgebracht hatten und schon von vielen damals Lebenden ebenso bewundert wurden wie sie auch spätere Generationen in der Regel zu einem insgesamt positiven Urteil kommen ließen, verdankten sich in der Hauptsache einem Umstand: daß nämlich bei all der regen und mannigfachen Bautätigkeit, welche die sächsische Kapitale zu einer geradezu exemplarischen Barockstadt umgestaltete, deren Physiognomie vor jenem Schematismus bewahrt werden konnte, der andernorts, etwa bei den städtischen Neugründungen des Absolutismus, oft so ermüdend wirkte. Und das, obwohl, wie wir wissen, auch an der Elbe strenge fürstliche Baubestimmungen, die „stark von der französischen höfischen Architektur beeinflußt (waren)"[155], darauf zielten, für einen möglichst einheitlichen Habitus des Stadtkörpers zu sorgen. Das geschah, indem sie nicht nur das gänzlich Neue von vornherein, sondern auch die umgebauten Gebäude und Quartiere aus vergangenen Zeiten in die modisch-barocke Form zwangen.

Das freilich vollzog sich meistens so durchdacht, so einfühlsam, daß es gelang, die unterschiedlichen Bauten, monumentale und schlichte, gemeinsam mit Straßen, Plätzen und der großen Brücke, zu einer Geschlossenheit und harmonischen Ordnung zusammenzufügen, dabei stets und zwar mit respektablen Resultaten darauf achtend, daß bei allem Streben nach einer gewissen Normierung deren Individualität kenntlich blieb.


## Dresdens Kultur jenseits von Architektur und Städtebau

### *Kunstsammlungen und Malerei*

Mit ihrer barocken Ausprägung unter August dem Starken und seinem Sohn entfaltete sich Dresden zu einer geradezu idealtypischen, schon bald vielgepriesenen Kunststadt. Die Eigenschaft, als Pflegestätte der Künste, als Ort kultureller Rezeption und Ausstrahlung eine besondere Rolle zu spielen, ging indes bis auf die frühe Neuzeit, vor allem in die zweite Hälfte des 16. Jahrhunderts zurück. Damals nämlich strebte Kurfürst Moritz (1521 bis 1553), der 1547 die Kurwürde für das Haus

Wettin erworben hatte, zielstrebig danach, seine Residenz, der Zeit entsprechend, im Renaissancestil repräsentativ auszugestalten.

Dazu berief er erstmals italienische Künstler an die Elbe, neben Malern und Bildhauern Steinmetze und Stukkateure, ließ das Schloß um das Doppelte seines vorgefundenen Umfangs erweitern, kostbar ausstatten und die Fassaden mit Sgraffitomalerei, schwarz auf weißem Grund, verzieren – ehedem eine Novität, die wie Architektur und Bauplastik das hohe Niveau der künstlerischen Leistungsfähigkeit bewies, die auch anderen Gebäuden der Stadt zugute kam. Außerdem ließ er neue Straßen sowie den Neumarkt anlegen und gab mit alledem Dresden ein völlig verändertes Gesicht. Er gründete die Hofkantorei, aus der sich im nachhinein die Hof-, dann die Staatskapelle entwickelte, und 1560, sieben Jahre nach seinem Tod, wurde von seinem Nachfolger, seinem Bruder August, die Kunstkammer geschaffen. Mit der Vielzahl ihrer Objekte, darunter beispielsweise ein Gemälde von Lucas Cranach und Dürers berühmter Flügelaltar aus der Schloßkirche von Wittenberg, war sie nach der entsprechenden Wiener Einrichtung die früheste im Alten Reich.

Zwar „stand (diese Stadt der Renaissance) in ihrer künstlerischen Bedeutung in keiner Weise der späteren Stadt des Barock (nach)"[156]. Dennoch: Erst als die beiden Kurfürst-Könige in ihr wirkten und Künste wie Kunsthandwerk in einem bis dahin unbekanntem Ausmaß förderten und zur Geltung brachten, rückte Dresden in jenen internationalen Rang auf, der sein Ansehen in ganz Europa nachhaltig mehrte. Neben den hier bereits beschriebenen sakralen und profanen Bauwerken mit ihrer durchweg meisterhaften Plastik sowie der landauf, landab gerühmten Festkultur waren es die prestigeträchtigen Sammlungen, die ihm seinen hervorragenden Ruf bescherten. Dabei gilt es vor allem, an die Gemäldegalerie zu denken – auch über sie sprachen wir schon –, deren Ausbau zu einer der seinerzeit angesehensten in Europa bekanntlich in erster Linie August III., dem „größten Mäzen in den damaligen deutschen Landen"[157], zu verdanken ist. Wohl gerade sie hatte den Kunsthistoriker Carl Justi (1832 bis 1912) bewogen, die Elbmetropole „die erste Kunststadt Deutschlands, ja scheinbar eine in den Norden vorgeschobene Kolonie des Südens, Italiens selbst und seiner Künstler"[158] zu nennen.

Gegründet wurde sie allerdings bereits 1722 von August dem Starken, der zur Aufbewahrung seiner zahlreichen Bilder das Stallgebäude, das spätere Johanneum am Jüdenhof, umbauen ließ. Er folgte damit der Empfehlung des aus Frankreich stammenden Innenarchitekten Raymond Leplat, des ersten Galeriedirektors, dem wir schon im Zusammenhang mit dem Grünen Gewölbe begegneten sind, der, selbst weit gereist, gegenüber dem Regenten betont hatte, „eine Galerie (gehöre) zu den Anforderungen eines fürstlichen Haushalts"[159]. Der ausführende Architekt Johann Georg Maximilian von Fürstenhoff (1686 bis 1753), künftiger Chef des Ingenieur-Korps und des Militärbauwesens, der Nachfolger de Bodts, setzte dem Bau ein weiteres Geschoß auf, fügte über der Hauptfassade einen Dreieckgiebel mit dem sächsisch-polnischen Wappen hinzu und legte zudem dem Eingang eine doppelläufige Freitreppe vor.

Übrigens: Anderthalb Jahrzehnte danach – George Bähr war inzwischen sechs Jahre tot – nahm Johann Christoph Knöffel im Auftrag Augusts III. abermals bauliche Veränderungen vor, die darauf abzielten, das Gebäude seinem Verwendungszweck noch besser anzupassen. So entstanden, um günstigere Lichtverhältnisse zu schaffen, die Rundbogenfenster über beide Obergeschosse hinweg, welche der Schauseite des Bauwerks sein scharf umrissenes Gepräge gaben.

Bereits zuvor, aber auch daran anschließend waren aus den Beständen der fürstlichen Kunstkammer weitere Teile ausgegliedert und gewissermaßen in Spezialmuseen zusammengefaßt worden: 1720 hatte man das Kupferstichkabinett etabliert, dessen Sammlung unter dem Direktor Carl Heinrich von Heinecken (1706 bis 1791), dem Kunstberater Brühls, auf einhundertdreißigtausend graphische Blätter und sechzehntausend Handzeitungen anwuchs, seit 1721 in den neu ausgestatteten Prunkräumen des Grünen Gewölbes im Schloß die kunsthandwerklichen Kostbarkeiten zur Schau gestellt, 1723 das Japanische Palais zum Porzellanquartier bestimmt, 1728 die erste bedeutende Antikensammlung in Deutschland eingerichtet, und seit 1729 war im Zwinger der Mathematisch-Physikalische Salon untergebracht.

Schon August der Starke strebte danach, für seine Repräsentationsräume möglichst viele vorzügliche Werke der abendländischen Malerei zu beschaffen, zu welchen etwa Bilder von Rubens ebenso wie von

Giorgione gehörten. Unter der großen Zahl außergewöhnlicher Gemälde allein italienischer und niederländischer Herkunft, die dann von seinem Sohn über Agenten in den wichtigsten europäischen Kunstzentren erworben wurden – hierzu sei insbesondere an den Ankauf der Sammlung des Herzogs d'Este in Modena erinnert –, wobei Kunstkenner wie Maler als sachkundige Berater fungierten und nicht selten Brühl die Fäden in der Hand hielt, finden sich solche von Corregio und Veronese, Tizian und wiederum Rubens, von Vermeer van Delft, Frans Hals, van Dyck und Rembrandt; nicht zu vergessen jenes Zeugnis der Hochrenaissance, Raffaels „Sixtinische Madonna", mit der sich seit 1754, da sie an die Elbe gelangte, die Berühmtheit der Dresdner Museen in besonderem Maße verbindet.[160]

Was die Malerei in der Residenzstadt selbst betrifft, so erlebte diese während der ersten Hälfte des achtzehnten Jahrhunderts einen in der Zeit davor keineswegs erwarteten Aufschwung, der in den gesteigerten Bedürfnissen der fürstlichen Auftraggeber gründete. Dabei erhielten jedoch zunächst nur wenige ihrer Exponenten einen Platz in der Galerie[161], so, wie, nebenbei bemerkt, andernorts auch, wo man in gleicher Weise die zeitgenössischen französischen und italienischen Meister den einheimischen vorzog.

Unter den Hofmalern ragte, um hier nur von den wichtigsten zu sprechen, der aus Paris gebürtige Louis des Silvestre (1675 bis 1760) heraus, der von 1716 bis 1748 als „Premier Peintre du Roi" und Akademiedirektor in Dresden tätig war. Er machte sich nicht nur mit seinen Ausmalungen im Zwinger und anderen bedeutenden Bauwerken einen Namen, bei alledem stets den klassischen mythologischen und religiösen Themen treu bleibend. Seine hohe Reputation gewann er vor allem auch durch seine Portraits.

Augusts des Starken Bildnis von 1718, das den Monarchen nach dem Beispiel Ludwigs XIV. in absolutistischer Herrscherpose auf einem Schimmel zeigt, ist Ausdruck jener – modern gesprochen – Image-Pflege mit künstlerischen Mitteln, die besonders seit dem siebzehnten Jahrhundert, aus verstärktem psychologischem Interesse und barockem Repräsentationsverlangen erwachsen, in Erscheinung trat und den auf Gemälden wie in Statuen Dargestellten einen heroischen Gestus verlieh. So wurde das Bildnis zu einem der wesentlichsten Medien fürstlicher Kunstpolitik mit nicht geringer Wirkmächtigkeit. Als Fürstenportrait nimmt es übrigens nicht, wie es bis dahin bei den Wettinern Brauch war, auf die eigenen Vorfahren Bezug, sondern verweist nunmehr, nach dem Erwerb des polnischen Throns, wie spätere Bilder dieser Art auch, auf die Zugehörigkeit zum Kreis der gekrönten Häupter Europas.[162]

Ob Silvestre, der seine Dresdner Stellung, wir sagten es bereits, schon 1716 angetreten hatte, George Bähr ein Begriff war, wissen wir nicht. Und ebensowenig ist uns bekannt, ob ihm die anderen Maler, die sich zu seiner Zeit in der Elbresidenz aufhielten, vertraut waren.

Fest steht, daß er auch noch gelebt hat, als die frühen Werke Johann Alexander Thieles (1685 bis 1752), des „Vaters der sächsischen Veduten- und Landschaftsmalerei"[163], entstanden. Dieser war 1714 nach Dresden gekommen und vom König bald mit wichtigen Aufträgen bedacht worden. Zu ihnen gehört das Gemälde „Caroussel Comique Rennen im Zwinger" aus dem Jahre 1722, ein typisches Ereignisbild, das einen Festzug inmitten des berühmten Architekturensembles, in ein lichtvolles Silbergrau eingehüllt, in geradezu märchenhafter Manier[164] wiedergibt.

Von den anderen Gemälden solch dokumentarischen Charakters aus jener Schaffensperiode sei hier noch der „Blick auf Dresden von Westen" genannt, 1726 fertiggestellt, der die Stadt gegenüber der sie umgebenden Landschaft jedoch nur weit im Hintergrund erkennen läßt.[165]

Um 1735 datiert auch eine Ansicht der Residenz des Thiele-Schülers Christian Wilhelm Ernst Dietrich (1712 bis 1774), eines durchaus nicht unbedeutenden, im damaligen Europa hochangesehenen Künstlers des Spätbarocks, den August der Starke 1731 zum Hofmaler ernannt hatte. Dieses Bild ist ähnlich aufgebaut wie das seines Meisters.[166]

Schließlich zählt zu den schon in der Lebenszeit unseren Architekten in der Residenz wirkenden Malern der gebürtige Däne Ismael Mengs (1688 bis 1764), der mit Hofminiaturen Anerkennung fand.

Dagegen war sein Sohn Anton Raphael Mengs (1728 bis 1779) bereits ein Mann der zweiten Hälfte des achtzehnten Jahrhunderts, der 1746 als erst Siebzehnjähriger zum Hofmaler bestellt wurde, und ab 1760 in dieser Eigenschaft sogar in Madrid tätig war. Er erweckte nicht zuletzt seiner spätbarocken Portraits wegen, die ihm freilich später den Vorwurf des Eklektizismus einbrachten, in Dresden, ja weit darüber hinaus höchste Bewunderung. Er schuf unter anderem das Altarbild der Hofkirche, „Christi Himmelfahrt", wandte sich dann aber mehr und mehr von der barocken Formenwelt ab und, in Rom von seinem Freund Johann Joachim Winckelmann (1717 bis 1768) beeinflußt, dem Klassizismus zu – Goethe gehörte zu seinen großen Verehrern[167], hielt er ihn doch für einen der größten Maler seit der Renaissance. Endlich sei an dieser Stelle noch der berühmteste Vedutenmaler der Epoche angeführt, der schon erwähnte Bernardo Bellotto genannt Canaletto. Er, den 1747 der letzte Kurfürst-König in die Elbmetropole holte, huldigte mit seinen außergewöhnlichen Stadtansichten, die ihn mit manchen ihrer Züge schon „in die Nähe der Realisten des neunzehnten Jahrhunderts rücken",[168] der neugestalteten Kapitale und machten sie mit ihren architektonischen und landschaftlichen Reizen weithin bekannt. In anderem Zusammenhang werden wir auf ihn zurückkommen.

Da die Arbeiten dieser beiden Künstler bereits einer späteren Zeit angehörten, hätte sie George Bähr im Gegensatz zu denjenigen der davor genannten Maler naturgemäß noch nicht sehen können. Wir erinnern hier nur deshalb an sie, weil sie jene veränderte Kunstgesinnung verkörpern, die sich in der Architektur mit gewissen klassizierenden Tendenzen bereits in den zwanziger Jahren herauszubilden begann.

Neben der lokalen Landschaftsmalerei hatte damals ein weiterer künstlerischer Bereich besondere Bedeutung: der Bühnenbau und die Bühnenmalerei – bei dem hohen Wert, den man namentlich während der ersten Hälfte des 18. Jahrhunderts dem Theaterleben gerade in Dresden zumaß, im Grunde kein Wunder. Beide Tätigkeitsfelder lagen ausnahmslos in der Hand von Italienern. Unter den Persönlichkeiten, die August der Starke und sein Sohn dafür an ihren Hof beriefen, waren die ausgezeichnetsten jener Zeit: so Andrea Zucchi (1679 bis 1740), der sich 1726 in der Residenzstadt niederließ und als Theatermaler, aber auch als Baumeister eine wichtige Rolle spielte; so dessen Nachfolger, der schon seit 1719 in Dresden lebende „Theatral-Architekt und Maler" Giovanni Battista Grone (1682 bis 1748), ein Venezianer, der außer Bühnenprospekten und anderem auch den Plafond der Pöppelmann-Oper schuf und dann die Frauenkirchenkuppel mit den Evangelisten und den christlichen Tugenden ausmalte; und überdies der gleichzeitig mit Bellotto an die Elbe übergesiedelte Giuseppe Galli-Bibiena (1696 bis 1756), Sproß der berühmten Bologneser Familie, dem, abgesehen von architektonischen Aufgaben, vor allem die prachtvolle Ausstattung von Opernaufführungen und Festlichkeiten oblag.[169] Maßgeblich führte dieser jenen Wandel zur höchsten Form des barokken Bühnenbildes mit herbei, der die Starrheit der Symmetrieachse, die bislang aus der Sicht der Zuschauer auf den Bühnenhintergrund zielte, aufgab und die Blicke nunmehr auf diagonal angeordnete, in sich gebrochene Raumfluchten zog, an welchen die Phantasie sich zu entzünden vermochte.[170] Mit ihrem effektvollen Wechselspiel der Räume und der Bauten waren es fulminante, die Theaterkunst bereichernde Arrangements, von denen Bähr, obzwar aus einem ihm gewiß nicht fremden Geist geboren, freilich keine Kenntnis mehr haben konnte.

*Musikleben*

Während jenes künstlerisch so fruchtbaren halben Jahrhunderts, in dem George Bähr in der Elbmetropole weilte und wirkte, stand auch das Dresdner Musikleben in voller Blüte. Nicht zuletzt dort hatte sich neben der Musikstadt Leipzig ein Schwerpunkt der sächsischen Musikszene entwickelt, die sich seit der Reformation über das ganze Land ausbreitete und auf die musikalische Welt jenseits seiner Grenzen ausstrahlte.

Allerorten wurden, vor allem dank der Kirche, das Singen wie das Musizieren gepflegt; der Musikinstrumentenbau bot hohe Leistungen; der Kantorenausbildung maß man hohen Wert bei; und die ganze Stadtgesellschaft sah es geradezu „als ihre höchste bürgerliche Pflicht (an), für die künstlerische Gestaltung des heimatlichen Gottesdienstes aufzukommen", was insbesondere für dessen akustische Ausschmükkung galt.[171] Seither zählt die Musikliebe zu einer der hervorstechenden Eigenschaften breiter Bevölkerungsschichten.

Aus welchen Quellen jene Entwicklung von Beginn an gespeist wurde; welche Kunstströmungen, Individuen und Einrichtungen ihr bis zur augusteischen Zeit Richtung und Gepräge verliehen; was davon schließlich auf das kulturelle Umfeld unseres Baumeisters Einfluß nahm: das soll hier in einigen wesentlichen Zügen umrissen werden. Überliefert ist, daß schon im Jahre 1300 in St. Nikolai am Markt, der nachmaligen Kreuzkirche, Chorknaben den liturgischen Dienst versahen – damit stößt man auf den Ursprung der berühmten Kruzianer, die, Epochen später, von 1719 an, nahezu hundert Jahre lang selbst Opernaufführungen mit ihrem Gesang begleiten mußten.[172]

Der Glanz, der in musikalischer Hinsicht seit der frühen Neuzeit von der Residenz ausging, wurzelte auch in diesem Fall wieder in der Neigung der Wettiner zur Kunst. Nicht wenige von ihnen spielten ein Instrument, manche komponierten sogar.

So trat denn mit der 1548 von Moritz von Sachsen gegründeten Hof-, der künftigen Staatskapelle – wir wiesen bereits einmal darauf hin – eine weitere Institution von nachhaltiger Bedeutung ins Leben –, von Beethoven dereinst hochgelobt und von Wagner eine „Wunderharfe" genannt.

Ihr oblag die Musikausübung sowohl am Hof, namentlich bei den diversen Festen, als auch – und zwar zunächst in erster Linie – in der Kirche. Zu ihren Kapellmeistern – anfangs war es der für die evangelische Kirchenmusik richtungweisende Lutherfreund Johann Walther (1496 bis 1570) – zählten bald hervorragende Vertreter ihres Faches auch aus Italien und den Niederlanden, die in nicht geringem Maße Dresdens Stellung im europäischen Kulturleben festigen halfen.

Mit jenem Kurfürsten hob die kulturelle Kommunikation zwischen italienischen Höfen und Kunstzentren einerseits und der sächsischen Residenz andererseits an, die, vor allem mit der „welschen Präsenz" in der Elbkapitale, mehr als zwei Jahrhunderte währte und, wie immer wieder zu sehen ist, auf zahllosen Feldern ihre Spuren hinterließ.

Im siebzehnten Jahrhundert setzte dann Heinrich Schütz (1585 bis 1672)[173] in der Metropole musikalisch maßgebende Zeichen, indem er manche barocken Neuerungen, so den konzertierenden Stil, die er während seiner Studien in Venedig kennengelernt hatte, nach seiner Rückkehr mit den lokalen Traditionen in Einklang zu bringen trachtete.

Er leitete, von Kurfürst Johann Georg I. (1585 bis 1656) aus Kassel abgeworben, über fünf Jahrzehnte die Hofkapelle, die sich nun als Einheit von Instrumentalisten und Vokalisten verstand und bald europäische Beachtung fand. Im Dreißigjährigen Krieg gelang es ihm, aller Wirren zum Trotz, das häufig bedrohte Orchester zu erhalten. Seit 1656 regierte dann Johann Georg II. (1613 bis 1680), der Großvater Augusts des Starken, bekanntlich ein ausgesprochen musischer Barockfürst, der in den Künsten ein zugkräftiges Vehikel kurfürstlicher Selbstdarstellung erkannt hatte, diese daher, soweit es ihm möglich war, förderte und nicht zufällig ebenfalls eine lange Reihe italienischer Musiker nach Dresden rief.

Schütz' hohe Leistungen, die für den Fortschritt auf dem Gebiet der Musik ein festes Fundament bildeten, werden besonders darin gesehen, daß er in zahlreichen geistlichen Kompositionen, wie nie zuvor, der Luthersprache zum musikalischen Ausdruck verhalf, ja die gesamte Bibel symbolisch vertonte. Zugleich manifestierte sich in seinen Madrigalen und Motetten, den religiös bestimmten Werken, Oratorien, Chorälen und Konzerten die aus der Renaissance-Madrigalistik entlehnte und bereits auf das barocke Komponieren hindeutende Fähigkeit, menschliche Gemütsbewegungen in Musik zu fassen.

Darüber hinaus wird ihm mit der leider verschollenen „Daphne" die erst deutsche Oper zugeschrieben, obwohl dieses Opus, für die er jene Nymphe aus der griechischen Mythologie zum Gegenstand wählte und dessen italienisches Libretto von dem schlesischen Poeten Martin Opitz (1597 bis 1639) im Sinne der Schäferdichtung bearbeitet wurde, mehr ein Sprechstück mit Musikeinlagen war, wie man neuerdings hervorgehoben hat.[174]

Wenngleich die Bedeutung von Heinrich Schütz für die weltliche Musik sich als weitaus geringer als für die Kirchenmusik erweist, scheint er doch auch noch andere Werke, möglicherweise Ballett- und Aufzugsmusiken geschaffen zu haben: diese indes dürften zu dem Teil seines Nachlasses gehört haben, der 1760 dem preußischen Beschuß der Elbstadt zum Opfer fiel.

In der Ära dieses außergewöhnlichen Compositeurs, des ausgezeichnetsten Tonschöpfers seines Jahrhunderts, der die geistliche Musik bis hin zu Johann Sebastian Bach (1685 bis 1750) entscheidend prägte, öffnete am Taschenberg das erste Opernhaus der Residenz seine Pforten. In ihm, damals eines der größten überhaupt, fanden fortan jene Aufführungen statt, die zur Reputation Dresdens als Pflegestätte der Tonkunst beträchtlich beitrugen.

Es war die Zeit, in der neben der barocken Sakralmusik die italienische Oper mit ihren teils pathetischen, teils belustigenden Elementen nach und nach an Einfluß gewann. Vor allem Komponisten wie Carlo Pallavicino (1630 bis 1688), Marco Peranda (1625 bis 1675) und Giovanni Andrea Bontempi (1624 bis 1705), die Schütz tiefe Ehrerbietung entgegenbrachten und gleichfalls antike Stoffe musikalisch behandelten, standen nun in zunehmendem Maße im Mittelpunkt[175] – und das nicht nur an der Elbe, sondern auch an weiteren Höfen Mitteleuropas. Soweit – vornehmlich in ihrer venezianischen Variante – neben die ernsten, tragischen Personen, neben mythologische und historische Helden, mit denen sich die Regenten allzu gern identifizierten, derb-komische Figuren, Furien und Fabeltiere traten und Verkleidungsszenen, Parodien und Spektakel der Unterhaltung des Publikums dienten, tendierte die Oper zum allgemeinen Verwirrspiel.[176] Man hat darin die Widerspiegelung jenes neuen Lebensgefühls erblickt, das von der Überzeugung getragen war, „daß die Welt trügerisch und das, was wir sehen, nur ein Zerrbild dessen ist, was dahinter lauert, daß keine Gewißheit sicher ist und jedes Glück augenblicklich in eine Katastrophe umschlagen kann."[177]

Mit seiner „Kapellreform" im Jahre 1697, welche die Musiker des Hoforchesters dazu verpflichtete, statt mehrerer Instrumente, wie es bis dahin üblich war, zukünftig nur noch ein einziges zu spielen, gab August der Starke der Entwicklung jenes Klangkörpers neue, kräftige Impulse. Damit öffnete er den Weg zum Virtuosentum und schuf auf diese Weise eine wichtige Voraussetzung dafür, daß die Residenz mehr und mehr auch in die Rolle eines in Europa führenden Musikzentrums hineinwuchs. Berühmte Solisten und angesehene Komponisten standen nun im Dienst der höfischen Prachtentfaltung in Dresden wie auf den Schlössern und Landsitzen der Umgebung.

Immer wieder tauchen dabei Namen auf, welche die Herkunft ihrer Träger aus Regionen außerhalb Sachsens, aus Italien, Frankreich, Polen, Böhmen, Schlesien verraten, darunter auch solche von Schöpfern geistlicher Musik: So, um nur drei Beispiele zu nennen, der des Florentiners Francesco Maria Veracini (1690 bis 1768), eines hochangesehenen Violinisten, der zudem komponierte, sowie der des böhmischen

Kontrabassisten Jan Dismas Zelenka (1679 bis 1745), der später als Kapellmeister am Hoforchester Messen, Kantaten und Oratorien, außerdem Sonaten und Capriccios, also sogar scherzhaft-launische Stücke, schrieb - ein umfangreiches Werk hinterlassend, das seinen Ruf als Barockkomponist von rauschhafter Besessenheit begründete und dem auch Bach und Telemann Bewunderung zollten. Schließlich sei in diesem Zusammenhang noch an den aus dem mitelfränkischen Cadolzburg gebürtigen Vivaldi-Schüler und Geigenkünstler Johann Georg Pisendel (1687 bis 1755) erinnert.[178]

Nebenbei bemerkt: Der Tod Augusts des Starken im Jahre 1733 veranlaßte sowohl Zelenka wie Telemann dazu, Trauermusiken zu schaffen: den einen zu einem Requiem, einer Totenmesse, letzteren zu einer Serenata mit dem Titel „Unsterblicher Nachruhm Friedrich Augusts", die in pompös-barocker Manier, klangfarben- und facettenreich das Ableben des Herrschers, wie es die Zeit gebot, beklagten und seine Taten und Tugenden rühmten.[179] Gerade auch Vokalisten und Instrumentalisten aus Nord- und Mittelböhmen waren es, die damals, wie unlängst eine Untersuchung belegen konnte, im Chor der Dresdner Hofkirche sangen und in der Hofkapelle spielten.[180] Oft hatte die Kulturmetropole sie schon in jungen Jahren angezogen, und viele von ihnen blieben dann dort bis an das Ende ihrer Tage. Konfessionelle Gründe gaben dafür ebenso den Ausschlag wie – und dies nicht zuletzt – die seinerzeit ungewöhnliche soziale Sicherheit, die sie in der Stadt fanden. Deshalb suchten auch diejenigen, die nur zu bestimmten Anlässen, zu großen Festlichkeiten etwa, als Mitwirkende, nach Dresden kamen, zugleich nach einer festen Anstellung am Hofe oder bei einer Adelsfamilie, wobei der Hinweis auf ihre böhmische Abstammung durchaus als besondere Empfehlung galt. Außer jenen Künstlern, die ebenfalls ihre Heimat in Gebieten jenseits der Grenzen des Kurfürstentums hatten, „(trugen) böhmische Musiker als Instrumentalisten und Sänger zum ausgezeichneten Niveau der sächsischen Hofkapelle bei und als Komponisten zur typischen Durchdringung von verschiedenen ethnischen Elementen im sächsischen Kompositionsumkreis".[181]

Nach Schütz' Tod 1672 hatte sich der Kunstgeschmack des Hofes geändert; daran abzulesen, daß man sich in der augusteischen Epoche, insbesonders unter dem zweiten Kurfürst-König, August III., der traditionellen Vorliebe für die Kunst Italiens folgend, in verstärktem Maße der italienischen Oper zuwandte. Vor allem durch den Rückgriff auf Gestalten und Geschehnisse antiker Mythen feierte sie weiterhin den Ruhm des wettinischen Fürstenhauses.[182] Erste Triumphe auf diesem Feld, und zwar weithin beachtete, sind mit der Tätigkeit zweier Männer verknüpft, die, bereits von August dem Starken gewonnen, als die eigentlichen Protagonisten der aus Italien nach Dresden gleichsam importierten Musikgattung gelten: Antonio Lotti, venezianischer Opern- und Oratorienkomponist, der 1719, zur Zeit der großartigen Hochzeit des Kurprinzen mit der habsburgischen Kaisertochter, die Orchesterleitung innehatte, sowie Johann David Heinichen (1683 bis 1729) aus der Umgebung von Weißenfels, auch er ein in dem Land südlich der Alpen geschulter vielseitiger Tonsetzer, der damals Kapellmeister am Hof war. Ihre Aufführungen fanden schon in dem aus jenem festlichen Anlaß von Pöppelmann hinter dem Zwinger erbauten Opernhaus statt – mit seinen zweitausend Sitzplätzen ehedem das geräumigste in Deutschland, ein, wie wir bereits hörten äußerlich schlichter, im Inneren jedoch umso üppiger ausgestatteter Bau.

Seit 1731, als Johann Adolf Hasse (1699 bis 1783) und seine Frau Faustina Bordoni (1700 bis 1781) erstmals in solch prunkvollem Ambiente auftraten, prägten sie das Dresdner Musikleben und führten es einem glänzenden Höhepunkt entgegen.[183]

Geboren in Bergedorf bei Hamburg, ausgebildet bei Allesandro Scarlatti (1660 bis 1725), dem Maestro der hochbarocken Oper in Neapel, wo er später vor allem als Komponist komischer Intermezzi reussierte, in Venedig Leiter eines Konservatoriums, wurde Hasse schließlich, gemeinsam mit seiner Gattin, an die Oper der sächsischen Residenzstadt berufen. Dort entstanden, abgesehen von manch sakralen Musikstücken, zahlreiche Opern. Mit der Eleganz ihrer Melodik, ihren Arien, oft, wie man formuliert hat, „von einer geradezu exquisiten Schönheit und genialen Balance"[184], entfalteten sie den Stil der neopolitanischen Opera seria, der ernsten, großen Oper, Händelschen Werken vergleichbar, zur Vollkommenheit..

Diese Musik genoß Ruhm in ganz Europa, Besucher aus vielen Ländern kamen zu den durch äußerste Perfektion, dekorative Effekte, auch Massenszenen mit Menschen und Tieren ausgezeichneten Aufführungen nach Dresden. In Italien nannte man den Meister, ungeachtet seiner norddeutschen Herkunft, bald „il divino Sassone", „den göttlichen Sachsen"; Jean Jacques Rousseau (1712 bis 1778) nahm in seinem „Dictionaire de musique" auf dessen Werke Bezug, und Johann Sebastian Bach verkehrte freundschaftlich mit dem Ehepaar Hasse. Solche Resonanz verdankte sich aber auch, und dies nicht zuletzt, dem Wirken der Faustina Bordoni. Die aus der Lagunenstadt stammende Primadonna, welche als Mezzosopranistin Furore machte, erwarb den Ruf des hellsten Sterns am Dresdner Theaterhimmel und besaß bei den Opernliebhabern auch jenseits des deutschen Kulturraums einen hervorragenden Namen. Gestützt auf eine Vielzahl brillanter Sänger schrieb sie, ebenso wie ihr Mann, in der Elbmetropole Musikgeschichte.

Die Hasse-Ära, in der Dresdens Opernglanz in nichts demjenigen Wiens und Münchens nachstand, endete, drei Jahrzehnte dauernd, im Siebenjährigen Krieg. Von dieser an musikalischen Ereignissen so reichen Zeit hätte Bähr, der ja schon 1738 starb, allerdings nur die erste Phase noch erleben können, freilich immerhin sieben wichtige Jahre lang.

*Literarisches Leben*

Im Unterschied zu den kulturellen Leistungen, die wir bisher ins Auge gefaßt hatten, zu den Werken der Architektur und Plastik, des Kunsthandwerks, der Malerei und Musik, auch den Resultaten der Sammelleidenschaft trat die Poesie, was deren Rang und Bedeutung betrifft, in augusteischer Zeit weit zurück. Damit bestätigte sich auch in unserem Fall die Auffassung, daß die andersgerichteten Interessen der deutschen Fürstenhöfe im Hochbarock, vor allem ihre Vorliebe für die italienische Oper, die Pflege eines deutschsprachigen Dramas in den Hintergrund drängte.[185]

Verglichen mit Leipzig, wo dank Messe und Universität, Buchdruck und Buchhandel neue Ideen aufgegriffen, entfaltet und vertreten wurden, wo sich unter dem Druck des frühaufklärerischen Engagements bürgerlicher Kreise Wege aus der geistigen Enge geöffnet und

Fortschritte vollzogen hatten, trug die Literaturszene an der Elbe eher anspruchslose Züge. Dresden war damals, wie es ein Kenner der Verhältnisse ausgedrückt hat, „nicht in erster Linie eine Stadt der Dichter"[186], wirklich berühmte Namen sucht man unter den Poeten dort vergebens.

Das von diesen Geschaffene diente vor allem den Bedürfnissen und Bestrebungen des Hofes. Es mußte sich als ein Element neben anderen, höher eingeschätzten, der barocken Festkultur unterordnen. So standen, außer der nur für den Tag bestimmten Unterhaltung und Zerstreuung, das Helden- und Fürstenlob im Vordergrund. Kurzum: Der Hofdichtung war es auferlegt, „das Fest als die illusionäre Steigerung und heroisch-galante Selbstdarstellung des Monarchen zu verklären und zu dokumentieren, den Kulissen, hölzernen und leinenen Triumphbögen und Versatzstücken den Schein der Ewigkeit zu verleihen."[187]. Infolgedessen hatte der Hofpoet von Amts wegen zielgerichtete Aufträge zu erfüllen; dafür verfügte er in der Regel über ein erhebliches Salär, wurde mit Orden belohnt und mit einem aus heutiger Sicht hochtrabenden Titel ausgestattet, nicht selten sogar nobilitiert, um mit alldem seine soziale Position zu unterstreichen.

Der bekannteste Hofdichter Dresdens war seinerzeit Johann Ulrich König (1668 bis 1744), der freilich an Wert und Wirkung dem damals mit maßgeblichem Einfluß in Leipzig tätigen Johann Christoph Gottsched (1700 bis 1766) keineswegs gleichkam; jenem bedeutenden, wenn auch doktrinären Theoretiker der Aufklärungsliteratur – später als „Kunsttyrann" nicht nur von Goethe verachtet[188] –, welcher den schwülstigen Barockstil schroff ablehnte und als Kritiker und Übersetzer die klassische französische Tragödie sich zum Vorbild wählte.

Gemeinsam mit der Schauspielerin und Prinzipalin einer Theatergruppe, Friederike Caroline Neuber (1697 bis 1760), verbannte dieser den Harlekin, die Lieblingsfigur des volkstümlichen, bunten Spiels, von der Bühne, um einer ernsten, moralischen, vom gesunden Menschenverstand geleiteten, ebendeshalb aber oft auch platten Dichtung zum Durchbruch zu verhelfen und so das Theater zu reformieren. Das Bühnengeschehen der Residenz indes blieb davon weitgehend unberührt. Denn Königs Hervorbringungen waren demgegenüber noch immer jener improvisierenden Poesie verpflichtet, die, meist unabhängig von ihren eigentlichen Inhalten, dem Pritschmeister, das heißt dem im Narrenkostüm auftretenden Spaßmacher, eine besondere Rolle zuwies. Mit seinen aus dem Stehgreif vorgebrachten witzig-spöttischen, oft auch anstößigen oder von Schmeicheleien triefenden Versen hatte er beispielsweise einer Schützengesellschaft beim Armbrustschießen auf Vergnügen bereitende Weise die Zeit zu vertreiben. Solcherart grobianische Dichtung wurde unverzüglich in Prachtdrucken unter bombastischen Titeln veröffentlicht, wie, zum Exempel, jenem, der da lautete: „Dresdnische Karnevals-Lust, bestehend in poetischen Einfällen über das Königl. Büchsenschießen und Schertz-Gedichte über die daselbst gehaltene Bauernwirtschaft. 1721"[189]

Gleichwohl spricht manches dafür, daß es nicht gerechtfertigt wäre, in einem Autor wie König nur den unbedeutenden Verseschmied zu sehen. Infolge der begrenzten poetischen Ansprüche des Hofes, seiner ausschließlich auf Belustigung oder heroisierende Repräsentation gerichteten Erwartungen war es nämlich Poeten solchen Schlages und solcher Abhängigkeit nur schwer möglich, eine eigenständig-individuelle Kontur zu gewinnen, zumal es ihnen außerdem in der Regel an einer an Beispielen hervorragender Dichtung geschulten Zuhörerschaft mangelte.

So erzielte dieser Hofpoet vor allem mit schlichten Satiren wie „Der Dresdner Mägde Schlendrian" und „Der Dresdner Schlendrian", die 1724 zum ersten Mal auf die Bühne gebracht wurden, besondere Erfolge. Mit einem Epos „August im Lager", das die spektakuläre Militärdemonstration bei Zeithain schilderte, versuchte er sich, opportunistisch nach höheren Ehren strebend, künstlerisch zu profilieren. Inzwischen weiß man aber auch, daß sich Johann Ulrich von König – er war bald geadelt worden – auch als Opernlibrettist und als Mitbegründer einer damals durchaus fortschrittliche Intentionen verfolgenden Sprachgesellschaft Verdienste erwarb. Und in seinem Lustspiel „Die verkehrte Welt" aus dem Jahre 1725 sagte er sich sogar vom barocken Schwulst und der Zotenreißerei los, wie er denn überhaupt nunmehr für eine „natürliche" Schreibart eintrat. Freilich, „es war letztlich wohl die Tragik (seines) schwachen und eitlen Charakters, den Verlockungen des Amtes nicht widerstanden und ihm sein Talent preisgegeben zu haben".[190]

Von der Hofgesellschaft geschätzt war auch Christian Reuter (1665 bis 1712), für dessen Werk eine für die Zeit relativ lebensechte Menschen- und Sittenschilderung, satirisch gebrochen, charakteristisch ist.[191] Aus der Leipziger Studentenbohème kommend attackierte er in seiner ins Groteske gesteigerten Lügengeschichte von den Abenteuern des Weltenbummlers „Schelmuffsky" vehement die Phantastik des barocken Romans. Zugleich fand sich in dieser „Wahrhafftige(n) Curiöse(n) und sehr gefährlichen Reisebeschreibung zu Wasser und zu Lande" aus dem Jahre 1696 ebenso wie in den sogenannten Schlampampe-Komödien das nach Geltung strebende Leipziger Bürgertum dem Spott ausgesetzt, so daß ihr Autor in Verruf geriet und schließlich gefangengesetzt wurde. Dank der Fürsprache bei höfischen Kreisen kam er frei, erhielt in Dresden bei einem Kammerherrn die Stellung eines Sekretärs und verfaßte dort sein letztes Lustspiel mit dem Titel „Graf Ehrenfried", das zur allgemeinen Belustigung beitrug. Möglicherweise aber bot es den Anlaß, weshalb er die Stadt plötzlich wieder verließ: hatte er doch darin unter anderem den Übertritt des Kurfürsten von der protestantischen zur katholischen Konfession in ironischen Tönen dargestellt. Angesichts der gereizten Stimmung des sächsischen Bürgertums könnte dies, so wird vermutet, das königliche Mißvergnügen hervorgerufen und seinen Weggang verursacht haben.[192]

Bezeichnend für das literarische Klima Dresdens in der Zeit zwischen der bedeutenden Barockdichtung und der von Hof, Adel und Kirche verhinderten Aufklärungsliteratur ist auch das Schicksal weiterer Poeten, nicht zuletzt das von Christian Ludwig Liscow (1701 bis 1760). Im Dienste Brühls stehend und wie sein Vorgänger Johann Christian Rost (1717 bis 1765) ebenfalls zur Gruppe derer gehörend, die den in seinen Auffassungen allmählich erstarrten Gottsched verhöhnten, gilt er als talentierter Satiriker. Er war in die Fußstapfen des großen Jonathan Swift (1667 bis 1745) getreten, der sich in seinem sarkastischen Meisterwerk „Gullivers Reisen" gegen menschliche Schwächen und gedankenlose Inhumanität gewandt hatte, und schrieb nun voller Ironie über „Die Vortrefflichkeit und Notwendigkeit der elenden Skribenten". Warnungen wegen seiner „Freydenkerei" schlug er in den Wind, und so führten die kritischen Reden über seinen Herrn schließlich zu seiner Verhaftung und Amtsenthebung. 1750 kehrte er der Residenzstadt den Rücken.

Auch den sächsischen Steuerbeamten Gottlieb Wilhelm Rabener (1714 bis 1771), der scharfsichtige Satiren von ausgesprochener Beliebtheit insbesondere über gesellschaftliche Charaktertypen verfaßte, dabei jedoch notgedrungen politische Bezüge vermied, brachten die Dresdner Verhältnisse letzten Endes zum Verstummen. Der übertreibenden, ironisch-spöttischen Literaturgattung, die in ihrer geistreich-moralischen Kritik dem Rationalismus der Frühaufklärung entsprach, waren die politischen und geistigen Umstände an der Elbe offenkundig nicht günstig. Was die literarische Kultur anlangt, so zeigte sich das bürgerliche Dresden noch weniger ambitioniert als der Hof. Ohnehin geprägt von der lutherischen Orthodoxie, im Grunde amusisch und selbstgerecht, galt ihm als Poesie im tieferen Sinn nur das protestantische Kirchenlied.[193] Die Bedürfnisse der in jenen Kreisen überhaupt am Theater Interessierten befriedigten im allgemeinen die wandernden Komödianten, die damals, ihren Lebensunterhalt allein mit der Schauspielerei verdienend, durch die Lande zogen und auch in der Elbmetropole gastierten. Sie kamen sowohl aus deutschen wie aus böhmischen und italienischen Städten, hatten im Laufe des siebzehnten Jahrhunderts die berühmten englischen Wandertruppen, die an den Höfen bereits mit Shakespeare-Dramen aufgetreten waren, verdrängt und führten ihre Stücke im Festsaal des Gewandhauses am Neumarkt auf.[194] Von recht unterschiedlicher Qualität, befanden sich darunter nicht wenige Erzeugnisse der deutschen Schriftstellerei von der Sorte der „Haupt- und Staatsaktionen", die sich mit effektvollen Gegenständen wie Krönungen, Hochzeiten, Intrigen, Mord und Exekutionen gar, mit ihren pathetischen und possenhaften Elementen auf Deutschlands Bühnen bis hin zu Gottsched hielten.[195] Auch Marionettentheater und Schattenspiele, seit jener Zeit in Europa gleichfalls von Wanderkomödianten gepflegt, fanden in breiten Schichten der Bevölkerung regen Zuspruch.

Das einfache, ungebildete Publikum vergnügte sich demgegenüber am fahrenden Volk, das Straßen und Plätze zu seiner Arena machte und dort nicht nur mit Artistik, Akrobatik und Gaukelei agierte, sondern auch grob aufbauschende, an die Commedia dell' arte erinnernde Possen darbot, in denen komische Zufälle und Verwicklungen im ge-

wöhnlichen Leben den Inhalt bildeten, obendrein derbe Anschaulich-
keit, Minenspiel und Gebärdensprache regierten.[196]

*Religiöses Leben*

Zu Zeiten George Bährs bewegte sich das religiöse Leben in Dresden,
der urprotestantischen Stadt im Mutterland der Reformation, weiterhin in den hergebrachten Formen einer noch immer christlich überwölbten Welt. Wie andernorts im Kurfürstentum Sachsen auch prägte
die lutherische Kirche mit ihren Glaubensvorstellungen, ihrer Wert-
ordnung und Deutungsmacht das persönliche wie das gesellschaftliche
Dasein.

Dennoch gab es für die weltliche und geistliche Obrigkeit, zumal in
den Jahrzehnten nach dem Dreißigjährigen Krieg mit ihrer allgemeinen Lockerung der Sitten, bisweilen Anlaß, über die mangelnde Got-
tesfurcht der Untertanen zu klagen und, zum Beispiel, an der Schän-
dung der Sonntagsruhe Anstoß zu nehmen. Auch hatte sich schon
Kurfürst Johann Georg II., der Großvater Augusts des Starken, der an
seinem Hof nicht wenige katholische Künstler beschäftigte, entschieden gegen „papistische Meßopfer" in der Stadt gewandt, außerdem die
Beteiligung an den Gottesdiensten der „alten Religion" in den Häusern
der französischen und kaiserlichen Gesandten unter Strafe gestellt.[197]

Als Kurfürst Friedrich August I., um der polnischen Königskrone
willen, 1697 zum Katholizismus konvertierte – Bähr war damals ein-
unddreißig Jahre alt – brach in religiös-kirchlicher Hinsicht eine span-
nungsreiche Ära in der Elbmetropole an. Der Glaubenswechsel des
Landesherrn, des Oberhaupts der evangelischen Kirche, löste, wie bereits erwähnt, in der Bevölkerung, nicht zuletzt bei Geistlichkeit und
Adel, Entrüstung aus und rief die Befürchtung wach, dies könne der
Auftakt sein für Eingriffe des Regenten in das Bekenntnis des einzelnen.

Um die aufgewühlten Gemüter zu beschwichtigen, sah sich dieser
genötigt, bereits vor den Krönungsfeierlichkeiten in Krakau, ja noch
während jener Tage, nachdem die Stände dort abermals ihre Forderungen vorgetragen hatten, den Protestanten in Mandaten zu versi-
chern, daß ungeachtet seiner ganz persönlichen Entscheidung ihre

Konfession und die Gewissensfreiheit unangetastet blieben. Das Mißtrauen freilich hielt sich über Jahre und konnte damit kaum zerstreut werden. Dabei erwies sich solche Besorgnis als durchaus gegenstandslos. Obschon man gelegentlich einengende Maßnahmen gegen die Lutheraner ergriff, indem man etwa die in der Kreuzkirche, der Haupt- und Pfarrkirche, gehaltenen Predigten, die man als aufsässig empfand, mitunter überwachte, änderten sich die Verhältnisse dadurch letztlich nicht.

Denn der nunmehrige König, Freigeist, der er im Grunde wohl war, zeigte in hohem Grade Toleranz gegenüber anderen Glaubensbekenntnissen und Religionen. Schließlich hatte er erkannt – so drückte er selbst es aus –, daß „es kein Land (gibt), wo der Eifer für das Luthertum so mächtig wäre, wie meine Erblande Sachsen, jede Unternehmung zu Gunsten des Katholizismus ist geeignet, Unruhen zu erregen".[198] In der Tat nahm er in seiner Regierungszeit keinerlei Einfluß auf die inneren Angelegenheiten der Landeskirche; der Ansiedlung der Böhmischen Brüder, evangelischer Glaubensflüchtlinge aus Mähren, durch den Reichsgrafen Nikolaus Ludwig von Zinzendorf auf dessen Gut in der Oberlausitz, später Herrnhut genannt, setzte er keinen Widerstand entgegen; Künstler berief er, welchem Glauben sie auch anhingen, allein ihrer Fähigkeit wegen an seinen Hof. Den Juden, jahrhundertelang vertrieben, erlaubte er wieder, sich in der Residenzstadt niederzulassen.[199]

Er selbst vermied es, jedes unliebsame Aufsehen scheuend, den katholischen Gottesdienst in der Öffentlichkeit zu feiern, ließ er doch dafür nur eine bescheidene Kapelle im Schloß herrichten, bevor man, erst Jahre danach, das inzwischen freigewordene Opernhaus Klengels am Taschenberg diesem Zweck zuführte.

Gleichwohl gehörten religiös-konfessionelle Auseinandersetzungen, oft von eifernden Anhängern beider Seiten angeheizt, immer wieder zum Dresdner Alltag. Zu einer erneuten Aufwallung der Gefühle vor allem bei den Ständen, die in der Bewahrung des traditionellen Glaubens ihre Berufung erblickten, kam es, als 1717, zweihundert Jahre nach Luthers Reformation, bekannt wurde, daß auch der Kurprinz, zunächst unter strengster Geheimhaltung, zum Katholizismus übergetreten war – ein Akt, der den Papst zu der Feststellung bewog, ganz

Sachsen sei nunmehr in den Schoß der römischen Kirche zurückgekehrt. Wiederum war August der Starke gezwungen, die freie Religionsausübung unmißverständlich zuzusichern.[200] Rund ein Jahrzehnt später erregte ein Verbrechen in besonderem Maße die unteren Bevölkerungsschichten: Ein Katholik, der Konvertit Franz Laubler, hatte 1726 den Magister Hermann Joachim Hahn (1679 bis 1726), Archidiakon an der Kreuzkirche, ermordet. Daraufhin wurde die Stadt durch Tumulte, die sich gegen katholische Kreise richteten, erschüttert, deren man nur durch die Präsenz des Militärs auf Straßen und Plätzen Herr zu werden vermochte.[201]

In jenen Tagen war Valentin Ernst Löscher – Jahre zuvor Professor in Wittenberg – Superintendent und Konsistorialrat zu Dresden. Wir begegneten dem mächtigen, hohe Achtung genießenden Mann schon bei der Grundsteinlegung der Frauenkirche. Diesem bedeutenden Vertreter der lutherischen Orthodoxie, der sich auch um die Reform des Schulwesens verdient gemacht hat, wird nachgesagt, er habe damals „die aufgebrachten Dresdner Einwohner nachdrücklich zur Besonnenheit ermahnt".[202] Andererseits verfiel er, der unermüdlich streitbare Anwalt seiner Kirche, der dem katholischen Hof und seinen absolutistischen Bestrebungen ständig und kompromißlos Widerpart bot, einem ausgesprochen intoleranten Verhalten allen jenen gegenüber, welche seine Lehre nicht teilten.

So verkörperte er ein unerbittliches Luthertum, auf das schon im sechzehnten Jahrhundert ein Schlaglicht gefallen war, als der Kanzler Christians I., der bürgerliche Jurist Dr. Nikolaus Krell, welcher Sachsen dem Calvinismus anzunähren und eine Union aller evangelischen Reichsstände zu schaffen versuchte, nach dem Tod des Kurfürsten auf Betreiben der streng lutherisch gesinnten Landstände eingekerkert und 1601 hingerichtet worden war. Vor solchem Hintergrund wird das drastische Urteil eines bedeutenden Historikers unserer Zeit, Golo Manns (1909 bis 1994), verständlich, der, bezogen auf die damaligen theologischen Händel, formuliert hat, „die deutschen Lutheraner, zumal in Dresden, (sahen) in den Calvinern eine hassenswertere Brut als in den Katholiken, ja als in Türken und Heiden".[203]

Löscher lehnte aber ebenso die Vereinigung mit den anderen Richtungen des Protestantismus, den Reformierten, konsequent ab. Vor allem wandte er sich auch gegen den Pietismus, der mit dem Theologen Philipp Jacob Spener (1635 bis 1705), seinem Begründer, 1686 in Dresden Eingang gefunden hatte und auf intensives Bibelstudium, auf erbauliche statt gelehrter Predigten besonderes Gewicht legte und ein Christentum der Tat forderte. Seine Kritik an der unmäßigen Lebensführung des Kurfürsten Johann Georg III., der ihn als Oberhofprediger in die Residenz berufen hatte, ließ ihn freilich in Ungnade fallen und schon 1691 – unser Baumeister lebte erst wenige Jahre an der Elbe – nach Berlin ausweichen. Gleichermaßen bekämpfte der Superintendent die Leipziger und Hallenser Aufklärungstheologie, die der Vorstellung einer vernunftgemäßen, „natürlichen" Religion huldigte, in der die konfessionellen Grenzen bedeutungslos waren. Seine Attacken zielten in dieser Hinsicht vor allem auf den wirkmächtigen Wissenfreiheit und Toleranz als unverzichtbare Voraussetzungen für die zeitgemäße Gestaltung des Staates predigenden Juristen Christian Thomasius (1655 bis 1728). In Löschers Schatten stand der 1724 aus Nürnberg als Oberhofprediger nach Dresden gekommene D. Bernhard Walther Marperger (1682 bis 1746) – ein von Spener wie von August Hermann Francke (1663 bis 1727) beeinflußter Theologe, welcher der Kurfürstin und Königin Christiane Eberhardine als Beichtvater diente und im Gegensatz zu dem streitbaren Kirchenmann als friedfertig und unparteiisch galt, sich also auch von keiner der in der Stadt gegeneinander stehenden religiösen Strömungen in Beschlag nehmen ließ.[204]

Die Enge des orthodoxen Luthertums offenbarte sich darüber hinaus auch auf dem Gebiet der Kunst, wo die Dominanz der Italiener, vorzugsweise in der Malerei und im Musikleben, als störend empfunden wurde. Ein anderes Beispiel bietet die Architektur. Der von August dem Starken aus städtebaulichen Gründen verfügte Abriß der nach dem Brand Altendresdens an der Neustädter Hauptstraße erneut errichteten Dreikönigskirche, der bald ein Neubau an verändertem Standort folgte – wir sprachen darüber – erregte Konsistorium und Rat in solchem Maße, daß sich der Superintendent zu der Bemerkung hinreißen ließ, er vermute in diesem Fall „von widrigen Religionsverwandten", den Katholiken, einen „Tort".[205] Und als nach Bährs Plänen die Laterne der Frauenkirchenkuppel mit einem Obelisken abgeschlossen werden sollte, der zum einen den Sonnengott Helios symbolisierte, zum anderen in Umriß wie Flächen ein großes A zeigte und damit gleichsam als doppelte Verneigung vor dem König hätte gelten können, intervenierte Löscher abermals, dem man es jedoch in diesem Zusammenhang „nicht verübeln (kann), daß er das Zeichen der Heiden und Signet des katholischen Landesherrn" auf der bedeutendsten protestantischen Kirche „durch das Kreuz ersetzt hat".[206] Der ursprünglichen Absicht Einhalt zu gebieten, war natürlich nur deshalb möglich, weil der Sakralbau den kirchlichen und städtischen Institutionen oblag, auf die das höfische Oberlandbauamt höchstens beratend Einfluß zu nehmen vermochte.

Ob das alles George Bähr in seiner Arbeit tangierte, ob er sich für die theologischen Kontroversen in seinen Dresdner Jahren überhaupt interessierte, ob er dabei Positionen bezog, das läßt sich wiederum nicht sagen. Was wir indessen wissen, ist, daß der Bau der Frauenkirche in der Regie des Stadtrates, der ein bürgerliches Gemeinwesen mit konfessioneller Bindung vertrat, vom Superintendenten Löscher nach Kräften gefördert wurde[207], daß aber auch August der Starke die Arbeit an dem protestantischen Gotteshaus mit Wohlwollen begleitete und finanziell, wenn auch nur in recht begrenztem Umfang, unterstützte.

Bleibt die Zeit, in der unser Baumeister noch in der Ära des zweiten Kurfürst-Königs, August III., lebte. Auch sie war, was den Landesfürsten, seinen Hof und die Künstler betrifft, durch religiöse und konfessionelle Toleranz ausgezeichnet. Davon zeugt nicht zuletzt das Verhältnis des Herrschers zu den Bekennern des mosaischen Glaubens. Er nämlich, so weiß man, verkehrte in den Häusern der Hofjuden und räumte der jüdischen Bevölkerung, als deren Zahl anwuchs, das Recht auf einen eigenen Friedhof ein, der dann 1751 in der Neustadt angelegt wurde. Schließlich kam es unter seinem Regiment im Todesjahr Bährs zur Gründung der Freimauerloge „Zu den drei weißen Adlern", nach der Hamburger die zweite in Deutschland. Gemeinsam mit einer weiteren kurz danach aus der Taufe gehobenen bereicherte sie fortan die sächsische Kulturszene.[208]

### Bähr und die Hochkultur

Wir wissen nicht, ob George Bähr, der mit seinen Architekturen nicht wenig zur Strahlkraft Dresdens beigetragen hat, zu dem begrenzten

Kreis jener Auserwählten gehörte, die von der barocken Hochkultur in ihrem ganzen Spektrum überhaupt Kenntnis besaßen. Im Gegensatz zu einer Persönlichkeit wie Pöppelmann, der mit der Aristokratie der Residenzstadt ständigen Kontakt hatte, dürfte dies für einen dem Handwerkerstand entstammenden und dem bürgerlichen Rat dienenden Baumeister eher zweifelhaft gewesen sein.

Denn der kurfürstlich-königliche Hof, der in den über dreißig Regierungsjahren Augusts des Starken einen erheblichen Ausbau erfahren hatte, bildete eine weitgehend in sich geschlossene Sphäre, und somit waren die Orte und Räumlichkeiten, wo man Kunstsammlungen sehen und Konzerte hören konnte, wo man Theateraufführungen zu erleben und höfische Feste mit zu feiern vermochte, nicht jedermann zugänglich. Da gab es gesellschaftliche Schranken, wie sie der Ständestaat aufgerichtet hatte, ja auch im Kulturellen einen spezifischen Verhaltenskodex. Es gab zudem geistige Barrieren, die für denjenigen, der etwa des in der schmalen Oberschicht verbreiteten Französischen nicht mächtig war, unüberwindbar blieben.

„Bissige Äußerungen des Grafen von Wackerbarth über den ‚Zimmermann' kennzeichnen deutlich die Grenzen seiner (Bährs) Stellung".[209] Selbst außerhalb Dresdens bekam er diese zu spüren – so, wenn er beispielsweise beim Festessen anläßlich der Einweihung der von ihm entworfenen und sogleich hochgelobten Schmiedeberger Kirche nicht mit an der Tafel der Geistlichkeit und der Ratsvertreter Platz nehmen durfte, sondern mit dem Küster und den Musikern an einem gesonderten Tisch beisammen sitzen mußte.[210]

Schließlich wird berichtet, daß seinerzeit in erster Linie Angehörige des Adels, der gelehrten Welt, des reichen Bürgertums die seit 1721 im „Grünen Gewölbe" ausgestellten Pretiosen besichtigten; daß sich Kunstwerke und Bibliotheken gerade auch in den Palais und Schlössern der Privilegierten und Vermögenden fanden und dort nur von wenigen Auserkorenen, die in die hohe Kultur eingebunden waren, betrachtet und benutzt werden konnten; daß der erste Katalog der kurfürstlichen Gemäldegalerie nur in französischer Fassung vorlag.[211] Im Jahre 1746 endlich – George Bähr lebte freilich bereits nicht mehr – erhielt die Dresdner Bildersammlung durch August III. öffentlichen Charakter, stand also zur allgemeinen Besichtigung zur Verfügung.[212]

Was die großen musikalischen Veranstaltungen in der Residenz betraf – herausragend waren in diesem Zusammenhang auch die Freiluftaufführungen bei Fürstenbesuchen und Fürstenhochzeiten –, so wohnte ihnen ebenfalls nur die Hofgesellschaft bei.

Dies wandelte sich allerdings in der Ära Hasse, als der Eintritt in die Oper, sofern die Billetts reichten, für die gesamte Bevölkerung sogar frei war.[213] Und das galt natürlich für das Musikleben in den Kirchen, wo bereits 1671 die lateinischen durch deutsche Gesänge ersetzt worden waren, für Chor- und Orgeldarbietungen, wobei der Bürger die Möglichkeit hatte, selbst moderne italienische Kompositionen kennenzulernen.[214]

So bleibt die Frage: Welche der damals Dresdens Kultur bestimmenden Künstler waren dem bürgerlichen Architekten, vielleicht auch nur ihrem Namen nach, bekannt, und mit welchen kulturell-musischen Ereignissen hat er Berührung gehabt?

*Alltagskultur*

Während in unzähligen Publikationen über die Kunststadt Dresden im achtzehnten Jahrhundert immer wieder von den kulturellen, nicht zuletzt den stadtbildprägenden Leistungen der Hof- und Adelsgesellschaft sowie den großen Künstlerpersönlichkeiten die Rede ist, wird über den urbanen Alltag unter den Kurfürst-Königen gewöhnlich kaum gesprochen. Um über diese Seite des Gemeinwesens, die naturgemäß stets weitaus weniger Aufmerksamkeit auf sich gelenkt hat als die barocke Hochkultur, Gewißheit zu erlangen, bieten sich vor allem die Veduten Bernardo Bellottos, genannt Canaletto, an, jenes Venezianers, den August III. zum Hofmaler ernannt hatte.[215] Als einer der bedeutendsten Meister der sachlich getreuen Stadtansichten, die seit Mitte des siebzehnten Säkulums gerade in der Serenissima zu einer eigenen Bildgattung entwickelt worden waren,[216] schuf dieser von 1747 bis 1753, seinem Auftrag gemäß, vierzehn großformatige Gemälde und ebensoviele Radierungen der Elbmetropole.[217]

Der fürstlichen Repräsentation auf ihre Weise dienend, sollten sie nach dem Willen des Monarchen vor aller Welt Zeugnis ablegen für die Herrlichkeit Dresdens. Infolge ihrer topographischen Genauigkeit, der detaillierten Wiedergabe und perspektivischen Klarheit der Architekturen sowie der auf ihnen dargestellten Menschen unterschiedlichen Standes und unterschiedlicher Profession, welche die Mehrzahl dieser Bilder kennzeichnet, sind sie über ihren künstlerisch-malerischen Wert, ihren „poetischen Realismus"[218] hinaus zugleich kulturhistorische Dokumente von hoher Aussagekraft. So vermitteln sie uns mit der Akkuratesse des Abgebildeten, mit ihrer chronistischen Treue nicht nur eine deutliche Vorstellung vom Aussehen der Residenz, von ihren physiognomischen Eigenarten während der augusteischen Epoche. Sie geben zudem nicht wenig Aufschluß über alltägliche Zustände und charakteristische Ereignisse in ihr, lassen insofern das städtische Leben, wie es sich damals dort außerhalb des Hofes entfaltet hatte, in Erscheinung treten.

Obschon sie erst ein bis anderthalb Jahrzehnte nach dem Ableben George Bährs entstanden waren, dürften sie das Äußere einer Stadt zeigen, das von dem, welches er noch zu sehen vermochte, sicher nur in wenigen Einzelheiten abwich.

Ergänzt man das auf diesen Schöpfungen einer wirklichkeitsgesättigten Malerei Sichtbare um eine Reihe von Fakten, die sich in zeitgenössischen Ortsbeschreibungen, auch in neueren Untersuchungen finden, so erkennt man, davon geradezu überwältigt, eine Barockstadt voller Vitalität, „wo alles vom Volk wimmelt"[219]; eine bunte, bewegte Welt, deren Flair man zu spüren meint, die man, wie es Goethe von Venedig gesagt hat, ebenfalls „ein großes, respektables Werk versammelter Menschenkraft"[220] nennen könnte.

Ihre Bürger wohnten in der Regel in stattlichen Häusern, die – eine Folge der strengen Bauordnungen – „aus Stein und Putz á la mode meist unter dem französischen Mansarddach"[221] erbaut waren und vom allgemeinen Wohlstand zeugten. „Die Gassen", schrieb ein Chronist, „sind weder zu eng noch zu weit, sie sind reinlich, weil das Pflaster unaufhörlich verbessert wird"[222]. Wie bereits angedeutet, ist es vor allem die Staffage, jene Figuren und Figurengruppen, die den Tiefeneindruck der Bilder steigern und diese beleben, in der sich bei Bellotto „in Anbetracht seines Strebens nach Objektivität, insbesondere der Genreszenen"[223] die Realität der residenzstädtischen Daseinsformen in hervorragendem Maße offenbart.

Zahlreiche Gestalten bevölkern auf seinen Gemälden Straßen und Plätze der Kapitale, ihre große Brücke wie die Ufer der Elbe und gehen nicht selten hier und da vielfältigen Verrichtungen nach – so, wenn Handwerker oder auch Hausfrauen bestimmte Arbeiten im Freien ausführen. In manchen Fällen läßt das möglicherweise den Schluß zu, daß sich der Alltag damals gerade auch dort noch abspielte, bevor er sich dann, frühestens gegen Ende des achtzehnten Jahrhunderts, mehr und mehr „in die vier Wände des Hauses und schließlich in das bürgerliche Heim zurückzog"[224], in eine von der Außenwelt abgeschirmte Privatsphäre.

Zur gleichen Zeit hob in Dresden eine sozial- und wirtschaftsräumliche Entwicklung an, die sich für die Städte zukünftig als außerordentlich folgenreich erweisen sollte. Obwohl sich dafür den Bellottoschen Bildern noch keine konkreten Hinweise entnehmen lassen, dürfte in jenen Tagen, was durchaus generellen Erkenntnissen entspricht, innerhalb mancher Berufszweige die Trennung von Wohn- und Arbeitsstätte ihren Anfang genommen haben.[225] Die alte Institution das „ganzen Hauses", die in erster Linie eine Gemeinschaft arbeitender und zusammenwohnender Menschen war, begann sich allmählich aufzulösen – ein Prozeß, der sich freilich zunächst sehr zögernd vollzog und auf eine schmale, von aufklärerischem Gedankengut erfaßte bürgerliche Elite beschränkt blieb, die auf Grund ihrer Erwerbstätigkeit als Ärzte, Professoren, Beamte oder Pfarrer den traditionellen Verhältnissen den Rücken kehrte und dem Ideal einer nur noch aus Eltern und Kindern bestehenden „Kernfamilie" huldigte.[226]

Ein beachtenswertes Beispiel für die nachhaltigen Wandlungen der Lebenszusammenhänge liefern auch die in Dresdens Vorstädten, namentlich, wie wir sahen, auf der Flur des Vorwerks Ostra,[227] gegen Ende des siebzehnten Jahrhunderts gegründeten Manufakturen. Sofern diese nämlich ungewöhnlich viele zu einem Teil in der Innenstadt ansässige Menschen beschäftigten, bildeten sich – das legen jüngere Forschungen nahe – in der augusteischen Ära sogar „schon eng begrenzte Formen des Arbeiterpendelverkehrs"[228] aus.

Wenden wir uns nun einigen wesentlichen Sachverhalten des städtischen Alltags zu, über den die Veduten Bellottos berichten, und beginnen wir unsere visuelle Recherche mit den bedeutenden Plätzen und Straßen der Stadt.

Der *Altmarkt*, in seiner Anlage auf das dreizehnte Jahrhundert zurückgehend und vom mächtig-breiten Turm der Kreuzkirche beherrscht, war seinerzeit nicht nur Bühne höfischer Feste, sondern, wie erwartet, hauptsächlich das merkantile Herzstück der Residenz. Etwa einhundert mal einhundertdreißig Meter messend, kreuzten sich an seiner Nordwestecke die beiden Hauptachsen des mittelalterlichen Grundrisses: die von Süden nach Norden sich erstreckende See- und die Schloßgasse – letztere führte zur Elbbrücke – sowie die von Westen nach Osten verlaufende Wilsdruffer Gasse.

In den Erdgeschossen der wohlgestalteten Häuser, die ihn, barokker Baumanier gemäß, meist mit ihren Traufseiten umrahmten, befanden sich, lange Fronten bildend, Läden. Noch ohne Schaufenster hatten die Händler, aber wohl auch Handwerker ihr Handelsgut, im Laufe des achtzehnten Jahrhunderts häufig schon in „Pfund"-, „Ellen"- und „Stückwaren" unterschieden, vor ihnen ausgebreitet, soweit dieses nicht in den Dielen gelagert wurde.[229] Unter schrägen Schindeldächern gegen die Unbilden des Wetters geschützt, erkennt man heruntergeklappte Holztische, Fässer, an Gestellen aufgehängte Textilien, gegen Wände gelehnte Gegenstände. An den hochrechteckigen Fenstern mit ihren durch Sprossen untergliederten Scheiben lassen sich Gardinen, zudem aufrollbare Vorhänge und Markisen ausmachen, auch Blumenschmuck ist sichtbar – Anzeichen der Wohnkultur jener Bürger, die an solch bevorzugtem Ort ihr Domizil hatten. In Nischen eingestellte Figuren, Laternen sogar kann man sehen, ja Wassertonnen für den Brandfall. Und an einer Seite fällt der Blick auf den der Justitia gewidmeten Brunnen; schräg gegenüber auf das damals gerade erbaute niedrige Chaisenträgerhaus, von einer Einrichtung, dem Tragsessel, zeugend, dessen man sich auch in Dresden bediente; schließlich dahinter auf eine der beiden Apotheken am Altmarkt.

Der Platz selbst ist mit Leben erfüllt, viele Menschen, seien es Einzelne, seien es Gruppen, verweilten auf ihm; einige schauen nur, andere scheinen sich zu unterhalten, manche überqueren ihn. Man sieht Leiterwagen; schlichte und feudale Kutschen fahren vorüber, eine, mit sechs Rappen bespannt und von Männern in dunklem Gewand begleitet, wahrscheinlich auf dem Wege zum oder vom Friedhof.

Ein ganz anderes Bild bot der Altmarkt an den Tagen des Wochenmarktes, den es, nebenbei bemerkt, in Dresden schon seit dem hohen Mittelalter gab. Dann reihten sich an zwei Seiten des Platzes vor den Ladenfronten der Bürgerhäuser einfache, aus Stangen, Tüchern und Brettern errichtete Verkaufsstände aneinander, während an dessen dritter Seite stabilere Holzbuden standen, diese indes, damit die Händler ihre Wagen abstellen konnten, von den Gebäudewänden abgerückt. Dazwischen drängte sich eine kaum überschaubare Menschenmenge, gewiß aus Einheimischen wie aus Bewohnern der Umgebung zusammengesetzt; offensichtlich an den vielfältigen Gütern interessiert, die Handwerker, vor allem aber Krämer dort feilhielten: neben gewöhnlichen Textilien, Leder-, Metall-, Holz- und Kurzwaren dürften es auch Seidenstoffe wie überhaupt feinere Gewebe gewesen sein, dazu mehr und mehr aus Übersee importierte Produkte, die man über die Fernhandelskaufleute bezogen hatte.[230] Bei solcher Gelegenheit plauderte man ein wenig, feilschte wohl auch, wie es selbstverständlicher Brauch war, ruhte sich, vom Markttreiben ermüdet, auf einem Schemel aus, beobachtete das Geschehen aus der Distanz – urbane Atmosphäre bestimmte die Szene.

Mit ständig benötigten Waren wurde damals auch auf einer begrenzten Fläche des **Neumarkts** gehandelt, in der Nähe der Altstädter Wache unter dem nach dem Sieg über die Türken im Jahre 1683 mit einer Viktoria bekrönten Brunnen. An dieser Stelle fand, so läßt sich annehmen, ein Tagesmarkt statt. Auf ihm konnte man hauptsächlich bei Hökerinnen, Frauen, die den wirtschaftlich schwächsten Handelsstand bildeten, außer Obst, Kartoffeln und Gemüse wahrscheinlich Mehl und andere Getreideerzeugnisse, außerdem Salz, Sago, Zucker, Gewürze und dergleichen kaufen – worauf möglicherweise die vielen Säcke auf den niedrigen Holztischen hindeuten. Bereits nach 1500 war es auch Fleischern und Bäckern vom Land erlaubt, auf solchen Tagesmärkten mit ihrer Ware zu erscheinen.[231]

Der Neumarkt hat sich seit der Mitte des sechzehnten Jahrhunderts entwickelt, nachdem die Mauer zwischen der damaligen Stadt und dem Gebiet extra muros um die alte Frauenkirche abgerissen worden war. Nach und nach entfaltete sich auf ihm jenes lebhafte Treiben, dem wir auf Bellottos Bildern begegnen. Daß sich an seinen Rändern, wie man darauf erkennen kann, ebenfalls feste Läden befanden, wurde jüngst durch eine sozialgeschichtliche Studie, die noch zusätzliche Einsichten zutage gefördert hat, in präziser Weise bestätigt.[232] In der Tat nutzten seinerzeit immer mehr Händler und Handwerker die Erdgeschosse der rundum aufgereihten Häuser; von einem Klempner- und einem Uhrmachermeister, einem Konditor, von Tuch-, Tabak- und Glaswarenhändlern ist dabei die Rede. Im Renaissancegebäude des Alten Gewandhauses mit seiner Sonnenuhr gab es außer den Verkaufsständen für Fleischer und Schuster und dem Festsaal im Obergeschoß auch einen Ratskeller.

Am Eingang der Moritzstraße bot das Hôtel de Saxe, mit dem British Hôtel zu einem hochbarocken Komplex zusammengefügt, einen besonderen Blickpunkt, der sich einer Gemeinschaftsarbeit von George Bähr und Georg Hase (1665 bis 1725) aus dem Jahre 1712 verdankte. Ferner sei noch die Station für die Botenfuhrwerke, welche sowohl Güter wie Personen transportierten, erwähnt, die gleichfalls auf jenem Platz ansässig war. Und schließlich hatte dort, freilich nur von 1706 bis 1708, auch die Expedition der Postkutschen ihren Standort.

Bei der Bevölkerung, die den Neumarkt in der ersten Hälfte des achtzehnten Jahrhunderts bewohnte und bis 1772 auf 3490 Köpfe anwuchs, handelte es sich um Hofbeamte, einige Adlige, Kaufleute, Lehrer, Ärzte und Studenten sowie Künstler, unter letzteren der berühmte Goldschmied Johann Melchior Dinglinger. Schon zuvor, im vorausgegangenen Säkulum, hatte der Hofkapellmeister Heinrich Schütz sein Quartier in diesem Teil der Stadt genommen, und später wohnte nahebei in der Frauengasse der Wegbereiter des Klassizismus Johann Joachim Winckelmann – Beweise für die relativ langwährende soziale Kontinuität des in hohem Maße bürgerlichen Viertels. Zum pulsierenden Leben in ihm trugen jedoch des öfteren auch fliegende Händler, Vogelhändler etwa, Scherenschleifer oder andere ambulante Existenzen nicht wenig bei.

Einen kleinen Markt für den täglichen Bedarf der Haushalte gab es außerdem in jener Zeit auf dem **Neustädter Markt**, und zwar unweit des Reiterdenkmals Augusts des Starken.

Die **Kleidung der Menschen**, die auf den Gemälden zu erkennen ist, verrät ihren Stand. So wirft deren Darstellung zugleich Licht auf die gesellschaftliche Hierarchie der Stadt. Und sie zeigt zudem, daß das Bürgertum mit seiner Garderobe, wie auf weiteren Feldern der materiellen Kultur auch, sich dem französischen Vorbild anzugleichen suchte, in der Nachahmung der höfischen Gesellschaft folglich ein erstrebenswertes Ziel sah – ein Verhalten, durch das man sich, immer auf öffentliche Wirkung achtend, obendrein sozial nach unten abgrenzte.[233]

Bei nicht wenigen der Bellottoschen Frauenfiguren vermutet man mehr oder weniger wohlhabende Bürgerinnen: trugen diese doch seinerzeit in der Regel ein einfaches Obergewand aus hellfarbenem, zartgemustertem Stoff, das eine Palatine, ein Hals- und Brusttuch, im runden oder viereckigen Ausschnitt ergänzte; dazu unterschiedlich weite Röcke über einem häufig ovalen, aus Fischbeinstäbchen bestehendem Reif; mitunter auch, vor allem wenn sie minder begütert waren, eine lose Jacke. Ohne Haube, oft spitzenbesetzt, betraten sie, zumal die Verheirateten unter ihnen, niemals die Straße

Dies alles war, wie die Mode insgesamt, von durchaus schlichter Art. Denn in jenen Jahren, als nach dem Tode Ludwigs XIV. mit dem Régence-Stil – nach der Regentschaft Philipps von Orleans (1674 bis 1723) – ein Geschmackswandel hin zum Rokoko sich abzeichnete, begann man bereits, im Unterschied zur pomphaften Steifheit des Barocks, auf eine eher maßvolle Eleganz Wert zu legen.

Damit war naturgemäß die adlige Welt vorangegangen. Die ihr angehörenden Damen schätzten zwar weiterhin kostbare Stoffe aus Seide oder Brokat, ihre anmutigen, nun freilich auch etwas bequemeren Kleider hatten halblange Ärmel, an die sich mehrfach übereinander gesetzte Falbeln anschlossen; Schleifen und künstliche Blumen zierten sie am Mieder wie den Volants, dienten als Kopfschmuck und verstärkten den graziösen Eindruck solch modischer Erscheinung. Dennoch: namentlich die gepuderten Frisuren, zuvor möglichst hoch und kunstvoll gestaltet, nahmen nun eine niedrigere, geradezu bescheidene Form an, kamen somit der allgemeinen Neigung zur Mäßigung ebenfalls entgegen.

Den bürgerlichen Mann sah man, sofern ihn sein Beruf nicht zu einem bestimmten Habit zwang, gewöhnlich in Hemd, geschlossener Weste, die Platz ließ für Halsbinde und Jabot, sowie offenem, langem Herrenrock oder Umhang; das Ganze nicht selten in unaufdringlicher

Farbenharmonie, Spitzenmanschetten schmückten sein Handgelenk. Darunter hatte er eine oft aus dunklem Samt geschneiderte Kniehose an, dazu weiße oder farbige Strümpfe, bei gehobenen Ansprüchen solche aus Seide. Schnallenschuhe, die an die Stelle der Stiefel getreten waren, und als Kopfbedeckung ein Dreispitz unterstrichen darüber hinaus seine gesellschaftliche Position. Daneben fand sich jedoch auch der Filzhut mit gelegentlich verwegen aufgeschlagener Krempe.

Vor allem die adligen Herren, welche ihren höheren Rang auszudrücken beliebten, hoben sich durch ausgesuchte Materialien, reichere Stickereien, fein gearbeitete Zierknöpfe, lange Aufschläge an den weiten Ärmeln ihres Galarocks bewußt von den übrigen Ständen ab; auch rote Absätze am Schuhwerk sowie ein Zierdegen spielten als Statussymbole eine Rolle, den zu tragen man übrigens auch Malern, Kupferstechern, Bildhauern erlaubte, die sich damit als Künstler von den einfachen Handwerkern unterschieden.[234]

Schließlich war die Würde ausstrahlende Allongeperücke, dieses Hauptstück barocker Repräsentation, das sowohl gesteigert wie isoliert und gerade durch ihre vom Normalen abweichende Form stilisiert hatte,[235] einer natürlichen oder künstlichen Lockenfrisur gewichen; das Haar nunmehr von einem schwarzen Taftbeutel gebändigt, auf dem eine Schleife saß, wenn nicht schon der Zopf bevorzugt wurde. Im übrigen gehörte auch die letzte Andeutung des Bartes, die „Fliege" auf der Oberlippe, inzwischen der Vergangenheit an.

Die Kleidung der städtischen Unterschichten war verständlicherweise schmuckloser, oft noch selbst angefertigt, beschränkte sich mithin aufs notwendigste, sogar Schuhe hatte nicht jeder; andererseits hielten Frauen, die in einfachen Verhältnissen lebten, den Reifrock ebenso für angemessen wie eine mittlerweile in Mode gekommene kurze, taillierte Schoßjacke, das sogenannte Kossäcklein.

Die Kinder jeglichen Alters wurden damals weitgehend wie Erwachsene gekleidet, ihre Hosen, Röcke, Jacken geradeso gearbeitet wie jene ihrer Eltern.[236]

Menschen von einem Äußeren wie dem hier beschriebenen trifft man auf allen Veduten Bellottos. Dank der erzählerischen Momente der Bilder vermag man daraus – wir betonten es bereits – bemerkenswerte Eindrücke vom Dresdner Alltag in verschiedenen Teilen der

Stadt zu gewinnen. Daß auf den Plätzen, die wir schon betrachtet haben, dem Alt- und dem Neumarkt sowie dem Neustädter Markt Angehörige der verschiedensten Stände anzutreffen waren, dürfte an Orten solch verdichteten Lebens auf der Hand liegen. Einige weitere Beispiele dazu seien hier noch aufgeführt.

Die große, damals bekanntlich von Pöppelmann und Fehre völlig erneuerte *Augustusbrücke*, der „sächsische Rialto", die einzige Verbindung zwischen den beiden Elbufern, ist ebenfalls von zahlreichen, ungleichen Personen bevölkert, die hinüber und herüber eilen: Augenscheinlich Höhergestellte ebenso wie einfache Leute, ihren Zielen zustrebend; andere dagegen sitzen auf einer Bank, sind ins Gespräch vertieft oder schauen, ans Geländer gelehnt, auf den Fluß hinunter, über den Segelschiff, Boot und Kahn gleiten, wo auch nicht allzu weit unterhalb des Japanischen Palais eine Wassermühle verankert liegt. Ein Reiter, offenkundig zur Begleitung der Staatskarosse gehörend, die sich anschickt, den König vom Schloß zur Neustadt zu bringen, galoppiert über die Brücke; auf einem anderen Gemälde wird sie von einer Kutsche passiert.

Außerdem ist es allem Anschein nach so, daß die das Bauwerk Überquerenden in der Tat einer 1730 vom Gouvernement getroffenen Anordnung folgen, daß nämlich „diejenigen, die nach Altendresden fahren, reiten oder gehen wollen ... auf der Brücke sich rechter Hand (Wagen, Schiebböcke, Chaisenträger, Pack- und Korbträger auf der breiten Straße ..., unbelastete Fußgänger auf dem erhöhten Steingang) halten sollten"[237], während für jene, die den umgekehrten Weg wählen, es ebenfalls nur die rechte Seite zu benutzen galt.

Auch im *Zwingerhof* schien man sich damals zu treffen, Bürgerliche und Edelleute vor allem – auf jenem Platz, der nach Augusts des Starken Tod, als rauschende Feste dort nicht mehr gefeiert wurden, allmählich unwirtlich zu werden drohte. Wir erblicken auf dem um die Jahrhundertmitte entstandenen Bild eine größere Anzahl von Menschen, die sich auf dem wenig attraktiven Terrain ergehen oder beieinander stehen; eine Kalesche, eine Kutsche haben, so sieht es aus, manche von ihnen gebracht. Man kann aber auch vor einigen der Gebäude Bohlen und Bretter, eine Werkbank, ein kleines Gerüst erkennen; am Naturwissenschaftlichen Salon ist eine Leiter aufgestellt, ein von vier

Ochsen gezogenens Fuhrwerk, offenbar mit Säcken beladen, steht nicht weit davon – falls diese Zeichen nicht trügen, sind sie Hinweise darauf, daß schadhaft Gewordenes instand gesetzt wurde oder werden soll. Ein Ort, wo sich Vertreter höherer Stände ein Stelldichein gaben, war anscheinend der *Zwingerwall*. Man bemerkt einige von ihnen auf der Promenade unter dem dichten Blätterdach der Bäume und nimmt wahr, wie sich einer der Kavaliere galant vor den Damen verbeugt, bevor sie alle – denkbar wäre es – gemeinsam spazierengehen.

Die *Brühlschen Gärten* auf dem Festungsgelände über der Elbe, das der König seinem Premier geschenkt und dieser mit erlesenen Gebäuden bebaut hatte, dürften ebenfalls ein Treffpunkt der Adelsgesellschaft gewesen sein. So sehen wir denn auch, neben weniger auffallenden Gestalten, vor dem weißen Bau der Gemäldegalerie, überragt vom Koloß der Frauenkirche, ein vornehm gekleidetes Paar, sie in großer Robe, auf das Wasser blicken, wo Schiffer ihre Arbeit tun.

Besonders buntes Leben geben Bellottos Veduten auf den *Wiesen der Neustädter Seite* wieder, ebenso aber an der damals noch recht ungestaltet wirkenden Stelle *unterhalb der westlichen Bastion Sol*, wo die Weißeritz seinerzeit dem Hauptstrom zufloß. Hier wie dort genoß man offensichtlich seine von Arbeit freien Stunden, freilich manch einer ging in diesem Mündungsbereich auch einer Beschäftigung nach.

Rechtselbisch bekommt man junge und ältere Paare, ganze Familien, Mütter mit ihren Kindern, einzelne Personen zu Gesicht, in der Mehrheit wohl den niederen Ständen, nur ausnahmsweise dem Bürgertum zugehörend. Einige haben es sich auf dem Boden bequem gemacht, andere sitzen auf herumliegenden Balken, ja stehen am Ufer, plaudernd wohl, oder beobachten die Flußfischer gespannt bei ihrer Tätigkeit. Da fährt eine Kutsche am Wasser entlang, ein Mann schleppt einen Sack von einem Kahn weg.

Schräg gegenüber, linkselbisch, hängen Frauen Wäsche auf, einer angelt, einer hütet seine Kuh; vor den Erdwällen an der Weißeritz wartet ein vierspänniger Bauernwagen mit halber Plane, schwer beladen.

Und vor der neustädtischen Häuserfront ziehen Arbeiter eine Gartenmauer hoch, davor ein Fuhrwerk, vielleicht mit Baumaterial gerade herangefahren. Unweit davon aber agiert, wie man weiß, in einer

Gruppe von bekannten Malern und Hofleuten, prächtig gewandet und augenscheinlich zeichnend, Bellotto selbst.

Lebendiges Treiben springt einem auch auf der auf zwei Gemälden sichtbaren *Ostraallee* ins Auge, die den seinerzeit noch zur Gänze vor den einstigen Festungsanlagen existierenden Zwingerwall begleitete. Auf ihr wie den beiden Brücken, von denen die hölzerne hinüber zum Kronentor, die gemauerte dagegen zum Wilschen Stadttor führte, dominiert, wie es aussieht, das bürgerliche Element. Während im nördlichen Abschnitt unter jungen Bäumen Menschen in großer Zahl lustwandeln, lenkt südlich davon in der Nähe einer inmitten des Straßenzuges aufgestellten Postmeilensäule vor allem eine Baustelle die Aufmerksamkeit auf sich – mit Maurern, Zimmerleuten, Steinmetzen und im Vordergrund, höchstwahrscheinlich, dem Baumeister, der seinen Plan studiert.

Nicht verwunderlich ist es, daß sich auf den Bildern einer so entschieden vom Luthertum geprägten Stadt wie Dresden auch Zeugnisse für den protestantischen Glauben ihrer Bevölkerung entdecken lassen. Dergleichen zeigt das Gemälde der *Kreuzkirche*, auf dem eine größere Zahl von Gottesdienstbesuchern, den Umständen entsprechend gekleidet, gerade durch das von reichem plastischen Schmuck bekrönte Portal ins Freie tritt. Auf der Darstellung der *Frauenkirche mit der Rampischen Gasse* sieht man gegenüber dem sakralen Bauwerk mehrere Kurrendesänger, einen kleinen Chor, der vor einem Haus, vielleicht anläßlich einer christlichen Feier, einer Hochzeit oder eines Begräbnisses, geistliche Lieder vorträgt, ein Brauch, der in Dresden für das späte Mittelalter belegt ist.[238]

Schließlich bemerkt man auf dem Bild des *Neumarkts* von der Moritzstraße aus vor den Verkaufsständen des von dem Zeugmeister Paul Buchner (1531 bis 1607) 1591 erbauten Alten Gewandhauses, das mit seinen hohen Staffelgiebeln auffällt, eine Gruppe von Menschen, die sich um drei Männer scharen, eventuell ein Wanderprediger mit seinen Gefährten, Talar und Bäffchen könnten ein Anzeichen dafür sein.

Im Gegensatz dazu finden sich auf den Veduten keinerlei Hinweise auf den Katholizismus des Hofes: nirgends ist ein Priester auszumachen, geschweige denn eine Prozession, war doch für solcherart liturgische Handlung die Hofkirche in ihrem Mittelschiff eigens mit einem besonderen Umgang ausgestattet worden, wie denn überhaupt die beiden Monarchen nach ihrer Konversion angesichts der Empörung in der Bürgerschaft die religiösen Feiern in aller Zurückgezogenheit begingen.

Noch eins sei gesagt: Überall, wo auf jenen Gemälden König August III. in seiner Staatskarosse zu sehen ist, vor dem Galeriegebäude am *Jüdenhof* oder vor dem *Georgentor des Schlosses*, offenbart sich, daß die nahe am Geschehen sich aufhaltenden Personen verschiedensten Standes ganz unterschiedlich sich benehmen. Während nämlich die einen sich voller devoter Ehrerbietung vor dem Monarchen verneigen, dem zeittypischen Servilismus hingegeben, nehmen andere von ihm und seinem Gefolge nicht die geringste Notiz – voneinander abweichende Verhaltensweisen, die damals in der Residenzstadt offensichtlich durchaus üblich waren.

Auf jenem Bild, dessen Mitte die Ankunft des Monarchen vor dem *Johanneum* bildet, läßt Bellotto auch einmal einen Menschen vom Rande der Gesellschaft in Erscheinung treten. Neben der doppelläufigen Treppe des Gebäudes erkennt man eine abgerissene Gestalt, vermutlich einer der Ärmsten, die wegen häufiger und strenger Kontrollen in der inneren Stadt damals eher in den Vorstädten anzutreffen waren; ein Bettler sicher, einer von denen, die im Schatten des Dresdner Glanzes lebten und in Zeiten üppiger Festlichkeiten des Hofes in so großer Zahl von weither in die Elbmetropole kamen, daß man diese ein „Zentrum besonderer Bettelbedrängnis"[239] genannt hat.

Und dann waren da noch die Soldaten im bunten Rock, die, wenn auch keineswegs im Übermaß, dem Stadtbild ihre eigene Note gaben – so jedenfalls beweisen es die Veduten.

Wir finden sie in langer Reihe postiert vor den Arkaden der *Altstädter Wache*. Im Rot ihrer Röcke, den weißen Schärpen und hohen, spitzen Grenadiermützen, Gewehr bei Fuß, dabei den über den Neumarkt auf die Galerie im Stallhof zufahrenden König im Auge, sind sie unschwer als Leibgardisten zu identifizieren. Die Reiter hingegen, welche die Staatskarosse, jedesmal sechsspännig, hier oder auch bei der Ausfahrt aus dem Schloß eskortieren, tragen, den Dreispitz auf dem Kopf, mit weißen Borten und Litzen verzierte Uniformen, deren

Farben teils ins Graue, teils ins Gelblich-Bräunliche spielen. Eine größere Formation zeigt sich überdies in der *Rampischen Gasse*, wiederum das Garde du Corps, von der Frauenkirche in Richtung Kurländer Palais reitend. Dort auch kann man neben einem Mädchen einen einzelnen Grenadier in voller Montur genau betrachten. Soldaten lassen sich überdies noch an weiteren Stellen ausmachen: etwa als Wachhabende vor dem Palais *Vitzthum-Rutowski* in der Kreuzgasse gegenüber dem Langhaus der Kreuzkirche oder vor dem *Galeriegebäude*; andere, jeweils mit geschultertem Gewehr, an wenigen Plätzen auf den *Bastionen* oder vor dem Schildwachhäuschen am linkselbischen *Aufgang der Augustusbrücke*, das Gewehr präsentierend, offenbar in Erwartung der herannahenden königlichen Galakutsche.

Noch manch anderes Detail läßt sich aus den Veduten herauslesen: Wappen, Friese und Wirtshausschilder an den Gebäuden; Ochsengespanne; eine Säule mit fünf Laternen, Wasserhäuser in der Neustadt, die es dort seit 1737 gab; Menschen, die eine Treppe kehren, einen Teppich klopfen, Männer mit Schubkarren; Tiere auch, Hunde, ja Esel auf Straßen und Wiesen, Schwäne im Zwingergraben.

Vielfältige Einblicke also geben uns die Bilder des Venezianers in das Dresdner Leben im öffentlichen Raum, in gleichsam ganz normale Tage während der kulturellen Glanzzeit der kurfürstlich-königlichen Residenz.

## Der Ratszimmermeister und sein vielfältiges Wirken

*Die Berufung ins Amt*

Kehren wir an dieser Stelle zu George Bähr zurück und verfolgen wir nun seinen Lebenslauf, vor allem aber die Geschichte seines Wirkens vor dem Hintergrund des hier geschilderten Zeitgeschehens wieder genauer und im Zusammenhang.

1705 stieg er nach Jahren offenbar reichen Schaffens besonders als Mechanicus, nicht zuletzt im Orgelbau, in jene berufliche Position auf, die ihm die Chance bot, seine Fähigkeiten voll zu entfalten und in bedeutenden Bauten in die Tat umzusetzen – will sagen: Der Rat der Stadt Dresden berief ihn damals in das Amt eines Ratszimmermeisters.

Über das Procedere dieser Berufung sind wir hinlänglich unterrichtet. Einem Ratsprotokoll vom 17. Oktober[240] zufolge waren daran eine Reihe maßgeblicher Persönlichkeiten beteiligt, die im Pro und Contra über die Eignung Bährs urteilten. So erfahren wir nicht nur die Namen der Entscheidungsträger, wir lernen auch ihre Argumente für oder gegen den Bewerber kennen. Es fällt sofort auf, daß die meisten der Anwesenden ihm die Befähigung zu jenem Posten zugestanden, den es seinerzeit zu besetzen galt.

Zu Beginn der Sitzung betonte der Consul regens Ganzland, der Primus inter pares im „Rathscollegium", daß nach dem Tod des bisherigen Amtsinhabers Andreas Voigt „der Rath eines Manes benöthigt wäre, der mehr als einen blosen Zimmermeister abgebe, sondern in der Architectura civili wohl erfahren wäre".[241]

In der lebendigen Diskussion, die sich dann anschloß, erhoben einige Redner Einwände gegen die Einstellung Bährs, und zwar nur deshalb, weil dieser den Meistertitel nicht besäße. In diesem Punkt schieden sich die Geister. Einer jedoch, der dem Bewerber die Voraussetzungen für das Amt ebenfalls durchaus zuerkannte, sprach sich besonders nachdrücklich dafür aus, daß dieser zuvor das Meisterrecht noch erlangen müsse. Abschließend einigte sich die Mehrzahl derer, die bei der Beratung zugegen waren, eingeschlossen diejenigen, die zwar namentlich genannt, aber nicht ausdrücklich zitiert werden, darauf, daß das für das Amt Geforderte „bey Bähren anzutreffen" sei.

Schon drei Tage danach, am 20. Oktober 1705, fand die Vereidigung des neu gewählten neununddreißigjährigen Ratszimmermeisters statt –auch darüber berichtet ein uns überliefertes Protokoll.[242] George Bähr, „so das Zimmerhandwerk erlernet auch darauf etliche Jahr als geselle gearbeitet, hernach auf andere Mechanische wissenschafften sich geleget, und es darin ziemlich weit gebracht" erklärte sich bei diesem Anlaß bereit, wie man jener förmlichen Niederschrift des Rats-Syndikus Hieronymus Gottfried Behnisch entnehmen kann, eines Mannes übrigens, der dem Zimmerer später stets wohlgesinnt war, „das Meisterrecht durch Verfertigung der gewöhnlichen Riße zu gewinnen", und versprach überdies, „die stücke wolte er nach weihnachten machen."

Andererseits aber stieß er sich daran, daß man ihm die drei Jungen seines Vorgängers – offenbar waren damit Lehrjungen gemeint – nicht überlassen, sondern anderen Meistern zum Abschluß ihrer Ausbildung übergeben wollte. Daraufhin handelte man einen Kompromiß aus: der Lehrherr, der sie bis zu dem Zeitpunkt, zu dem Bähr seinen Meistertitel würde erworben haben, unterweise, dürfe die eine Hälfte von deren Arbeitskraft, der eben ins Amt Berufene dagegen bis zur Erfüllung seiner Zusage die andere Hälfte davon in Anspruch nehmen. Nach diesem Beschluß – er steht am Ende der schriftlichen Zusammenfassung der Beratung – scheint die Sitzung, in welcher der neue Stadtbaugewerke augenscheinlich durchaus selbstbewußt aufgetreten war, geschlossen worden zu sein. Somit entschied sich der Rat nicht für einen der Zimmermeister aus der Stadt, der sich auf seine Vertrautheit mit den gängigen Bauvorhaben hätte berufen können, nicht für einen „Bau-

Praktiker … Er zog die Kunstbeflissenheit und Baugelehrsamkeit eines Gesellen dem bewährten Handwerk eines erfahrenen Meisters vor. Er nahm den ‚Mann von großen Wissenschaften …, ob er schon in seiner Jugend nichts als das Zimmerhandwerk gelernet'.[243] Bereits vier Wochen danach, am 17. November, unterschrieb Bähr erstmals als Meister Rechnungen. In den folgenden dreiunddreißig Jahren seines Ratsdienstes fielen George Bähr unzählige, vor allem außerordentlich vielfältige und zudem häufig umfangreiche Aufgaben zu.[244] Seine Tätigkeiten umfaßten in der Hauptsache Planung, Entwurf und Ausführung unterschiedlicher Bauwerke. Sie bezogen sich auf alle der Stadt Dresden gehörenden Grundstücke und Gebäude, wovon auch Kirchen, andere kirchliche Bauten und Friedhöfe ein Teil waren: schließlich bildeten die bürgerliche Stadtgemeinde und die christliche Glaubensgemeinde damals eine Einheit.

Das kommunale, vom höfischen gesonderte Bauwesen, das sich, dem städtischen Rat unterstehend und dem Gemeinwohl verpflichtet, in den ersten Dezennien des achtzehnten Jahrhunderts entwickelte, stützte sich auf die enge Zusammenarbeit von Ratszimmermeister und Ratsmaurermeister. Für Bähr bedeutete das, ständig Kontakte zu halten zunächst mit Johann Christian Fehre, später dann, von 1715 an, mit dessen Sohn Johann Gottfried: allesamt, in der Sprache der Zeit, „des Raths und der Stadt Baugewerken".

Über den Entwurf von Neubauten hinaus oblag es George Bähr, gemeinsam mit jenen Zunftgenossen, für deren Realisierung zu sorgen, aber auch Gebäude der verschiedensten Art umzubauen und gewandelten Bedürfnissen anzupassen; andere, schadhafte, wieder instandzusetzen.

Das geschah mitunter sogar im weiten Umkreis der Residenz, wobei ihm zustatten kam, daß er unabhängig vom Ratsdienst als freier Baumeister des Stein- und des Holzwerks ebenso Aufträge ausführen durfte. Solcherart Tätigkeit ist, was den Kirchenbau in jenem Raum anlangt, ab 1712 nachweisbar, was die Errichtung von Landschlössern und Gutshäusern für den sächsischen Adel betrifft, von 1722 an urkundlich zu belegen. Hier erschloß sich ihm über seine karge amtliche Bezahlung hinaus eine zusätzliche Einkommensquelle.

Ferner übte er die in der Kompetenz der Kommune liegende Bauaufsicht aus, die ihm, wenn nötig, selbst baupolizeiliche Zwangsmittel anzuwenden erlaubte; er begutachtete ganz ungleiche Bauvorhaben, ja mitunter sogar einmal Orgeln und schlichtete nachbarliche Auseinandersetzungen um Privathäuser, Grund und Boden.

Als Ratszimmermeister war er nach 1705 auch in anderer Weise noch immer mit dem Orgelbau verbunden. Dem Zimmerhandwerk fiel nämlich damals außerdem die Aufgabe zu, die Gehäuse der Instrumente zu fertigen und dabei deren Schauseiten, die Prospekte, möglichst kunstvoll zu gestalten.

Bähr machte sich in dieser Beziehung offenkundig einen Namen, als er eine solche feste, schützende Hülle zwischen 1718 und 1720 für die Silbermannorgel der gotischen Sophienkirche hinter dem Taschenbergpalais schuf, und zwar dergestalt, daß eine Inschrift besagte, er habe sie „äusserlich nach der Bau-Kunst sehr ansehnlich aufgeführt"[245]. Gerade in dieser Prospektarchitektur, der barocken Fassadenkunst vergleichbar, hat man ein richtungweisendes Vorbild für weitere Arbeiten des größten Orgelbauers seiner Zeit sowie nachfolgender Meister dieses Faches gesehen. So hatte George Bähr „mit diesen Orgelwerk-Architekturen wesentlichen Anteil an der heute weltberühmten und baupraktisch international wirksamen sächsischen Orgelbaubewegung des Barock"[246]

*Infrastrukturaufgaben*

Ein breites Aufgabenspektrum tat sich ihm auch im technisch-infrastrukturellen Bereich auf.[247] So trug er Verantwortung für das Funktionieren der städtischen Wasserversorgung, sowohl der Pumpbrunnen auf Straßen und Plätzen wie des Röhrensystems zum Heranführen von Flußwasser aus der Weißeritz und des Quellwassers von den südöstlichen Randhöhen oberhalb der Elbtalweitung. Er beteiligte sich außerdem an den Planungen für das Gebäude einer Armenschule sowie, im Rahmen der Krankenversorgung, an der Errichtung von „Pestilenzhäusern" und gleichermaßen am Bau von Brauhäusern, einem Spritzenhaus und einer Mühle. Darüber hinaus spielte er letztlich auch im Zusammenhang mit den großen Hoffesten eine Rolle: etwa beim Entwurf und der Verwirklichung von Interimsbauten wie Ehrenpforten, dem Balkon am Gewandhaus zur Huldigung des Nachfolgers von August dem Starken oder den „Lichtpyramiden" bei einer nächtlichen Illumination der Residenz.

Selbst mit den hier beschriebenen Arbeiten drückte George Bähr dem Bauwesen Dresdens während des Barockzeitalters seinen Stempel auf. Er hinterließ damit nicht nur in der baulichen Entwicklung der Stadt seine Spuren, sondern beeinflußte auf solche Weise auch deren Sozial- und Kulturgeschichte.

## Profanbauten innerhalb der Stadt

Von größerem Gewicht für die architektonisch-städtebauliche Ausformung der Elbmetropole erwiesen sich jedoch naturgemäß jene **Stadtpalais des Adels und des Bürgertums**, die auf den Ratszimmermeister zurückgingen oder an deren Bau seine mehr oder minder entscheidende Beteiligung nachgewiesen werden konnte.[248]

Besonders markant präsentierte sich das **Palais des Saxe** an der Moritzstraße, das mit dem bis zur Pirnaischen Gasse, der späteren Landhausstraße, sich ausdehnenden **British Hôtel** einen bereits einmal erwähnten Komplex bildete – eine Doppelpalastanlage mithin, errichtet für den Königlichen Oberfalkenmeister Gottlob Adolph von Beichling und seinen Bruder, den Großkanzler Wolfgang Dietrich von Beichling (1665 bis 1725). Sie entstand zwischen 1712 und 1715 im Zusammenwirken mit dem Amtsmaurermeister Georg Hase der neuerdings als maßgebend für die künstlerische Gestaltung derselben gilt, ein Jahr nach Fertigstellung des Taschenbergpalais, demnach in jener Zeit, als der Hochbarock seinen Höhepunkt erreichte. Nebenbei bemerkt: Eine gewisse historische Bedeutung bekam das Hotel dadurch, daß in ihm 1745, drei Jahre nach Vollendung der Frauenkirche, der sogenannte Friede von Dresden geschlossen wurde, der den Zweiten Schlesischen Krieg beendete.

Beide Bauten waren siebenachsig und ähnelten einander in hohem Maße; allein die dekorative Ausgestaltung ihrer Fassaden ließ jeweils individuelle Züge in Erscheinung treten.

Beim Palais erhoben sich über dem Erdgeschoß mit seinen regelmäßig geformten Werksteinen zwei Obergeschosse, dem sich über dem Hauptgesims ein Mezzanin, ein niedriges Halb- oder Zwischengeschoß, anschloß. Den Mittelrisalit, drei Fenster breit, betonten vier kannelierte Dreiviertelsäulen; ebenfalls mit senkrechten Rillen versehene Pilaster faßten die einfenstrigen Seitenrisalite ein. Am Zwischengeschoß fanden sich schwere Konsolen, über welchen ein geschwungener Segmentgiebel aufstieg. Die Mansarde zeigte zwei Reihen Fenster; nach oben zu, im gebrochenen Dach, nochmals von zwei Reihen Ochsenaugen gefolgt. Reicher plastischer Schmuck, in Form von Medaillons mit den Büsten römischer Kaiser, gab der Gebäudefront die typisch barocke Prägung.

Das British Hôtel unterschied sich in seiner äußeren Gestalt von derjenigen des Palais de Saxe, wie angedeutet, nur geringfügig. Noch am meisten fiel auf, daß anstelle der Säulenstellungen am Mittelrisalit dort hier wiederum kannelierte Pilaster den ein wenig vorspringenden zentralen Bauteil gliederten und die Schauseite zurückhaltender verziert war.

Ein weiterer bemerkenswerter Bau verbindet sich gleichermaßen mit dem Namen George Bähr: das Palais *Vitzthum-Rutowski*, das seine Hauptfront der Kreuzgasse zukehrte und auf einer Bellotto-Vedute aus einer Reihe vornehmer Bürgerhäuser gegenüber dem Langhaus der Kreuzkirche, linker Hand am Eingang der Weißen Gasse, deutlich erkennbar hervortritt.

Der Entwurf dieses Adelspalastes stammte zwar vom Großmeister des sächsisch-augusteischen Stils, von Pöppelmann also, die Verantwortung für die Ausführung aller bei seiner Verwirklichung anfallenden Arbeiten lag indes beim Ratszimmermeister. Einen Beweis dafür liefert unter anderem die Tatsache, daß Bähr bei der etwa gleichzeitigen Errichtung der Forchheimer Kirche nicht genügend Leute für die dortige „grobe Arbeit" zur Verfügung hatte, weil er damals auch „das gräfliche Vitztumsche Haus in Dresden baute".[249] Das dreigeschossige, über elf Achsen sich erstreckende, streng symmetrische Gebäude unter dem für die Zeit charakteristischen Mansarddach wuchs zwischen 1720 und 1724 empor. Auch ihm verlieh ein von Wandpfeilern begrenzter Mittelrisalit, der in einen Dreieckgiebel mit hochovalem Fenster, flankiert von Wappen in Zierrahmen, ausklang, repräsentative Würde – eine Wirkung, die sich zudem einer Torkomposition, darüber ein Balkon mit opulentem Figurenschmuck, verdankte; sie ließ Reminiszensen an die Portalkunst Fischer von Erlachs (1656 bis 1723) in Wien aufkommen.

Bereits vorher, um 1711, hatte Bähr, damals in seiner Rolle als Architekt, einen für den Dresdner Bürgerbarock der ersten Hälfte des achtzehnten Jahrhunderts bezeichnenden Bau geschaffen: das *Haus Nr. 14 am Neumarkt, „Zur Glocke"* genannt. Es ist ebenso auf einem Gemälde des berühmten Venezianers, das den Blick in die Rampische Gasse freigibt, links hinter der erst Jahrzehnte nach ihm vollendeten Frauenkirche zu sehen. Das Gebäude, drei von einer Mansarde überragte Obergeschosse hoch, vier Achsen breit und mit einer Fassade, die schlichte Sandsteinspiegel, in ihrer Mitte überdies sparsame Stuckapplikationen aufwies, gehörte zu einer Gruppe von Wohnbauten, die schon durchaus großstädtisches Flair ausstrahlte.

Im selben Jahr, das ihm auch das Bürgerrecht brachte, baute der Ratszimmermeister das von ihm am 21. März von einem Wagner namens Johann Martin Schütze erworbene *Haus an der Mauer 2/Ecke Seestraße 12*, um, stockte es auf und versah seine ursprünglich schmucklose Front mit rokokohaften Ornamenten – eine Schauseitenänderung, die seine eigene Art deutlich und nachdrücklich zum Ausdruck kommen ließ.

Er selbst wählte sich den schmalen sogenannten Dreifensterbau als Wohnung und richtete sich im obersten Geschoß seine Zeichenstube ein. Die geradezu beschwingt-graziöse Fassadenverzierung gilt als Beweis dafür, daß George Bähr auch solche künstlerisch eigenständigen Arbeiten zustande zu bringen vermochte. Eine derartige Fähigkeit sprach die lange Zeit gänzlich auf das Höfische fixierte Bauhistorie des residenzstädtischen Barocks ihm und den anderen bürgerlichen Meistern gern ab, ebenso wie man überhaupt ihre architektonisch-künstlerische Entwurfsleistung bei nicht wenigen Bürgerhausprojekten von vornherein in Zweifel zog: dies vor allem deshalb, weil sie aus dem Handwerkerstand hervorgegangen waren, somit bei ihnen angeblich jene überragende Schöpferkraft nicht vorausgesetzt werden konnte, wie sie etwa einen Pöppelmann auszeichnete.[250]

Aus der Zeit vor 1716 datiert auch das *Dinglingerhaus* am *Jüdenhof 3/Ecke Sporergasse*, in nächster Nähe des alten Stallgebäudes, der späteren Gemäldegalerie, dessen Name an seinen Besitzer, den bedeutenden Goldschmied, erinnert. Es zählt zu jenen zahlreichen Bauten, deren architektonische Autorschaft nur schwer zu ermitteln ist.

Obwohl seine baukünstlerischen Merkmale in vielem auf Pöppelmann verwiesen – man meinte, in ihnen den Nachklang des Zwingerstils zu erkennen – neigt man heute zu der Auffassung, daß es auf einen Entwurf Bährs zurückging.

Fünf Achsen, davon die mittlere leicht gekurvt; zwei Obergeschosse, darauf ein Halbgeschoß; eine phantasievoll ausgeformte Dreifenstergruppe im Mansarddach; endlich die Pilastergliederung bestimmten das Erscheinungsbild des Hauses. Wenn auch in seiner Fassadengestaltung mit ihren dekorativen Elementen, den unterschiedlichen Fensterbedachungen, den Spiegeln, dazu den Konsolen unter dem Hauptgesims sich bei weitem nicht solch einen Reichtum wie am Mitteltrakt des Taschenbergpalais entfaltete, so traten doch gewisse Ähnlichkeiten mit jenem hochbarocken Bau zutage.

Bei einem anderen *Bürgerlichen Wohnhaus*, das 1723 im Rahmen des Ausbaus der Neustadt in der *Großen Meißner Gasse Nr. 15* aufgeführt wurde und zunächst als ein Pöppelmannsches Spätwerk galt, lag es auf Grund jüngerer Forschungsergebnisse, die sich vor allem am Giebelschmuck orientierten, nahe, die Urheberschaft gleichfalls dem Ratszimmermeister zuzuschreiben.[251]

Es war dreigeschossig, besaß einen von glatten Pilastern eingefaßten Mittelrisaliten, den ein Dreieckgiebel vor dem Mansarddach abschloß, hatte aufgesetzte Spiegel unter den Fenstern sowie ein Sockelgeschoß mit den vom Barock bevorzugten Putzquadern, schließlich ein Portal, das ein Wappen auf dem Schlußstein betonte. So verkörperte das Gebäude, das seit 1736 Verwaltungszwecken diente und daher „Die Regierung" hieß, den im ersten Viertel des achtzehnten Jahrhunderts besonders im rechtselbischen Dresden dominierenden Stil.

Das im selben Straßenzug, in der *Großen Meißner Gasse Nr. 5*, von 1732 bis 1733 erbaute *Brauhaus* war eines der Objekte, von denen man weiß, daß sich schon einmal Matthäus Pöppelmann mit ihm beschäftigt hatte. Unter seinem Entwurf fand sich indessen auch, neben der Unterschrift eines Maurermeisters, die von George Bähr. Offensichtlich korrigierte das Oberlandbauamt später jenen Riß und übertrug dann die detaillierte Bauausführung den beiden Baugewerken, so daß in diesem Zusammenhang mit Recht von einer Mitwirkung des Ratszimmermeisters gesprochen werden kann.[252]

Bei diesem Haus folgten auf das Untergeschoß drei fünfachsige Obergeschosse; seine Fassade prägten nicht nur verschieden geformte Sandsteinspiegel, sondern nicht zuletzt die überdachten Fenster mit ihrem üppigen Waffenschmuck.

An der Errichtung solch bürgerlich-barocker Wohnbauten, die alle verwandten Gestaltungsprinzipien gehorchten, war eine ganze Anzahl von Baumeistern beteiligt, mitunter sogar, wie wir wiederholt sahen, an einem Vorhaben mehrere gleichzeitig; die Nennung ihrer Namen erwies sich jedoch, nicht selten, zumindest bislang, als unmöglich.[253]

Daß Bähr bei einer Reihe weiterer Wohnhäuser im neustädtischen Bereich mitgewirkt hat, konnte unterdessen entweder bewiesen werden, oder dies ließ sich ihm wenigstens zuschreiben. Dabei handelt es sich um Bauten in den zwei wichtigsten Straßenräumen der barocken Stadtanlage, so etwa um das noch existierende **Haus in der Königstraße Nr. 3**, das für den Königlichen Hofmaler Christian Reinow errichtet wurde,[254] sowie die **Gebäude in der Hauptstraße Nr. 15 und Nr. 19**.

In der Eigenart ihrer Architektur waren sie wie die anderen dort erbauten Häuser Produkte jener Dresdner Baureglements des siebzehnten und achtzehnten Jahrhunderts, die lediglich die Grundzüge der Gebäudestruktur, vor allem auch die Fassadengliederung vorgaben, womit den Baumeistern ein hohes Maß an Gestaltungsfreiheit im einzelnen eingeräumt wurde, so daß dadurch ein mannigfaltiges, im Ganzen jedoch geschlossenes Bild entstand.

*Profanbauten außerhalb Dresdens*

Profane Bauten George Bährs blieben keineswegs auf die Kapitale beschränkt, vielmehr trifft man auf sie seit den zwanziger Jahren – wir machten schon einmal darauf aufmerksam – auch an weiteren Orten draußen im Land.[255] Dabei ging es wie in Dresden um Neubau, Umbau, Ausbau; um Aufgaben, die der Ratszimmermeister, sei es allein, sei es zusammen mit anderen Fachleuten löste und die Schulgebäude und Pfarrhäuser gleichermaßen betrafen wie Adelsgüter und Landschlösser. In solchen Zusammenhängen mußte Bähr sich nicht selten nach den

Ansprüchen der jeweiligen Auftraggeber richten und so manches besondere Element in seine Konzeption aufnehmen – ein Vermögen, das er augenmerklich in erheblichem Maße besaß.[256] Dem frühesten Objekt unter den großen Bauvorhaben, die damals außerhalb der Residenz verwirklicht wurden, begegnet man in *Sorau (Zary)*. In dieser durch ihr Textilgewerbe bekannt gewordenen Kleinstadt, rund sechzig Kilometer südöstlich von Cottbus, seinerzeit zu dem mit eigenen, wenn auch eingeschränkten Hoheitsrechten ausgestatteten Landesteil Markgraftum Niederlausitz gehörend, der Kursachsen erst 1738 wieder vollends zufiel, wuchs zwischen 1705 und 1726 die Vierflügelanlage eines stattlichen Barockschlosses heran.

Sein Bauherr war Erdmann II. Graf von Promnitz, ein kurfürstlich-sächsischer und königlich-polnischer Kabinettsrat, nach dem der Bau fortan als Promnitzschloß bezeichnet wurde. Es liegt unweit vom ältesten Gebäude eines ausgedehnten fürstlichen Bezirks, dem sogenannten Biberssteinschloß, das wiederum auf den Fundamenten einer mittelalterlichen Wasserburg ruht. Zu dem Neubau des achtzehnten Jahrhunderts gesellten sich nach und nach noch weitere Baulichkeiten sowie ein französischer Lustgarten, so daß schließlich ein ganzes Architekturensemble zustande kam.

Als künstlerisch besonders bedeutsam gilt der zur Stadt hin orientierte Südflügel. Seine breite Schauseite präsentiert sich mit neunzehn Achsen und auf einem hohen Sockel mit zwei Obergeschossen, über denen sich das für die Zeit typische Mansarddach erhebt. Der siebenachsige Mittelrisalit, dem ein Segmentbogengiebel, von konkaven Ausbauten mit Vasen flankiert, aufgesetzt ist, springt ebenso wie die erste und letzte Achse vor allem durch eine geschoßübergreifende Säulenordnung mit korinthischen Kapitellen ins Auge. Auch die Seitenrisalite, welche Dreieckgiebel tragen, lenken die Aufmerksamkeit auf sich.

Während man den Entwurf dieses Gebäudes über Jahre hin mit zwei italienischen Architekten in Verbindung gebracht hatte, konnten bauhistorische Forschungen in der jüngeren Vergangenheit nachweisen, daß es sich bei ihm um ein Werk Bährs handelt.

Nicht nur, daß in seinem Zusammenhang ein Baumeister aus Dresden namens „Beer" auftauchte, erhärtet dies, auch Stilvergleiche, die von Grundformen wie Details der Fassadengestaltung jenes Baus ausgingen, deuten darauf hin: offenbar übten die um 1700 entwickelten Pläne für eine in großen Dimensionen gehaltene Erweiterung des Residenzschlosses an der Elbe dabei nicht geringen Einfluß aus. So hat man denn im Hinblick auf die Gebäudefronten sowohl der Dresdner Doppelpalaisanlage für die Gebrüder Beichling wie des Sorauer Schlosses angesichts der auffälligen Übereinstimmungen mit den Entwürfen zum Ausbau des Schloßkomplexes in der Hauptstadt davon gesprochen, daß beide Fälle als Reflex auf jene monumentalen Konzepte anzusehen sind.

Auch Zierelemente, die denen am Dresdner Wohnhaus Bährs gleichen, machten es darüber hinaus möglich, den Barockbau in der Niederlausitzer Stadt dem Ratszimmermeister zuzuschreiben. Und endlich: ein Riß, der erhalten blieb, deckt sich in zahlreichen Einzelheiten mit dem realisierten Bau, so daß man in ihm den Originalplan für das Sorauer Schloß sieht, den George Bähr gezeichnet hat.

Das nächste Bauwerk, das dieselben Funktionen erfüllte wie das soeben beschriebene, findet sich in *Diesbar-Seußlitz*, einem Ort an einer Elbschleife knapp zehn Kilometer flußabwärts von Meißen.

Dort hatte Heinrich Graf von Bünau, sächsischer Diplomat und Geschichtsschreiber, im Jahr 1722 ein Rittergut erworben, dessen Baulichkeiten sich auf dem Gelände eines im dreizehnten Jahrhunderts gegründeten, in der Reformation säkularisierten Klarissenklosters befanden.

Der Ratszimmermeister schuf an ihrer Stelle, wobei er alte Mauerteile aus dem Mittelalter verwendete, von 1722 bis 1724 eine großzügige Schloßanlage, die sich, wohlproportioniert, in eine Park- und Weinbaulandschaft einfügt. Seiner Planung und Bauleitung verdankt sich neben den Wohn- und Wirtschaftsräumen und einer ab 1722 umgestalteten Kirche, die sich dem Südtrakt anschließt und in manchen Einzelheiten außen wie innen die für Bähr charakteristische Formensprache zeigt, auch das Herrenhaus. Dieser elfachsige, zweigeschossige Hauptbau unter einem hohen, stark geknickten Mansarddach, durchbrochen von zehn Gauben und überragt von fünf Zierschornsteinen, erhielt eine ausgewogene, durch Putzvorlagen gegliederte Fassade. Deren Mitte betonen ein Dreieckgiebel mit dem in Rankenwerk eingebundenen Bünauschen Wappen sowie ein Segmentportal; zwischen einer Balustrade vor der Erdgeschoßterrasse führt eine Freitreppe zum Eingang hoch – ein barockes Kleinod, das sich der Elbe zuwendet.

Im nördlichen Umland von Dresden, rund zehn Kilometer von dessen Zentrum entfernt, gibt es in der kleinen Gemeinde **Hermsdorf** ein Schloß, das, in der Hauptsache aus einem Bau des sechzehnten Jahrhunderts hervorgegangen und im Laufe der Zeit mehrfach verändert, 1729 weitgehend abgebrannt war. Sein Eigentümer Adam Friedrich von Flemming ließ es danach wieder auf- und umbauen. Die Aufsicht über diese Arbeiten, in die in gewissem Maße auch seine baukünstlerischen Vorstellungen einflossen, lag abermals bei George Bähr.

Eingebettet in einen teils im Stil der französischen, teils bereits in dem der englischen Gartenkunst angelegten Park, entstand so ein langgestreckter Bau mit zwei Geschossen, über die sich erneut ein Mansarddach erhebt. Sein unverwechselbares Gesicht wird von einem in der Mitte aufragenden, von einem breiten Giebelfeld abgeschlossenen Risalit geprägt, dem ein von einer Welschen Haube bekrönter achteckiger Turm vorgesetzt ist.

Gilt schon die Form dieser mehrfach geschweiften Turmhaube als besonders kennzeichnend für den Ratszimmermeister, so lassen sich auch die Scheinbalustraden, die über den beiden noch dem siebzehnten Jahrhundert entstammenden Portalen angebracht sind, auf Grund ihrer Elemente wie manch andere Einzeldinge des Baus ebenfalls auf ihn zurückführen.

*Sakralbauten fernab der Elbmetropole*

Ab 1712 trat Bähr auch als Architekt des Sakralbaus hervor; und dies wie wir bereits sahen, sowohl im Rahmen seiner Tätigkeit für die Stadt Dresden wie gewissermaßen als Freischaffender außerhalb derselben.[257]

Wiederum sind es Neubauten, die sich mit seinem Namen verknüpfen, daneben Umgestaltungen bereits vorhandener Gebäude, ja selbst Aufträge innenarchitektonischer Art. Und abermals lag der Entwurf entweder allein bei ihm, bestritt er auch die Bauleitung ohne die Mithilfe anderer, oder aber all das geschah in Gemeinschaftsarbeit mit weiteren Baumeistern und Gewerken.

Die Bauherren waren der Rat der jeweiligen Städte, im besonderen jener der Residenzstadt mit seiner traditionell-lutherischen und bürgerlichen Eigenart, der auch in diesem Fall seine Entscheidungen ohne beherrschende Einflußnahme der königlichen Behörden treffen konnte; darüber hinaus die Pfarrgemeinden und der Adel in den ländlichen Regionen.

Der vielerorts zu beobachtende Kirchenbau – eine hohe Zahl sakraler Architekturen datiert in Kursachsen aus der Zeit zwischen Dreißigjährigem und Siebenjährigem Krieg – resultierte aus dem regen Zuspruch, den damals der Gottesdienst bei der obendrein angewachsenen Bevölkerung fand. Deshalb mußte Raum, mußten Sitzplätze vor allem geschaffen werden. Sieht man von der Wiederherstellung abgebrannter Gotteshäuser einmal ab, die zumeist in den überlieferten Formen erneuert wurden, so waren die von Bähr oder mit seiner maßgeblichen Beteiligung errichteten Kirchen in der Regel mehr oder weniger deutlich auf ein Zentrum bezogene Anlagen, denen man im Kurfürstentum seit dem Ende des siebzehnten Jahrhunderts besonderen Vorzug gab. Sie näherten sich damit einem religiösen Zwecken dienenden Bautyp, der zur Wölbung durch eine Kuppel drängte und in einer langen Tradition stand, hatte ihn doch bereits die Antike hervorgebracht, bevor er dann in der Renaissance erneut eine Belebung erfuhr und schließlich im Barock aus Gründen, denen wir uns noch ausführlicher zuwenden werden, nicht zuletzt, wenn auch keineswegs ausschließlich, bei neuen evangelischen Gotteshäusern zu finden ist.

So übte der Ratszimmermeister einen nicht zu überschätzenden Einfluß auf den protestantischen Sakralbau in seiner Zeit aus. Dabei nahm er inzwischen allgemein anerkannte Bauideen auf und entfaltete diese Schritt für Schritt in einer Weise, die der Eigenart des evangelisch-lutherischen Gottesdienstes, seinen liturgischen Erfordernissen immer besser angepaßt war.

Lange hielt sich die Auffassung, die Kirche in *Loschwitz* ginge als sein frühester zentralisierender Bau bereits auf George Bähr zurück – der Andachtsort in jenem flußaufwärts, damals noch außerhalb der Residenzstadt gelegenen Dorf, das sich über dem rechten Elbufer hinzog, seinerzeit vor allem vom Weinbau lebte, beliebter Wohnsitz wohlhabender Bürger und Adliger war und, ursprünglich zur Pfarrei der alten Frauenkirche gehörend, 1705 als eigene Parochie konstituiert wurde, die jedoch weiterhin dem Patronat des Dresdner Rates unterstand.

Von jenem Jahr an errichtete man dort einen Saalbau in mäßig gestrecktem Oktogon mit einer nach Süden, den Hang dominierenden Hauptfront, einer die Ecken betonenden Steinquaderung sowie einem der Mode entsprechenden Mansarddach, das ein hoher Dachreiter überragte. Seine Einweihung fand am 8. August 1708 statt. Heute wissen wir dank intensiver archivalischer Studien, daß es sich hierbei um ein Werk des Ratsmaurermeisters Johann Christian Fehre (gest. 1720) handelt, während Bähr, gerade in sein städtisches Amt berufen, dabei nur mit dem Ausbau des Daches und des Holzgerüstes, also mit Zimmererarbeiten befaßt war. Als beispielgebend für das damit realisierte Baumuster ließen sich Gotteshäuser im Erzgebirge und im Vogtland nachweisen.

Tatsächlich findet sich sein erster völlig eigenständiger Kirchenbau, dem für Sachsen eine hohe sakralarchitektonische Wirkung zukam, im osterzgebirgischen **Schmiedeberg**, einem 1675 zur Stadt erhobenen Flecken im Tal der Roten Weißeritz südlich von Dippoldiswalde, dessen Entwicklung seit dem fünfzehnten Jahrhundert eng mit dem Bergbau verquickt war und in dem es zu Zeiten des Ratszimmermeisters eine Eisenhütte und ein Hammerwerk gab.

Als Schutzherr der Kirche, der auch einen Großteil ihrer Kosten trug, ist Freiherr Johann Aegidius Alemann bekannt, seinem Stand nach Geheimer Rat und Vizebergwerksdirektor, der zwei Jahrzehnte vor Baubeginn das dortige Rittergut erworben hatte.

An seiner Seite wirkte die als äußerst fromm und wohltätig geltende Frau Johanna Christina, die „Alemannin", die sich für die Strebungen ihres Ehemannes immerfort engagierte.[258]

Die Grundsteinlegung des Gebäudes, der Bähr beiwohnte, fiel auf den 19. April 1713, die Bauleitung lag in den Händen des Maurermeisters Samuel Baumgarten aus einer nahen Ortschaft namens Ruppendorf. Auf Grund des raschen Fortgangs der Arbeiten konnte das Gotteshaus schon am 7. Juli 1715, an Trinitatis, durch den Pirnaer Superintendenten Johann Gottlieb Lucius (1695 bis 1722), eingeweiht werden – mit einer aufwendigen Feier, zu der aus Dresden der Kreuzchor unter seinem

Kantor Grundig sowie der kurfürstliche Kammerorganist Pezold erschienen waren.

Der Bau, über einem Grundriß in der Form eines kurzarmigen Griechischen Kreuzes errichtet und von abgewalmten, sich durchstoßenden Dächern mit einer Turmhaube beherrscht, zeigt in seinem flachgedeckten Innenraum dreigeschossige Holzemporen, die ein Achteck umschließen, sowie einen hinter dem vom Dresdner Hofbildhauer Johann Benjamin Thomae (1682 bis 1751) gestalteten Taufstein auf einer Achse liegenden Kanzelaltar mit darüber angeordneter Orgel, auf den eine apsidenartige Ausbuchtung an der Außenfront verweist.

Hier tritt zum ersten Mal, und zwar voll entfaltet, jenes konstruktive Prinzip eines neuen kirchenbaulichen Konzepts entgegen, dem später auch George Bährs Entwurf der Frauenkirche verpflichtet ist, nämlich das der „Differenzierung zwischen dem kreuzförmigen Erscheinungsbild des Baukörpers und dem oktogonalen Binnenraum".[259]

Seiner Schlichtheit wie seines Gleichmaßes wegen erlangte das zentralisierte Bauwerk schnell über die unmittelbare Umgebung hinaus eine gewisse Berühmtheit. So „continuierte", wie es in den Schmiedeberger Kirchenakten von 1716 heißt, „ein starker Besuch von vielen Fremden, auch von entlegenen Orten, die sich dies rühmlichst erbaute neue Gotteshaus besahen und sich über dessen Regularität höchlichst verwunderten."[260]

Mit dieser Kirche schuf Bähr ein Gebäude, das schon in hohem Maße jenen architekturtheoretischen Forderungen gemäß war, die seinerzeit aus den kultisch-liturgischen Bedürfnissen der lutherischen Lehre für den protestantischen Sakralbau abgeleitet wurden. Schon Luther selbst hatte dessen Funktion allein darin gesehen, daß in ihm „die Christen mögen zusammenkommen, beten, Predigen hören und das Sakrament empfangen" und insofern einer prächtigen künstlerischen Formgebung des Gotteshauses eine Absage erteilt, ja in seinem reformatorischen Eifer sich nicht gescheut, drastisch zu bemerken, das Evangelium „(könne) ebensogut in einem ‚Saustall' verkündet werden."[261]

Eine besonders richtungsweisende Beachtung fanden, was dies betrifft, aber erst die Postulate, die der von der Erneuerungsbewegung des Pietismus beeinflußte Leonhard Christoph Sturm (1669 bis 1719), der in Altdorf bei Nürnberg geborene Architekt und Bautheoretiker, welcher studienhalber Frankreich und Holland bereist hatte, seit dem Ende des siebzehnten Jahrhunderts vor allem in der seine Gedanken systematisierenden Abhandlung über die Sakralbaukunst aus dem Jahr 1718 formulierte. [262] Dort heißt es in bezug auf die Kirchen des neuen Glaubens: „Bey diesen müssen wir gantz andere Maximen zugrunde legen / und daraus die Anordnung deduciren / weil dieser Gottesdienst von dem Römisch-Katholischen oder Päbstischen gar sehr unterschieden ist / und billich unterschieden seyn soll. Denn das Allervornehmste / das darinnen geschiehet / das ist das Predigen / bey dem allezeit eine große Menge des Volcks zusammen kömmt / welche alle den Prediger nicht nur gerne deutlich hören / sondern auch sehen wollen / dazu denn ordentlich eingeteilte Sitze nöthig sind. Das andere Stück ihres Gottesdienstes bestehet in der Administration der Sakramente der Tauffe und des Abendmahls / dabey der ersteren gar nicht viele Leuthe / und zwar meistens außer der Zeit der gewöhnlichen Versammlungen / zusammenkommen / bey der anderen aber ein gut Theil mehr / und zwar am gewöhnlichsten Ende des vormittäglichen Gottesdienstes. Die Lutherischen haben noch besonders die Privat Beicht. Der dritte Theil des Protestantischen Gottes-Dienstes bestehet in Singen / dazu bißweilen auch künstliche Musiquen kommen / da denn ein besonderer Ort erfordert wird / wo eine Orgel stehen / und die Schüler zum Vorsingen sich versammeln können. An den meisten Orten werden auch besondere Stühle für die Herrschaften erfordert."[263]

Darüber hinaus verlangte Sturm auch günstige Lichtverhältnisse und wandte sich deshalb in den Gotteshäusern des Barocks gegen die farbigen Kirchenfenster des Mittelalters.[264]

Obwohl man in Sachsen, konservativ wie man zumal in Kreisen der lutherischen Orthodoxie gesinnt war, bis ins frühe achtzehnte Jahrhundert hinein nicht selten an überkommenen Architekturformen wie dem spätgotischen Pfeilerhallenbau festhielt, auch noch einschiffige chorlose Saalkirchen errichtete, gehorchte das Schmiedeberger Gotteshaus in der Tat bereits in erheblichem Maße den hier zitierten baulichnormativen Forderungen. Freilich mit einer wesentlichen Ausnahme, hatte doch deren Autor, dessen Überlegungen an rationalpraktischen Motiven ausgerichtet waren, die symbolhafte Kreuzform des Baukörpers verworfen und den langrechteckigen Grundriß als den vermeintlich idealsten bevorzugt.

Bei jener Kirche wurde die bisherige aus der Tradition erwachsene Trennung von Schiff und Chor, Altar und Kanzel konsequent zugunsten einer zentralisierenden Raumkonzeption aufgegeben. Diese nämlich war dem evangelischen Gottesdienst, in dessen Mittelpunkt die von musikalischen Darbietungen umrahmte Wortverkündigung steht, in spezifischer Weise angemessen. Dazu gehörten die mehrgeschossig übereinandergestaffelten Einbauten der Emporen ebenso wie die Verbindung von Altar, Kanzel und Orgel an gut sichtbarer und für die akustische Wahrnehmung der Predigt geeigneter Stelle, der gegenüber in der Längsachse die herrschaftlichen Betstuben und nahe am Gemeindegestühl der Taufstein ihren Platz fanden. Sieben geknickte Bankreihen erlauben den direkten Blick auf das liturgische Geschehen.

Nach einer vom Schmiedeberger Pfarrer Daniel Friedrich Schwarzenberg (1675 bis 1720) aus dem Jahre 1716 überlieferten Deutung des Bauwerks aus theologischer Sicht „resultiert die hervorragende Stellung und Ausschmückung der Kanzel aus dem Vorrang des gepredigten Wortes, dessen Annahme Voraussetzung für den rechten Gebrauch der Sakramente ist. Die Symmetrie weist auf die in den Gnadenmitteln gesetzte Heilsordnung hin und mahnt zu einem nach dem Wort Gottes geordneten Leben, wie auch der erhöhte Stuhl der Obrigkeit an die weltliche Ordnung erinnert. Der kreuzförmige Grundriß und das Kreuz auf dem Turm bezeugen den gekreuzigten Christus als Inhalt der Predigt und die Kreuzesnachfolge im Leben. Das theologische Grundanliegen des Raumes, die Bedeutung von Gottes Wort darzustellen, das zugleich das Wort vom Kreuz ist, wird von der Verehrung der Dreifaltigkeit überhöht[265]." Deren Symbol, das gleichseitige Dreieck, findet sich an der Decke, wo es den hebräischen Gottesnamen inmitten einer Strahlenkorona umschließt und als „Auge Gottes" auch für Bähr die göttliche Allmacht sinnbildlich darstellt.[266]

Schon drei Jahrzehnte zuvor war ein kleiner Sakralbau aufgeführt worden, der innerhalb der Architekturlandschaft des Kurfürstentums ein Novum darstellte und dem man daher den Rang einer Inkunabel des sächsischen Barocks zugesprochen hat: die Dreifaltigkeitskirche in *Carlsfeld*. Sie gilt als die älteste Vorform des in Schmiedeberg verwirklichten Typus des protestantischen Zentralbaus, von dem darüber hinaus nicht zuletzt Bährs Dresdner Hauptwerk entscheidende Impulse empfing.

Das Dorf, dessen Ortsbild sie beherrscht, findet sich westlich von Johanngeorgenstadt unweit des waldreichen Erzgebirgskamms und wurde von Veit Hans Schnorr d. J., einer bedeutenden Unternehmerpersönlichkeit aus der alten Bergstadt Schneeberg, 1676 gegründet. Der Inhaber verschiedenster Produktionsstätten und Handelsfirmen, welche an die Stelle des schon nach der Mitte des sechzehnten Jahrhunderts erheblich reduzierten Silberbergbaus getreten waren, ein Tycoon seiner Zeit, zugleich auch ein Freund der Bücher und Sammler naturwissenschaftlicher Gegenstände, weitgereist und der neuen Baukunst zugetan, wollte dort auf der Basis von Eisen- und Zinnerzvorkommen ein weiteres Hütten- und Hammerwerk ins Leben rufen. Für dessen Arbeiter und deren Familien stiftete er im Jahre 1682 außer einer Schule die Pfarrkirche nebst den dazu gehörenden Wohnhäusern. Diese Trinitatiskirche entstand zwischen 1684 und 1688 als eine, wie gesagt, reine Zentralanlage, die man im Vergleich zum Schmiedeberger Gotteshaus sogar den „architektonich anspruchsvolleren Typus" genannt hat. [267]

Bekrönt von einem geschweift-kuppelförmigen Dach, dem ein Glockenturm aufgesetzt ist, zeigt sein Außenbau im Gegensatz zu der Kirche im Osterzgebirge einen gestreckt-oktogonalen Grundriß. Von ihm hebt sich zwar der quadratische Gemeinderaum ab, dieser jedoch bildet durch die in den Ecken fortgeführten drei Emporen, die dort konvex ins Innere vorschwingen, letztlich ebenfalls ein Achteck. Auch hier trifft man auf einen Kanzelaltar, der figürlich reich geschmückt, gemeinsam mit der über ihm eingebauten Orgel und einem Sängerbalkon von der gegenüberliegenden Eingangshalle her den Blick auf sich zieht.

Die Frage nach dem Architekten dieses künstlerisch bedeutsamen, sowohl konstruktiv wie stilistisch zukunftweisenden Bauwerks gab seit je Rätsel auf. Anknüpfend an die Angaben eines Chronisten der nicht weit entfernten Berggemeinde Eibenstock aus der Mitte des achtzehnten Jahrhunderts, die sich offenbar auf die Aussage des Carlsfelder Pfarrers bezog, vertrat man die Meinung, ein Tischler namens Hanns Ge-

Georg Roth aus dem benachbarten Städtchen Lößnitz habe nach dem Plan eines italienischen Baukünstlers die Kirche errichtet. Inzwischen nimmt man an, daß jener Handwerker leiglich ein Holzmodell davon geschaffen hatte; so wie man weiß, daß die hölzernen Einbauten in dem Gotteshaus von ihm stammten. Mit der Bauausführung hingegen betraute Schnorr höchstwahrscheinlich den Schneeberger-Rats-Bau- und Zimmermeister Christoph Schwartze.

Darüber hinaus konnten nun aber Stilanalysen deutlich machen, daß die Architektursprache der ohne regionale Vorbilder entstandenen Kirche nicht zu übersehende Ähnlichkeiten mit der des damals in Dresden tätigen Wolf Caspar Klengel, des uns bekannten Lehrers Augusts des Starken, aufweist. Vor allem die zentralisierende Grundrißgestaltung des äußeren Achtecks, dem, wie dargelegt, ein quadratischer Binnenraum gegenübersteht, welcher durch die Viertelkreisemporen in seinen Ecken zum Oktogon modelliert wurde, zeigt sich in der seinerzeitigen Architekturszene Sachsens allein in den Entwürfen des einstigen Oberlandbaumeisters, der zu den Begründern des Frühbarocks in der Residenzstadt zählt. Auch die Lisenengliederung der ansonsten schlichten Fassaden mit ihrem hochbogigen Rechteckfenstern und den darübergesetzten Ochsenaugen weist in die gleiche Richtung. Verwandtschaften im Formenschatz lassen sich im besonderen bei der 1661 bis 1672 erbauten Kapelle des Moritzburger Schlosses sowie bei dem von 1676 bis 1685 für den Kurfürsten Johann Georg II. auf dem Terrain des ehemaligen Zisterzienserklosters Altzella, der ehemaligen Grablege der Wettiner, aufgeführten Mausoleums erkennen, das direkt der an der Freiburger Mulde gelegenen Kleinstadt Nossen benachbart ist – beides Sakralbauten Klengels, denen sich die Carlsfelder Dreifaltigkeitskirche gleichsam nahtlos anschloß.

Für unseren Zusammenhang ist es nicht uninteressant, daß man immer wieder einmal, ohne dies freilich schlüssig beweisen zu können, vermutet hat, George Bähr, der bekanntlich erst seit 1689 in Dresden nachweisbar ist, habe möglicherweise als junger Geselle an jenem Gotteshaus mitgearbeitet. Dabei könnte er schon in seinen frühen Jahren Erfahrungen gesammelt und konstruktive Eigenarten kennengelernt haben, die in sein späteres Werk einflossen, so etwa „die Ableitung der Bährschen Kuppelidee vom Prinzip der gezimmerten sogenannten Welschen Haube", eines Turmdachs mit geschweifter Kontur[268], die er in Carlsfeld aber auch an Profanbauten im Umkreis der Residenz hätte studieren können.

Dem ersten ganz der eigenen Vorstellung und Fähigkeit entsprungenen Kirchenbau Bährs in Schmiedeberg folgte einer, der erst 1999 demselben Urheber zugeschrieben werden konnte: nämlich derjenige in *Beitsch (Biecz)*[269], einer kleinen Gemeinde in der Nähe von Guben an der Lausitzer Neiße in der bis 1815 kursächsischen Niederlausitz. Zwischen 1716 und 1718 emporgewachsen und 1719 geweiht ist er ein neuerliches Beispiel für die immerwährende Auseinandersetzung des Ratszimmermeisters mit der Idee des protestantischen Zentralbaus in der Epoche des Barocks.

Er verdankt sich ebenfalls einem adligen Herrn, dem Amtshauptmann George von Wiedebach, der als Kirchenpatron, gemeinsam mit seiner Ehefrau Eleonore, nach einem Brand des Ortes im Jahre 1714 in großzügiger Weise die Errichtung des neuen Gotteshauses veranlaßte und förderte.

Auch hier begegnet man erneut, jedoch in etwas geräumigeren Verhältnissen, jenen Elementen, die schon die Schmiedeberger Kirche charakterisieren: einem Grundriß in Kreuzesform; einem Innenraum, welcher dank der Emporenarchitektur, die, wie stets, zusätzlichen Platz für die Gläubigen bot, oktogonale Gestalt erhielt, dazu nach Osten hin wieder apsidial-flachbogig ausgebuchtet ist, um dort Kanzelaltar und Orgel aufzunehmen; einem den Baukörper überwölbenden Zeltdach, dessen Mitte ein Dachreiter, ein dem First aufgesetztes Türmchen in Holzbauweise, markiert. Schließlich wurden in beiden Fällen die Kirchenbänke so angeordnet, daß sie, links und rechts vom Mittelgang abgewinkelt, den zentralen Ort des Gottesdienstes gleichsam umfangen, wodurch die Konzentration der Gemeinde auf das liturgische Reden und Handeln begünstigt werden sollte.

All das gilt, obzwar im Detail mehr oder weniger abgewandelt, gleichermaßen für die Kirche in *Forchheim*, den letzten Bau jener Schaffensperiode im zweiten Jahrzehnt des achtzehnten Jahrhunderts, bei dem George Bähr sein zuvor entwickeltes Konzept wiederholt. In diesem Dorf im mittleren Erzgebirge nahe der alten Bergstadt Marienberg, rund zwanzig Kilometer südlich vom berühmten Montanzentrum Freiberg gelegen, galt es seit 1703, die vom Einsturz bedrohte Vorgängerkirche durch einen Neubau zu ersetzen.

Daß Bähr das Projekt übernahm und von 1719 an in enger Kooperation mit Johann Gottfried Fehre ausführte, dafür schuldeten die Einwohner dem Rittergutsbesitzer von Berbisdorf Dank, konnte dieser doch, um die Dresdner Meister für die Aufgabe zu gewinnen, seine guten Beziehungen zur Residenzstadt spielen lassen. Der Finanzierung der Ausstattung, die mit einer Orgel von Gottfried Silbermann eine besondere Bereicherung erfuhr, diente zudem ein Legat über 1500 Taler des aus einem Nachbarort stammenden Leipziger Kaufmanns Gotthard Schubarth. Im Jahre 1726 endlich wurde der streng symmetrische Zentralbau fertig und an Ostern nach feierlicher Einweihung durch den Freiburger Superintendenten Christian Friedrich Wilisch (1684 bis 1758) der Gemeinde übergeben.[270] Was seinen kreuzförmigen Grundriß wie jenen der Gotteshäuser von Schmiedeberg und Beitsch betrifft, so nimmt man inzwischen an, daß dieser, den Sturm ja als wenig zweckmäßig ablehnte, darauf zurückzuführen ist, daß dem Ratszimmermeister die von 1703 bis 1718 errichtete „Gnadenkirche" im schlesischen Hirschberg bekannt war, deren Architektur wiederum Anregungen von der älteren Katharinenkirche in Stockholm empfangen hatte[271], also der dortigen lutherischen Bautradition entstammt.

Mit ihm wie mit den vorangegangenen Kirchenbauten entfalteten sich mehr und mehr jene Bauvorstellungen, die sich in der Frauenkirche vollendeten; das große Werk ruhte, wie man betont hat, auf diesen Vorstudien[272], von denen mancherlei Impulse hin zur Elbmetropole ausgingen.

Noch bevor sich George Bähr seinem bedeutendsten Auftrag, dem Dresdner, widmete, fungierte er noch, aufs neue mit Fehre, als Berater und für den Innenausbau Verantwortlicher bei der 1720 begonnenen Wiederherstellung der abgebrannten Stadtkirche in **Königstein**, der von der Kapitale aus gesehen flußaufwärts im Elbsandsteingebirge unterhalb der gleichnamigen Festung liegenden Kleinstadt. Handelte es sich schon dabei um ein Gebäude in herkömmlichen Formen, so zeigten auch diejenigen Kirchen, die er nach 1722 mitgestaltete, in der Zeit also, in der ihn bereits die Planung und der Bau seines residenzstädtischen Monumentalwerkes voll in Anspruch nahmen, ein anderes Erscheinungsbild als die zuvor entstandenen Zentralanlagen, eines das deren Geschlossenheit entbehrte.

Sie alle waren – so jedenfalls hat man sie bezeichnet – bloße Nebenarbeiten[273], bei welchen der Ratszimmermeister mehr oder minder aus der Vergangenheit überkommene Baureste berücksichtigen mußte – ein Faktum, das seinen architektonischen Intentionen gewiß bisweilen Fesseln anlegte.

Als erstes Objekt in dieser Reihe muß das Gotteshaus in **Kesselsdorf**, einem Waldhufendorf westlich von Dresden, genannt werden. Es wurde, ursprünglich 1562 errichtet, zwischen 1723 und 1726, nachdem es in beträchtlichem Maße einem Feuer zum Opfer gefallen war, grundlegend um-, ja partiell neu gebaut, wobei man die noch vorhandene spätgotische Bausubstanz mit einbezog. Das Resultat war ein Kirchenbau, der aus einem rechteckigen Langhaus – darinnen wieder ein Kanzelaltar – besteht, über dessen polygonalem Chor sich ein Chorturm erhebt – eine Gestaltungsweise, der Bähr ihrer sakralen Wirkung wegen offenbar seine Wertschätzung entgegenbrachte.[274] Damit ähnelt das Gebäude, allerdings nur von Osten her betrachtet, sogar einer zentralisierenden Anlage.

Mit solchem Chorturm, nunmehr geradezu wuchtig ausgebildet, präsentiert sich auch der nächste Bau, die Stadtkirche von **Hohnstein**. Der Ort, seit dem Spätmittelalter als „Städtchen" bezeichnet, findet sich tief unter einer damals längst existierenden Burg im Elbstandsteingebirge östlich von Pirna unweit des südlich davon sich erstreckenden Elbtals. Seinerzeit nahm er mit einem bescheidenen Marktbetrieb sowie der Pfarrkirche eine gewisse zentrale Funktion für einen Raum begrenzten Umfangs wahr, während der Bergbau in seiner Umgebung anfangs des achtzehnten Jahrhunderts seine Bedeutung endgültig verloren hatte.

George Bähr, der „seiner ... angerühmten Geschicklichkeit wegen" dafür engagiert wurde, und zwar mit der Auflage, bei der Verwirklichung des Entwurfs „auf gute Menage zu reflektieren"[275], das hieß: mit dem verfügbaren Geld sparsam hauszuhalten, führte das durch einen Brandschaden stark in Mitleidenschaft gezogene Gotteshaus von 1724 bis 1728 auf. Er vermochte dabei lediglich die stehengebliebenen Umfassungsmauern für seine Zwecke noch zu nutzen, so daß man davon gesprochen hat, er habe eigentlich ein fast neues Gebäude geschaffen.

Daraus mag es sich erklären, daß sich der Grundriß des Schiffes mit seinen abgestumpften Ecken ebenso wie der des eingezogenen Chors dem Quadrat nähert und sich infolgedessen in dieser äußerlich sehr schlichten Kirche, verglichen mit den übrigen nach 1722 aufgerichteten, der Zentralbaugedanke am deutlichsten durchgesetzt hat. Die Kanzel und der Altar, dessen Aufbau in für Bähr außergewöhnlich reichen Formen gestaltet wurde, schließen auch in diesem Fall die Apsis ab; die den Innenraum umlaufenden Emporen sind im Schiff zwei-, im Chorraum eingeschossig, die Orgel nimmt den Platz über dem Portikuskanzelaltar ein.

Zwischen 1724 und 1727 entstand dann fast gleichzeitig durch Um- und Ausbau der Kirche des ehemaligen Klarissenklosters in **Diesbar-Seußlitz** ein weiterer Bährscher Sakralbau, diesmal als rechteckiger Saal. Er fügt sich dem Südflügel jenes ausgedehnten Schloßensembles an, das, wie bereits berichtet, ebenfalls ein Werk des Meisters ist. Innerhalb von dessen Dachlandschaft, die eine Einheit bildet, kann man das Gotteshaus nur durch seinen aufgesetzten Turm erkennen, der dort über einem quadratischen Unterbau als massiger Dachreiter mit geschwungener Haube hervortritt.

Die letzte Kirche außerhalb Dresdens, der ein Plan George Bährs zugrundelag, ist jene des Dorfes **Schmannewitz** bei Dahlen, am Rande des altbesiedelten, agrarisch bedeutsamen Oschatzer Hügellandes aus den Jahren 1731 und 1732: ein einschiffiges, gedrungenes im Innern zum Zentralraum tendierendes Gebäude über flach vorgeschobenen Kreuzarmen und achteckigem, den Chor wiederum überhöhenden Turm.

# DIE ENTSTEHUNG DER FRAUENKIRCHE

*Planungsarbeiten und Entwurfstätigkeit*

Die Planungen für den Neubau der Frauenkirche hatten bereits vier Jahre vor deren Grundsteinlegung begonnen, als der Bauherr, der Rat der Stadt Dresden, bei welcher die Patronatsherrschaft lag, in Kontakt mit der obersten Kirchenbehörde und einer eigens gegründete Baukommission die ersten wesentlichen Überlegungen zu dem bedeutsamen Unterfangen anstellte. In diesem Zusammenhang rückte nicht zuletzt die Person George Bährs in den Vordergrund des Geschehens. Seine vielseitige Bautätigkeit in städtischen Diensten sowie als freier Architekt außerhalb der Kapitale, sowohl auf den Profan- als auf den Sakralbau gerichtet, hatte ihm den Ruf eines gerade auch künstlerisch ungewöhnlich befähigten Mannes eingetragen, dem es an Lebens- wie Berufserfahrung nicht mangelte und dem, wie sich später zeigen sollte, bei aller Bescheidenheit durchaus Selbstbewußtsein eigen war.

Insofern war es keine Überraschung, als ihn der Rat im April des Jahres 1722 – das augusteische Zeitalter stand auf dem Gipfel seiner architektonischen Entfaltung – dazu ausersah, Pläne für die neue Frauenkirche zu entwerfen, welche die alte, baufällig gewordene ersetzen sollte. Damit erreichte ihn der Auftrag zu einem Großprojekt, das „nach Art, Umfang und Qualität weit aus dem gesicherten Werk des Architekten herausragt".[276]

Die Entscheidung, die dem zugrunde lag, stellte sich im nachhinein als ganz und gar richtig heraus, so daß jene, die sie gefällt hatten, dem Ratszimmermeister auch nie ihr Vertrauen grundsätzlich entzogen. Sie trugen vielmehr, gemeinsam mit dem lutherischen Konsistorium, dafür Sorge, daß seine Baugedanken verwirklicht werden konnten, selbst dann, wenn sie manchen seiner Kollegen im Oberlandbauamt oder unter den Baugewerken zeitweise bedenklich erschienen.

Immer wieder hat man sich gefragt, auf welchem Wege Bähr über seine handwerklich geprägten Kenntnisse hinaus die Fähigkeit gewann, einen Bau von so singulärem Charakter wie die Frauenkirche zu konzipieren. Der Autor der ersten bedeutenden Monographie seines Werkes Jean Louis Sponsel vertrat Ende des neunzehnten Jahrhunderts die Auffassung, daß der Ratszimmermeister ohne die unmittelbare Anschauung der berühmten europäischen Kuppelbauten, die andere Architekten der Zeit auf ihren Studienreisen gesehen hatten, zu jener Leistung nicht imstande gewesen wäre. So gelangte er zu der Meinung, daß „manche Umstände dafür (sprechen), daß Bähr sowohl die Bauten Süddeutschlands und Oesterreichs, als auch die Central- und Kuppelanlagen Oberitaliens und Roms persönlich kennen gelernt habe."[277] Unterdessen neigt man dazu, dies entschieden zu verneinen und betont demgegenüber, daß er „vermutlich nicht im Ausland gewesen. Er blieb auf das Studium von Rissen und das allerdings sehr umfangreiche und leicht zu beschaffende Stichmaterial für seine Studien angewiesen."[278]

Solche Dokumentationen, die zwischen 1600 und 1800 überall in Europa ediert wurden, begleiteten, in dicken Folianten verbreitet, in der Tat vor allem die blühende Bautätigkeit in der Epoche des Barocks. Sie dienten auf ihre Weise der höfischen Repräsentation und gaben nicht nur vorhandene Bauten wieder, sondern oft auch Projekte spektakulärer Architekturen, die den Ruhm ihrer Auftraggeber insbesondere anderen Fürstenhöfen verkünden sollten. Dabei kulminierte ihre Herausgabe in den zwanziger und dreißiger Jahren des achtzehnten Jahrhunderts.[279] Als bekannte Beispiele seien hier nur Fischer von Erlachs „Entwurf einer historischen Architektur" genannt, deren erste Ausgabe in das Jahr 1721 fiel, ferner das Kupferstichwerk Pöppelmanns zum Zwinger von 1729, das, zweiundzwanzig Blätter umfassend, ausdrücklich darauf zielte, der Nachwelt neben den fertiggestellten Partien des Ensembles auch eine Vorstellung von jenen Bauten zu vermitteln, die wegen leerer Kassen seinerzeit nicht realisiert werden konnten.[280]

Daß der Ratszimmermeister sogar selbst derartige Stichsammlungen besessen hatte, geht aus einer Bemerkung seines Schülers Johann Georg Schmid (1707 bis 1774) hervor, die in dem Wortlaut überliefert ist: „Von Jugend auf habe ich bei dem berühmten Baumeister Bähr in den besten Zeichnungen fremder ansehnlicher Kirchen und Hauptgebäude mich zu üben Gelegenheit gehabt."[281]

Längst sind unter den heutigen maßgebenden Bauhistorikern die Zweifel daran ausgeräumt, daß der große Architekt „für die Entwicklung seiner Kuppel Anregungen aus Kupferstichwerken mit Darstellungen der berühmten Steinkuppelwerke in Florenz und Rom erhalten hat"[282] – konstruktive Übereinstimmungen werden dafür vor allem ins Feld geführt, aber auch Unterschiede in der Bauausführung, die ihm wohl bewußt waren. Und gleichermaßen ist in jüngster Zeit von der Vorbildwirkung des Pariser Invalidendoms von Jules Hardouin-Mansart (1646 bis 1708) die Rede gewesen, von dem damals ebenfalls Ansichten im Umlauf waren, die unser Baumeister offenbar gekannt hat: dies lege „die runde Öffnung der inneren Kuppel ... ebenso nahe wie Bährs Plan, die Kuppelspitze mit einem Obelisk zu bekrönen."[283]

Einem griechischen Kreuz, jener Kreuzesform, die sich durch vier gleichlange Arme auszeichnet, entsprach weitgehend der äußere Umriß der neuen Frauenkirche in den ersten Plänen, die der Ratszimmermeister dazu ausarbeitete. Er folgte damit eigenen Beispielen, wie er sie in den sakralen Vorgängerbauten von Schmiedeberg und Forchheim gegeben hatte.

Dem kreuzförmigen Grundriß war dabei gegen Osten ein halbrund geschlossener Chorraum angefügt, der in protestantischer Tradition mit der Kanzel wiederum auf einer Achse lag und die Umrißgestalt des Kreuzes deutlich abwandelte. Über dem Zentralraum, der innerhalb der Umfassungsmauern ein von drei Emporen umschlossenes Oktogon bildete, erhob sich eine innere Kuppel, die von einer äußeren, zweischaligen, in Holz ausgeführten umfaßt und von einer hohen Laterne bekrönt werden sollte. Acht Pfeiler waren dazu ausersehen, das Gewölbe wie die galerieähnlichen Einbauten abzustützen. Dem Chor war zur Aufnahme der Glocken ein Dachreiter aufgesetzt.

Den rechtlichen Gegebenheiten gemäß wurde ein erster Entwurf vom Rat mit der Bitte um finanzielle Unterstützung des Vorhabens über den Grafen Wackerbarth, der bekanntlich die Verantwortung für das gesamte Bauwesen trug, am 19. Juni 1722 dem Kurfürst-König zugestellt. Zugleich war die Stadt trotz aller Selbständigkeit in ihren Entscheidungen gehalten, den Plan dem Oberlandbauamt vorzulegen, damit dieses überprüfen konnte, ob er der damals gültigen Bauordnung gerecht wurde. Und außerdem beanspruchte August der Starke ein Mitspracherecht bei bedeutungsvollen architektonischen und städtebaulichen Absichten des Rates wie des Konsistoriums.

Am 30. September erteilte der Landesherr, ohne das zu begründen, seine grundsätzliche Genehmigung. Daß es trotzdem danach noch vier Jahre dauerte, bis die Bautätigkeit aufgenommen werden konnte, wird allenthalben neben den Problemen, welche die Finanzierung des Großbaus aufwarf, vor allem auf die Einwände zurückgeführt, die hochrangige Baufachleute gegen den Bährschen Vorschlag erhoben.[284]

So war denn dessen Ursprungsplan der Auftakt zu einer Serie von teilweise bitteren, letztlich jedoch kreativen Auseinandersetzungen mit unterschiedlichen Stellungnahmen, von spannungsreichen Verhandlungen, ja zu einem zähen Ringen um eine angemessene Lösung, die allseits zu befriedigen vermochte.

Des Ratszimmermeisters spätere Entwürfe zeigen folglich den Sakralbau in immer wieder mehr oder minder veränderter Gestalt. Unter ihnen befindet sich jene „wohl vollständig erhaltene Plangruppe", die Ende 1724 oder Anfang 1725 entstanden ist und als das „Erste Projekt" der Frauenkirche bezeichnet wird, nicht zuletzt deshalb, weil sich hier bereits der glockenförmige Kuppelumriß mit seinem konkaven Ansatz über dem Achteck des Unterbaus erkennen läßt, der die verwirklichte Architektur so unverwechselbar charakterisierte.[285] Auf den definitiv ausgeführten Bau deuten überdies die dort sichtbaren Mauerbögen hin, die in den Emporenstockwerken den Innen- mit dem Außenbau, die Stützen des Binnenraumes mit der Gebäudeumfassung einschließlich der Treppentürme verbinden, von Bähr wie von Fehre „Spieramen" (auch in der Fassung „Spiramen" überliefert) genannt und schon in der nahen Dresdner Schloßkapelle konstruktiv eine Rolle spielend. Diese vor allem sollten, gemeinsam mit den acht radial aufgestellten Pfeilern, die Last der steinernen Kuppel aufnehmen und schließlich nach außen verteilen.[286] Im übrigen schmückt dieser Entwurf auch die eine Seite jener Gedächtnismedaille, die bei der Grundsteinlegung mit eingemauert worden war.[287]

Dagegen gelten heute die frühesten Risse des Ratszimmermeisters aus dem Jahre 1722/1723, die einen noch größeren Bau auf der Basis eines griechischen Kreuzes zum Inhalt hatten, lediglich als „Vorprojekt".[288] Aus ihnen konnte jüngst ein bislang unbekannter Aufriß abgeleitet werden, auf dem oberhalb der Ringöffnung der inneren Kuppel ein Raum sich zeigte, von dem George Bähr später sagte, er solle zu musikalischen Darbietungen dienen und Zuhörern den Aufenthalt ermöglichen.

Solches ursprünglich eher profane Baumotiv, das sich etwa im Lusthaus des Giovanni Maria Nosseni auf der Dresdner Jungfernbastei zeigte[289]; hatte bereits seit längerem Eingang in die protestantische Kirchenarchitektur gefunden. Der Ort, wo in einer höheren, dem Himmel gleichsam nahen Sphäre musiziert werden konnte, war an die Stelle der illusionistischen Deckenmalerei getreten, die in den Kuppeln der katholischen Gotteshäuser des Südens den oberen Raumabschluß für das Auge aufhebt und den Blick in eine jenseits davon liegende Welt gleiten läßt – so, „wie schon im Altarprospekt des protestantischen Kirchenbaus des Barock die Orgel das Altarbild weithin ersetzt."[290]

Jener Raum fand sich dann auch im „Ersten Projekt" sowie in der späteren neuen Frauenkirche, wo er ebenfalls für die musikalische Umrahmung des Gottesdienstes genutzt wurde.

Die jüngeren Pläne aus der Mitte der zwanziger Jahre erreichten den Generalintendanten am 13. Januar 1725. Doch sie trafen keineswegs auf seinen ungeteilten Beifall, und auch das Oberlandbauamt stimmte ihnen nicht zu. Mißfallen erregte offenkundig die noch stark barocke Ausformung der Fassaden, die man als nicht mehr zeitgemäß empfand, sowie die Art und Weise, in der George Bähr die Treppen angeordnet hatte.

Deshalb beauftragte Wackerbarth, wie es bei bedeutenden Bauvorhaben ohnehin üblich war, seinen Landbaumeister Johann Christoph Knöffel, den er seiner von ihm schon früh erkannten Begabung wegen förderte – Sponsel nennt ihn gar seinen Günstling –[291] mit einem Gegenentwurf zu des Ratszimmermeisters Konzeption. Dieser sollte, so der ausdrückliche Wunsch des Leiters der aufsichtsführenden Behörde, den Bau, der sich ja in Sichtbeziehung zum kurfürstlich-königlichen Schloß befinden würde, mit vier Türmen an vier Ecken betonen. Davon versprach er sich eine besondere optische Wirkung desselben innerhalb des umgebenden Straßen- und Platzgefüges[292] – eine städtebaulich motivierte Überlegung, die sich in der Tat als ausgesprochen sinnvoll erwies, (gehörte) doch im nachhinein namentlich „der Blick durch die Rampische Gasse auf die Frauenkirche zu den kostbarsten Raumbildern Europas."[293]

Knöffel legte seinen Plan Ende November 1725 vor. Er stellte, wie sich bald ergab, eine wichtige Etappe der Entwurfsgeschichte und somit der Gestaltwerdung des Monumentalbaus dar.[294] Was ihn von Bährs Vorstellungen vor allem abhob, war anstelle der äußeren Kreuzform die Wahl eines quadratischen Grundrisses, innerhalb dessen der bislang achteckige Binnenraum mit seinen im Schnitt nunmehr trapezförmigen Pfeilern und den Emporen, desgleichen die innere wie die äußere Kuppel als Kreis in Erscheinung traten. Das Gebäude sollte eine westliche Doppelturmfront erhalten, der Chorturm indes wegfallen. Mit dem geschwungenen Kuppelanlauf folgte er wiederum dem Bährschen Vorbild. Die Formensprache unterschied sich indes nicht wenig von der, wie man sie beschrieben hat, „schwerfällig-gravitätischen"[295] des Ratszimmermeisters bei seinem „Ersten Projekt": sie offenbarte nämlich jene vom französischen Akademismus beeinflußten nobel-zurückhaltenden Züge, denen wir schon bei vielen der Knöffelschen Profanbauten begegnet sind.

Auch dieser Plan wurde unter den an dem Großprojekt beteiligten Ämtern und ihren tonangebenden Architekten zum Ausgangspunkt weiterer intensiver Diskussionen. Er fügte sich dann aber, freilich mit den nicht unwesentlichen Veränderungen vor allem der von Bähr ins Auge gefaßten Grundrißgestalt, im Prinzip den baulichen Intentionen des Ratszimmermeisters ein.

In den Erörterungen über das Für und Wider der voneinander abweichenden architektonischen Auffassungen beharrte Wackerbarth auf der von ihm favorisierten Vierturmanlage. Er empfahl, die Türme über den Treppenhäusern in der gleichen Art zu errichten wie diejenigen neben der Portalfassade; außerdem riet er dazu, die Kuppel, um sie aus den engen Gassen besser wahrnehmen zu können, in ihrem Umriß der elliptischen Form anzunähern.

So war offenbar noch im März 1726 das Knöffelsche Konzept im Oberlandbauamt überarbeitet worden. Der Dresdner Rat hingegen trat noch wenig später engagiert für die Realisierung der Bährschen Bauideen ein - und forderte damit eine harte Reaktion des Generalintendanten heraus, der für den Fall, daß man sein Verlangen ignoriere, mit einer Verweigerung der Baugenehmigung drohte.

Die Aktivitäten auf verschiedenen Ebenen mündeten schließlich ein in den endgültigen Entwurf des Ratszimmermeisters, welcher am 13. Mai 1726 vom Rat der obersten Baubehörde zugestellt und am 26. Juni des gleichen Jahres von Wackerbarth unterschrieben wurde. Dadurch war der Baubeginn besiegelt. Die Baukosten hatte man zu jenem Zeitpunkt auf 82.555 Taler geschätzt – nachdem am 30. November 1723 als Totalsumme schon einmal 103.075 Taler, 3 Groschen und 3 Pfennige angesetzt worden waren –, die schließlich bis 1733 auf 167.849 Taler, bis 1743 sogar auf 288.810 Taler anstiegen[296].

Dieser Approbationsplan, der, obwohl während des Bauvorganges im Detail noch abgewandelt, der Ausführung sehr nahe kam, zeigte – als wesentliche Übernahme aus Knöffels Arbeit – einen weitgehend quadratischen, die Kreuzform freilich noch immer andeutenden Baukörper mit kreisrundem Zentralraum und einem nach Osten weisenden ovalen Chor. Innerhalb des äußeren Mauermantels mit seinen vier schräg gestellten Treppentürmen an den Ecken, in ihrer Wirkung gotischen Strebepfeilern vergleichbar und den Zugang zur Kirche von allen Himmelsrichtungen ermöglichend, finden sich jene acht hohen, schlanken, durch Rundbögen miteinander verbundenen Pfeiler, welche nunmehr verstärkt, die innere Kuppel tragen. Eine große runde Öffnung in ihrem Zenith erlaubt den Durchblick in die steil darüber aufsteigende doppelschalige äußere Kuppel, die in ihrer Form an eine Glocke erinnert, deren „konkaver Anlauf den Eindruck eines mühelosen Aufsteigens, einer schwerelosen, gleichsam schwebenden Architektur"[297] entstehen läßt, und die von einer hohen Laterne abgeschlossen wird. Das geschweift aufschwingende Steindach vermittelt zu deren Holzkonstruktion.

Am Außenbau läßt sich der Einfluß Knöffels ebenfalls ablesen, verdankt sich seinem Entwurf doch offensichtlich die klare horizontale Gliederung der Fassaden: Auf eine Sockelzone folgt ein bis zum Hauptgebälk reichender Wandabschnitt, dem Pilaster mit Kompositkapitellen, darüber segmentartige Giebel, und hohe durchlaufende Rundbogenfenster – wiederum auf Bähr zurückgehende Bauelemente – sein Gepräge verleihen. Über im erhebt sich die Kuppel, die ein waagerechtes Gesimsband mit einer Blendbalustrade vom Kuppelhals trennt, den vier reichgegliederte Ecktürme umstanden. So sehr manche Einzelheit die für den Ratszimmermeister typische Formensprache durchaus verrät, eines mit ihren Zieraten des siebzehnten Jahrhunderts letztlich überwundenen Barocks, die strenge und schlichte Linienführung der Gebäudefronten macht deutlich, daß sich nun auch er der immer stärker dominierenden barock-klassizierenden Stilhaltung des Oberlandbauamtes nicht mehr verweigern konnte – ein Beweis dafür, daß sich Bähr während der langen Entwurfs- und Entstehungszeit der Frauenkirche bei aller individuellen Ausdrucksweise mit den Anschauungen und Eingriffen anderer Dresdner Baumeister und Bausachverständiger auseinandersetzen mußte. Das Ergebnis ist, wie man heutzutage betont, fraglos ein Gemeinschaftswerk mehrerer Personen und Institutionen, das jedoch, indem die Ursprungsidee des Ratszimmermeisters mehr und mehr vervollkommnet wurde, zu einer Baugestalt geführt hat, die sich in hohem Maße der „baukünstlerischen Kraft" des George Bährs „zur Synthese" verdankt.[298]

*Vorbereitungen auf dem Baugelände*

Bereits mehr als zwei Jahre vor der Grundsteinlegung, mithin seit 1724, schickte man sich an, Vorbereitungen für den Baubeginn zu treffen. Die ersten Maßnahmen konzentrierten sich auf das zukünftige Baugelände, das sich weitgehend mit dem Standort der alten Frauenkirche und ihrem von einer Mauer eingefaßten Friedhof, dem ältesten Dresdens, deckte. Seine Nordostecke nahm in typischer Randlage innerhalb des urbanen Gefüges der schlichte Bau des seit den achtziger Jahren des dreizehnten Jahrhunderts existierenden Sankt Materniklosters ein, das sich seit 1329 im Besitz der Stadt befand – eine in der Tradition des Mittelalters stehende Einrichtung, die nicht allein der Krankenpflege diente, sondern allgemein für Gebrechliche, Schwache, Arme, Alte gedacht war, für die Betreuung und geistliche Versorgung der pauperes Christi also im Sinne der Barmherzigkeit.[299] Im Jahre 1726 verbrachten dort noch dreiundzwanzig alleinstehende Frauen, darunter eine Anzahl Witwen, ihren Lebensabend.[300] Östlich von ihm ragte an Stelle einer Windmühle der 1565 errichtete Pulverturm in den Himmel, mit seiner Höhe von dreiundzwanzig Metern und seiner mächtigen Gestalt ein in der Stadtsilhouette damals unübersehbares Element.

Dieses so verschiedenartig genutzte Terrain, das es nunmehr Schritt für Schritt abzuräumen galt, bildete den Mittelpunkt der Frauenvorstadt. Nordöstlich vor dem Mauerring liegend, war diese anfangs des sechzehnten Jahrhunderts mit der Errichtung einer neuen Fortifikation, die mit Hilfe von Bastionen bald abermals eine Modernisierung erfuhr, in die Stadt einbezogen worden. Da die bisherige Ummauerung aber weiterhin fortbestand, blieb jene Siedlungszelle noch immer vom eigentlichen Stadtkörper isoliert. Das änderte sich erst, als man unter Kurfürst Moritz 1548 die alte Mauer schleifte und den Graben davor zuschüttete. Damit bot sich zugleich die Möglichkeit, in südwestlicher Richtung vor Kirche und Kirchhof den Neumarkt anzulegen. Er wurde später gewissermaßen zum Vorfeld des gewaltigen Sakralbaus, das den Blick auf dessen eindrucksvolle Kuppel freigab. Schon wenige Jahrzehnte danach beherrschten zwei bedeutende Bauwerke seine Westflanke: einmal das dem kurfürstlichen Stallhof benachbarte dreiflügelige Stallgebäude im süddeutsch-sächsischen Renaissancestil aus dem Jahre 1591, über dessen beiden Geschossen zwei markante Zwerchgiebel aufstiegen, als Austragungsort von Schauturnieren dermaleinst europäischen Ruf genießend; zum anderen das schon einmal genannte städtische Gewandhaus von 1592, das über einem von breiten Rundbogenportalen durchbrochenen Erdgeschoß ebenfalls ein von hohen Giebeln bekröntes Obergeschoß besaß und mit dem Ratskeller und einem Festsaal eine Stätte bürgerlicher Geselligkeit war. Bereits zuvor waren im Verlauf der niedergelegten Stadtmauer auch zwei neue Straßenzüge entstanden, so die Neue Elbgasse (die spätere Augustusstraße), die zur großen Brücke führte, und die Moritz (=Bettel)gasse, die eine im Norden, die andere im Süden des Platzes.[301]

Zur Zeit George Bährs hatte sich, wie schon im Zusammenhang mit Dresdens Alltagskultur dargelegt, um den neuen Markt ein in hohem Maße bürgerliches Quartier entwickelt, dessen Gebäude ebenerdig in nicht wenigen Fällen von Händlern und Handwerkern zweckentsprechend genutzt wurden. Ihre Bauweise zeichnete sich, von Einzelheiten abgesehen, dadurch aus, daß seit der zweiten Hälfte des siebzehnten Jahrhunderts die zuvor übliche Giebelständigkeit der Häuser nunmehr, barockem Baugeschmack gemäß, in vielen Fällen der Traufständigkeit gewichen war. Und hatte bislang die unterschiedliche

Höhe der Bauten sowie die Mannigfaltigkeit ihrer Formen eine einheitliche Platzgestaltung vermissen lassen, so offenbarte sich jetzt die für das ästhetische Empfinden der Epoche charakteristische Tendenz, auf der Basis der neuen Bauordnungen die städtische Physiognomie grundsätzlich zu harmonisieren und somit auch den Neumarkt, und zwar ohne in den vorhandenen Baubestand radikal einzugreifen, behutsam umzubauen. So traten nach und nach die reichgeschmückten Renaissancehäuser mit ihren Volutengiebeln zurück, und bürgerliche Barockgebäude, teils mit Satteldach und Schleppgauben, teils mit Mansarddächern schoben sich in den Vordergrund, in ihren Fassaden ausgezeichnet durch eine klare Lisenengliederung, aufgesetzte Sandsteinspiegel und zurückhaltenden Dekor. Gleichwohl blieben etliche unregelmäßig geformte Häuserfronten noch längere Zeit erhalten.[302] Außerdem zwang die Enge innerhalb der Festung, bedingt durch das anhaltende Wachstum der Einwohnerzahl, zu einer immer intensiveren Nutzung des Baugrundes. Infolgedessen errichtete man zunehmend Vorder-, Seiten- und Hinterhäuser, wodurch schließlich das typische Dresdner Hofhaus seine Ausformung fand.[303]

Zur städtebaulichen Neuordnung dieses Stadtraums trug nicht zuletzt die Alte Wache aus dem Jahre 1715 bei: von Johann Rudolph Fäsch (1680 bis 1749) entworfen, einem Architekten und Architekturtheoretiker, der, als Obrist dem Ingenieurcorps angehörend, erst kurz vorher an die Elbe gekommen war. Der wohlproportionierte Bau, der seine Schauseite mit ihrer dreizehn Achsen überspannenden Arkadenreihe im Erdgeschoß dem Neumarkt zuwandte, legte sich wie ein Riegel zwischen diesen und den Bereich um die inzwischen unansehnlich gewordene alte Frauenkirche, auf solche Weise den ruhig-intimen geistlichen Bezirk von dem mit Leben erfüllten Platz abschirmend.

Und auf einem von dem Ingenieur-Obristen und Architekten Johann Christoph Naumann, dem sich neben einigen bemerkenswerten Gebäuden auch die Anlage der ersten öffentlichen Straßenbeleuchtung verdankte, im Jahre 1718 vorgelegten Plan ist bereits ein neues Kirchengebäude mit quadratischem Grundriß und mit abgeschrägten Ecken zu sehen, das an der Stelle des in schlechtem baulichen Zustand befindlichen mittelalterlichen Sakralbaus offenbar vorgesehen war – auch dies ein Hinweis darauf, daß sich Augusts des Starken Interesse nun wieder stärker auf diesen Teil der Kapitale richtete[304], und „die ersten Vorstellungen für einen Neubau der Kirche vom Hof und nicht vom Rat der Stadt ausgingen"[305].

Bei jenem Gotteshaus, ehedem „Unserer Lieben Frauen" geweiht, handelte es sich um die älteste Kirche der Stadt, deren Abriß seinerzeit bald zu erwarten war. Obschon sie erst sehr spät, nämlich 1366, in einer Urkunde auftaucht, deuten doch die Ergebnisse siedlungs- und kirchengeschichtlicher Untersuchungen auf einen wesentlich früheren Ursprung hin. Offenkundig war sie schon im elften Jahrhundert als Missionszentrum für die im östlichen Dresdner Elbtal ansässige sorbische Bevölkerung, die Nisaner, errichtet worden. Als reichlich hundert Jahre danach die Nikolaikirche, welche 1388 den Namen Kreuzkirche erhielt, erbaut worden war, wurde sie als Filialkirche der älteren Pfarre unterstellt, ungeachtet der Tatsache, daß diese außerhalb der inzwischen westlich von ihr herangewachsenen Kaufmannsansiedlung lag, der späteren Stadt vom Ende des zwölften Jahrhunderts mit ihrem umfänglichen Marktplatz. Erst im ausgehenden Mittelalter, vor allem nach der Reformation kam es zu einer Umkehr dieser kirchenrechtlichen Situation, nach der sich die Frauenkirche, damals noch das Gotteshaus der Bauern, auch aus den Dörfern innerhalb der ausgedehnten Parochie, jener der Bürger unterordnen mußte. Das schloß freilich, als die Bevölkerung weiter zugenommen hatte, keineswegs aus, daß selbst Stadtbewohner am Gottesdienst der älteren Landkirche teilnahmen und diese endlich in den Rang einer zweiten Stadtkirche erhoben wurde.[306]

Baulich und künstlerisch stand sie indes bald im Schatten der Kreuzkirche. Sie wurde, in ihren Anfängen – so nimmt man an – eine kleine romanische Basilika über einem rechteckigen Grundriß, mehrfach, nicht zu ihrem Vorteil, umgebaut und bot zum Zeitpunkt ihrer Abtragung das Bild eines unscheinbaren dreischiffigen, quadratischen Langhauses mit Walmdach und hohem, spitzem Dachreiter, dem man 1477 einen zweifenstrigen spätgotischen Chor angefügt hatte.

Sie war, obwohl man sie im Innern abgestützt hatte, inzwischen so baufällig geworden, daß den Gottesdienstbesuchern wegen möglichen Einsturzes außerordentliche Gefahren drohten. Zudem paßte sie immer weniger in den Rahmen der zu einer glanzvollen Barockmetropole emporgestiegenen Elbstadt. Daher entschied sich der für das Gebäude verantwortliche Rat, gestützt auf die Gutachten seiner Baugewerken, für einen auch angesichts der beträchtlichen Zunahme der Kirchgänger notwendigen „Neubau, in der bewußten, glänzend gelungenen Absicht, einen der Residenz konvenablen, also prächtigen Bau zu errichten ... auf engem Platze, für 3600 Menschen, auf große Fassungskraft und schnelle Entleerung berechnet."[307]

Am 26. April 1722 – es war das Jahr, in dem George Bähr die Entwurfsarbeit für die künftige Frauenkirche aufnahm – erklang vom Glockenturm des alten Gebäudes zum letzten Mal das Geläute. Danach brachte man die drei Glocken in einem eigens angefertigten Glockenstuhl auf dem Kirchhof unter, wo sie am 25. Dezember erneut ertönten. Zugleich mußte damals das Betreten des Kirchenbodens untersagt werden, auf dem vor allem die von weither stammenden Angehörigen der Kirchgemeinde - in der Regel mehrere hundert Personen – den Gottesdiensten beigewohnt hatten. Sodann begann man, den als Glockenturm dienenden Dachreiter sowie das Chorgewölbe abzubrechen; ferner stützte man auf der Südwestseite die Mauern des Gotteshauses an den benachbarten Gebäuden ab. Dadurch konnte der altersschwache Bau, wie es dem Willen des Generalintendanten Wackerbarth, aber auch des Rates entsprach, noch eine Zeitlang benutzt werden – immerhin bis zum 9. Februar 1727, als dort die letzte Predigt gehalten wurde.

Einen Tag später ging man daran, die in die Jahre gekommene Kirche endgültig niederzulegen. Und vom 16. Februar an fand auf Wunsch der Gemeinde der Vormittagsgottesdienst vorübergehend in der hinter dem Zwinger liegenden Sophienkirche statt, der Nachmittagsgottesdienst hingegen im Waisenhaus vor dem Pirnaischen Tor.[308] Der Abriß des alten Sakralbaus dauerte schließlich bis Ende April.

Die Begräbnisstätte, seit langem überbelegt, sollte bereits 1714 aufgelassen werden; so jedenfalls hatte es August der Starke verfügt, der damals meinte, daß „(sich) in Residenzen und Festungen nicht wohl Kirchhöfe schickten", „inficirten sie doch die Lufft".[309] Im Jahr darauf wurde sie denn auch geschlossen.

Den Friedhof nun endlich samt seiner nach Innen von Schwibbögen überwölbten Mauer zu beseitigen und die dortigen Gräber zu planieren, stieß indes auf unvorhersehbare Schwierigkeiten. Noch 1724 nämlich umsäumten ihn nahezu einhundert zu einem Teil prächtige Erbbegräbnisse, die, soweit sie im Barockzeitalter entstanden waren, mit ihren Epitaphien, Steinskulpturen, Malereien und schmiedeeisernen Einfriedungen die nicht selten das Monumentale streifende Sepulkralkultur der Epoche sichtbar machten. Gegen ihre Abräumung wandten sich sowohl das Oberkonsistorium als vermehrt auch die Bürger. Die Verlegung der Grüfte auf den in der Pirnaischen Vorstadt angelegten Johannisfriedhof fand, da die Kosten von den Eigentümern hätten aufgebracht werden müssen, keinen Widerhall. Als daraufhin Superintendent Löscher für solchen Zweck die Anlage von Gruftgewölben unter dem neuen Sakralbau forderte, konnte er sich damit weder beim Rat noch beim Kurfürst-König durchsetzen. Trotzdem kam Bähr bei seinen Planungen offensichtlich diesem Verlangen nach, indem er die Frauenkirche gänzlich unterkellerte und dafür sorgte, daß darüber hinaus die freien Räume zwischen Keller- und Erdgeschoß für Beisetzungen genutzt werden konnten. Und so wurden tatsächlich in diesen Katakomben, wie es die Leichenbücher ausweisen, von 1728 bis 1829 262 Personen, weitaus weniger freilich als es möglich gewesen wäre, zur letzten Ruhe gebettet.[310]

Der Verkauf dieser Grablegen erwies sich als durchaus profitable Einnahmequelle, aus der ein Teil der Baukosten bestritten werden konnte.

Ungeachtet solcher Probleme, aber auch ohne Rücksicht auf die finanziellen Erschwernisse, die bereits während dieser Anfangsphase auftraten, beauftragte der Rat, der auf den Beginn der Arbeiten drängte, im Juli 1724 schon einmal einige Männer damit, die ersten Gräber zu beseitigen; mußte doch auf dem in Aussicht genommenen Baugelände der notwendige Bewegungsraum sowie Platz für die Lagerung der Baumaterialen geschaffen werden. Den unwiderruflichen Abriß der Kirchhofmauer vermochte das Ratscollegium bis 1738 – bis zum Todesjahr des Baumeisters also – zu verzögern, denn zumindest ein Abschnitt von ihr sei, so die Begründung, zur Sicherung des entstehenden Bauwerks vonnöten; um den Transport von Steinen und Hölzern, die seit Mai 1725 in zunehmendem Ausmaß geliefert wurden, nicht zu behindern, durchbrach man sie mit zwei neuen Toren.

Die Zeit bis zum Baubeginn, den man offiziell auf den 3. Juli 1726 festlegte, war dann ausgefüllt mit einer Reihe weiterer wichtiger Arbeiten. Zwischen der alten Kirche und dem Maternihospital, wo seit Anfang des siebzehnten Jahrhunderts Brunnenwasser zur Verfügung stand, hob man schon seit August 1724 nach und nach Gruben aus, in denen man Kalk, bevor man ihn mit Sand vermischte, zu Mörtel aufbereitete. Sie wurden später durch drei stabile Holzhäuschen, sogenannte Kalkhütten, ergänzt. Über deren eigentliche Funktion hinaus gab es in dem einen auch eine Schreibstube, in der man über die Tätigkeit der Handlanger Tag für Tag Buch führte, ja samstags diese entlohnte, in der anderen zudem eine Werkstatt für die Zimmerleute.

Zu den Aufgaben, vor die man sich zwei Jahre vor der Grundsteinlegung ebenfalls gestellt sah, gehörte es nicht zuletzt, mit Hilfe von Pfählen und Brettern den Grundriß des Neubaus abzustecken – ein Vorhaben, das vor allem wegen der Sichtverhältnisse, die sich August der Starke für den künftigen Baukörper wünschte, noch zweimal wiederholt werden mußte, bis der Baugrund schließlich unmittelbar an das Spital heranreichte; so weit, daß man gezwungen war, von dem Gebäude sogar eine Ecke abzutragen. Gemeinsam mit dem Pulverturm fiel es erst 1744, ein Jahr nach Vollendung des Bährschen Werkes, der Spitzhacke zum Opfer. Nach Beendigung der Absteckarbeiten Ende Juli 1726 machte man sich verständlicherweise, ausschließlich in Handschachtung, sofort an das Ausheben der Baugrube, wobei man mit Brettern und Faschinen das Abrutschen des Erdreichs zu verhindern suchte. Schon in den vorangegangenen Jahren hatte man an verschiedenen Stellen Bodensondierungen vorgenommen, galt es doch über die Beschaffenheit des Baugrundes Gewißheit zu erlangen. Wenn man dabei auf einst dort Bestattete traf, was häufig geschah, so wurde deren Umbettung auf Anordnung der Kirchenbehörde den jeweiligen Verwandten überlassen, oder der Rat übernahm dies auf eigene Kosten und in eigener Regie auf dem Johannisfriedhof vor dem Pirnaischen Tor.

Ab Mitte August 1726 regten sich dann auf dem Baugelände besonders viele fleißige Hände, um diejenigen Aufgaben rechtzeitig zu bewältigen, die angesichts des bevorstehenden Termins, an dem der Grundstein gelegt werden sollte, unbedingt noch erledigt werden mußten. Am 26. des Monats fand endlich jener Festakt statt, über dessen Verlauf wir eingangs ausführlich berichtet haben.

## Baumaterialien

Naturgemäß mußte von Anfang an sichergestellt werden, daß das für den Bau benötigte Material in der erforderlichen Menge und Qualität gewonnen und rechtzeitig zum Bauplatz gebracht wurde – eine angesichts der technischen Verhältnisse von damals besonders aufwendige organisatorische Aufgabe. Erste Zeugnisse für regelmäßige Lieferungen unterschiedlicher Bau- und Rüsthölzer, Schwarten (Schalbretter und Latten) existieren schon vom Juli 1724.[311]

Neben den Mauerziegeln kam beim Steinbau, wie ihn die Frauenkirche darstellte, dem Sandstein die größte Bedeutung zu. Dieser stand infolge der geologischen Eigenart der Dresdner Umgebung sowohl in harter wie in weicher Beschaffenheit zur Verfügung; in Eigenschaften, die ihn damit jeweils für bestimmte Architekturteile des Bauwerks geeignet sein ließen.

Seine harte Spielart, dickbankig und grobkörnig ausgebildet, dabei jedoch relativ leicht verwitternd, findet sich im Elbsandsteingebirge; dort, wo der Fluß zwischen Pirna und Schandau Steilufer hat entstehen lassen und die Steinbrüche bei Wehlen, Posta, Postelwitz, Königstein und Schmilka schon seit dem vierzehnten Jahrhundert nutzbares Gestein lieferten, das sich als Baustoff weit über die Residenzstadt hinaus hoher Wertschätzung erfreute.[312] Dem Rat war man übrigens bei der Begleichung allen „Steinwercks" aus der Pirnaer Abbaustätte insofern entgegengekommen, als dabei nur nach der Hoftaxe abgerechnet wurde. Außerdem durften sowohl das Holz zum Kalk- und Ziegelbrennen als auch die Kalksteine ohne Zoll passieren.[313]

Als die Errichtung einer steinernen Kuppel für die Frauenkirche nach Auffassung George Bährs einen Sandstein von noch höherem Härtegrad verlangte, bezog man diesen von einem Vorkommen beim böhmischen Herrenkretschen (Hrensko), das ebenfalls im Bereich der mächtigen Sandsteintafel liegt. Der Ratszimmermeister hatte von den „mitternächtigen Steinen" gesprochen, die an der Nord- oder Wetterseite des Bruches anstünden und als besonders fest und widerstandsfähig gelten.

Weicher Sandsteine mit gleichmäßig feinem Korn bedurfte man für Tür- und Fenstergewände, vor allem aber, um diejenigen Bauelemente herauszuarbeiten, die, wie etwa alle vorspringenden Bauglieder in Form von Gesimsen und Giebeln, den barocken Gebäuden ihren stilistischen Charakter verliehen. Als Abbauort für diesen „Bildhauersandstein" spielte Cotta, ein Dorf südlich von Pirna, die wichtigste Rolle, nach welchem die Bauleute ihn auch „Kötter Steinwerck" nannten.[314]

Die Gewinnung des Gesteins, eine seinerzeit besonders mühevolle Prozedur, die eine hohe Zahl von Arbeitskräften band, geschah in der Regel mit Hammer, Keil, Schlagbohrer und Brecheisen, bevor seit 1728 auch Schwarzpulver als Sprengstoff Verwendung fand. Bereits an Ort und Stelle wurden die Bänke – feste, von Fugen begrenzte Gesteinsschichten – in jene Steinformate zerlegt, die man für den Bau brauchte, zugleich aber auch, vornehmlich um ihr Gewicht für den Transport zu mindern, mit dem Spitzeisen grob behauen. Über sogenannte Rutschhalden gelangten die Quader und „Grundstücke" von den Brüchen an die Elbe, auf der man sie in Kähnen nach Dresden und dort in Fuhrwerken zu den Steinmetzhütten am heutigen Neustädter Ufer gegenüber den Brühlschen Gärten beförderte.[315] Eine frühe Bestellung von Steinen wurde nachweislich bereits am 29. August 1724 bezahlt.[316] Um die Transportkosten zu verringern, erwarb damals der Rat selbst zwei Pferdegespanne.

Auch der andere wichtige Baustoff, das Holz, kam auf dem Wasserweg in die Kapitale, indem man die Baumstämme, oft starke Kiefern, die größtenteils aus böhmischen Wäldern um Tetschen (Decin) stammten, zu Flößen zusammenfügte; außerdem lieferten – so wird es in Urkunden berichtet – „Bretmänner" aus dem Osterzgebirge Stämme, Bretter und Latten in die Stadt.[317]

Die Baumaterialien lagerte man zunächst auf den Elbwiesen, wo bald ein Verschlag den Vorrat an Steinen aufnahm. Von dieser Stelle brachten sie Fuhrleute und Lohnkutscher zum bisherigen Frauenkirchhof, auf dem sie, nun zumeist unmittelbar am werdenden Bauwerk, ihrem vorgesehenen Zweck gemäß zugerichtet wurden. Als der Platz dafür dort nicht mehr ausreichte, häufte man sie vom September 1725 an, unweit davon, an den kurfürstlichen Pferdeställen auf.

Das Bau- und Rüstholz fand seinen Weg seit dem Herbst 1726 zum neuen Zimmerhof am Jüdenteich vor dem Pirnaischen Tor, einem kleinen stehenden Gewässer unterhalb der „Jupiter" genannten Bastion der Stadtbefestigung, das Mitte des neunzehnten Jahrhunderts zugeschüttet wurde: an seinem Rande bereitete man es vor der Fahrt zum Baugelände ebenfalls für seinen Gebrauch am Bau vor, nicht zuletzt erst einmal für die Gerüste an der Außenfront.

Außer den Mauersteinen, Grundstücken und Quadern für den inneren Kern des Mauerwerks, der später außen mit Deckplatten verblendet wurde, galt es schließlich, Sand, Kalk und Pläner, einen festen tafelartig abgelagerten Kalkstein, der zum Auskleiden von Fugen und Zwischenräumen diente, zu beschaffen und bereitzuhalten, dazu Backsteine aus Ziegeleien im lehmreichen Umland von Dresden, wo sich am Elbufer auch die Ratsziegelscheune befand. Endlich mußten neben Werkzeugen Eisenanker zur Sicherung besonders belasteter Bauteile, Metallkeile und Dübel, aber auch Schubkarren, Siebe, Kannen, Fässer und manches andere besorgt werden.[318]

## Bauprobleme und Arbeitsmittel

Heutzutage ist es nur schwer vorstellbar, wie man in der Vergangenheit Großbauten von Dimension und Gestalt der Frauenkirche ohne jene technischen und kommunikativen Möglichkeiten, die uns mittlerweile zur Verfügung stehen, zu errichten vermochte.

Zwar hatten die das Maschinenwesen begründenden Naturwissenschaften – wir wiesen bereits im Zusammenhang mit dem „Mechanicus" Bähr einmal darauf hin – im siebzehnten Jahrhundert einen bis dahin unbekannten Aufschwung genommen – eine Entwicklung, die mit dem damals aufkeimenden Gedankengut der Aufklärung eng verquickt war. In Isaac Newton (1643 bis 1727), einem „der größten spekulativen Genies, die jemals ans Licht getreten sind"[319], manifestierte sich geradezu exemparisch der Geist jener Epoche, die besonders durch die Verknüpfung von Beobachtung und Berechnung zu wissenschaftlichen Erkenntnissen in ungewöhnlich großer Zahl auf den verschiedensten Feldern gelangte – von der zunächst noch wenig beachteten Physik über die aufkommende Chemie bis hin zur Medizin.

Andererseits weisen das Spiegelteleskop, das vervollkommnete Mikroskop, das Barometer, die Pendel – wie die Federuhr auf die lange Reihe der Erfindungen hin, welche das Zeitalter – neben seinen Leistungen im Festungs-, Schiffs- und Kanalbau – ebenfalls hervorbrachte. In Dresden vereinigte seit 1730 der Mathematisch-Physikalische Salon im Zwinger eine Fülle solcher und ähnlicher Geräte, Instrumente und Apparate, darunter die älteste Rechenmaschine der Welt, die sich Blaise Pascal (1623 bis 1662) als Neunzehnjähriger ausgedacht hatte. Diese Sammlung, eine der frühesten und bedeutendsten ihrer Art, zeugt nicht nur von den Vorlieben des Barocks für alle Hervorbringungen des Menschen, die auf mechanischen Prinzipien beruhten, sie dokumentiert zugleich die Fortschritte beim Ausbau der exakten Disziplinen.

Indes: „Das Heldenzeitalter der Naturwissenschaften" entfaltete seine Wirksamkeit „weniger auf dem Gebiet der Praxis als in der Konzeption genialer und umfassender Theorien".[320] So hielt sich in jenen Jahrzehnten der technische Progreß in der Tat in engsten Grenzen, lag doch die zweckgerichtete Anwendung der durch die Erforschung der Stoffe, Kräfte und Gesetze der Natur gewonnenen Einsichten auf den praktischen Bereich noch weitgehend außerhalb des zeitgenössischen Denkens und des vorherrschenden Interesses. Noch immer wurde die menschliche Arbeit, sieht man von Wasser- und Windmühlen ab, nicht durch Maschinen, also Geräte, die bestimmte Arbeitsgänge selbständig ausführen, ersetzt, sondern allenfalls durch kräftesparende Vorrichtungen erleichtert. Die manuelle Tätigkeit, freilich oft schon arbeitsteilig organisiert und natürlich durch die Nutzung tierischer Muskelkraft ergänzt, stand nach wie vor im Vordergrund.

Aufs Ganze gesehen handelte es sich seinerzeit um eine „Epoche der Vorbereitung zu wesentlich neuen Entwicklungen"[321], die sich jedoch erst seit dem Ende des achtzehnten Jahrhunderts vor allem mit der Erfindung und der Verbreitung der Dampfmaschine ankündigten, ohne daß damit im Folgenden die handwerkliche Arbeitsweise überall rasch verdrängt worden wäre; die Mechanisierung setzte sich vielmehr nur allmählich durch, und dies zunächst auch ausschließlich in gewissen Wirtschaftszweigen.[322]

Die allgemeine Situation, wie sie hier umrissen wurde, schloß nicht zuletzt das Bauwesen ein. Sein Instrumentarium unterschied sich in jenen Jahren, als die Frauenkirche entstand, grundsätzlich kaum von demjenigen, auf das sich schon das Mittelalter stützen konnte, als es seine Steinbauten, die gewaltigen Kathedralen, Stadttürme und Mauern, Rats-, Zunft- und Kaufhäuser errichtete.

Hebelbäume aus Holz oder Eisen, Hebezeuge wie Winden und Flaschenzüge – Kombinationen aus Rollen und Seilen –, Hilfsmittel, die in ihrem Ursprung bereits auf die antike Welt zurückgingen, daneben „Hunde", flache Wagen mit eisenbeschlagenen hölzernen Walzen, herrschten auf der Baustelle vor. Während Pferdefuhrwerke die Beförderung schwerer Materialien im engeren und weiteren Umkreis der Kirche übernahmen, dienten jene für den in der Regel recht schwierigen Lastentransport an dem nach und nach in die Höhe wachsenden Bauwerk. Dabei machten sich die Gewerken bei der nicht leicht zu lösenden Aufgabe der Vertikalbewegung besonders von Steinen, wenn sich dies anbot, auch die Neigung der Gerüste, die schiefe Ebene, zunutze.

Daß angesichts solch vorindustrieller Gegebenheiten die Handarbeit hohe Bedeutung hatte und dabei neben anspruchsvoller Tätigkeit, die nicht geringe Fertigkeiten erforderte, auch monotone Plackerei das Tagwerk bestimmte, versteht sich von selbst. Deshalb muß „der Bau", wie es nach jüngeren Recherchen geschildert worden ist, „einem riesigen Ameisenhaufen geglichen haben. Die Zimmerer trugen das Rüstholz und die Bretter zum ständigen Weiterrüsten selbst hinauf. Sie waren ständig mit dem Versetzen der Böcke für die Brücken und Rampen beschäftigt. Die Handlanger, bis zu viert vor die Steinwagen gespannt, zogen die schweren Steine damit hinauf, trugen und fuhren den Mörtel in Kästen und Karren zu den Maurern, die ihn mit Kalkkannen zwischen die Steine vergossen. Die Maurer und Steinmetzen versetzten die Steine mit Hilfe der auf den Gerüsten befindlichen Steinböcke und Hebezeuge, wie Flaschenzüge und Haspeln (Verfasser: Gemeint sind Seilwinden). Seit 1729 arbeitete man auch mit einer großen Fußwinde, die am 19. Oktober bei dem Windenmacher Leonhardt Bauer in Leipzig bestellt worden war. Später hatte man vier Fußwinden zur Verfügung."[323]

Konnte das Baugewerbe damals von Maschinen noch keinen Gebrauch machen, so fehlte es darüber hinaus auch an der wissenschaftlichen Durchdringung der Aufgaben und Probleme, denen es sich gegenübersah. Das heißt, man mußte trotz aller einschlägigen Bemühungen der genauen Kenntnis des Baugrundes, vor allem seines Bodens, wie sie uns heute die Bodenmechanik lehrt, entbehren; und ebensowenig war die Baustoffkunde als Spezialgebiet ausgebildet, die über das Verhalten der für den Bau benötigten Werkstoffe, deren Reaktion auf mechanische Beanspruchungen gleichermaßen wie etwa auf Witterungseinflüsse oder Grundwasser hätte Auskunft geben können. Schließlich steckte die Baustatik, die Lehre vom Gleichgewicht der Kräfte an ruhenden Körpern, welches die Standsicherheit von Gebäuden gewährleistet, noch völlig in den Anfängen.

Die Folge davon war, daß das meiste von dem, was es im Verlauf des alltäglichen Baugeschehens zu entscheiden und daraufhin zu verwirklichen galt, intuitiv aus dem Erfahrungsschatz einer lebendigen Handwerkertradition von Jahrhunderten geboren wurde. Pragmatische Lösungen herrschten vor. Am Rande: selbst im achtzehnten Säkulum hielt es der italienische Autor eines Bau-Traktates, offenbar wegen mangelnder Kenntnis auf diesen Gebieten, noch für notwendig, Anweisungen zur Führung von Rechnungsbüchern, zur Kontrolle der Kosten und der Arbeitsqualität zu geben.[324].

Nur wenige Resultate der naturwissenschaftlichen Forschung, die sich langsam zu entfalten begann, flossen in die Bautätigkeit ein – beispielsweise die Erkenntnis, daß beim Auflaufen eines Faserseils auf eine Rolle unter Last Reibenergie verbraucht und dadurch nicht zuletzt die Wirkungsweise von Flaschenzügen beeinflußt wird. Zudem gewann man eine Vorstellung vom Reagieren bestimmter Baustoffe auf Zug, Druck und Biegung und versuchte dieses Wissen im Hinblick auf Leistungsfähigkeit und Formfestigkeit der Bauwerke zu berücksichtigen. Außerdem war es aufgrund gewisser mathematischer Methoden wie der fortgeschrittenen Gewölbetheorie nunmehr besser möglich, gemauerte Wölbungen in ihrem Verhalten einzuschätzen. Wie sich solche krummflächigen oberen Abschlüsse eines Raumes jedoch unter Spannungen verformen, das konnte so, wie man es heute vermag, nicht präzise ermittelt werden. So ließ sich auch die Ableitung der Kuppellast bei der Frauenkirche nicht genau vorherbestimmen. Daß der Bau dennoch eine erstaunliche Stabilität bewies und trotz früh auftretender Risse nicht einzustürzen drohte, verdankte er der auf Bährs Erfahrungen als Zimmermann fußenden genialen Konstruktion: eine Untersuchung vor dem Zweiten Weltkrieg stellte deren Eigenheiten im einzelnen heraus und bestätigte zugleich die Richtigkeit der Annahmen des Architekten.[325]

Im übrigen war es für das Gelingen der komplexen Bauarbeiten eine unerläßliche Bedingung, durch wiederholte Messungen die Begrenzung der verschiedenen Grundrisse auf den einzelnen Geschossen, wie sie in den Plänen vorgesehen war, exakt festzulegen und zu überwachen sowie zu verhindern, daß der an Höhe gewinnende Bau von der Lotrechten abwich. Für die Maßübertragung standen in jener Zeit allerdings durchaus schon genaue Meßgeräte, beispielsweise Winkelmesser, zur Verfügung.[326]

## Finanzierung

Nicht nur mit dem Beginn der Bauarbeiten, sondern in gewissem Umfang bereits während der Vorbereitung derselben kamen Kosten in vielerlei Hinsicht auf die Verantwortlichen zu. So mußten sie nach und nach den Ankauf der unterschiedlichen Baumaterialen bestreiten: einmal von Holz, dem Bau- und Rüstholz, von Brettern und Latten, zum anderen von Steinen, Ziegeln und Kalk, von Böttcher-, Wagner- und Seilerwaren, aber auch von eisernen Armierungen und Werkzeugen der verschiedensten Art. Darüber hinaus galt es, die Löhne für die Gewerken sowie die Schlosser und Schmiede, die Glaser, Maler und Tischler zu zahlen und endlich diejenigen für die Transportleistungen. Außerdem mußten die Arbeit und die Werke der Künstler namentlich beim Innenausbau vergütet werden

Dabei stand die Finanzierung des Baus von vornherein auf schwankendem Boden. Das lag in erster Linie daran, daß die Frauenkirchengemeinde keinerlei Vermögen besaß. Deshalb war der Rat als Bauherr gezwungen, ständig unter beträchtlichen Schwierigkeiten die für den Fortgang der Bautätigkeit unerläßlichen Gelder aufzutreiben – ein kräftezehrendes Bemühen, dem man sich über Jahre hinweg ausgesetzt sah, ja das sich, da die Beschaffung der Mittel immer problematischer wurde, wie ein Schatten über die gesamte Baugeschichte legte.[327]

Zunächst, das heißt seit 1725, nahm man von anderen Dresdner Kirchen, der Kreuz- wie der Sophienkirche, Vorschüsse in Anspruch, die, wie sich herausstellen sollte, nicht oder nur unregelmäßig und allenfalls in Teilen getilgt werden konnten. Man nutzte sie, zusammen mit den Spenden aus der Kollekte, die August der Starke in allen Gotteshäusern der Stadt für den Neubau erlaubt hatte, vor allem dazu, die Rechnungen der schon vor Baubeginn auf der zukünftigen Baustelle eintreffenden Baustoffe zu begleichen und die ersten Arbeitskräfte zu entlohnen. Nach der Grundsteinlegung stützte man sich dann auf ein Darlehen, welches das Oberkonsistorium gewährte. Hinzu kamen freiwillige Gaben einzelner Bürger, unter ihnen die von Handwerkern, hatte doch der Rat die Innungen um solche Beiträge gebeten. In den nach landesherrlicher Genehmigung unterdessen auf dem Frauenkirchhof aufgestellten Opferstöcken fanden sich naturgemäß nur geringe Beträge; und ähnlich stand es um die Ergebnisse beim Verkauf von Gegenständen des alten Gotteshauses.

Da all dies zur Kostendeckung nicht ausreichte, die Schuldenlast unaufhörlich anwuchs, zumal die Buchführung sich immer wieder fragwürdiger Methoden bediente und ohne gesicherte Mittel weitergewirtschaftet werden mußte, sann man unentwegt über Möglichkeiten nach, noch auf andere Weise an Geld zu kommen. Besondere Hoffnung setzte man auf eine bereits 1726 vom Kurfürst-König genehmigte Frauenkirchen-Baulotterie. Der Verkauf der Lose hielt sich indes in engen Grenzen – in der Mehrzahl gingen sie an begüterte Bürger, Adlige und Ratsmitglieder –, und selbst, als man sich wegen einer Beteiligung daran an reiche Städte wie Leipzig, Bautzen, Freiberg, Zwickau, sogar an Nürnberg wandte, waren die Resultate dieser Bemühungen nur sehr bescheiden. Auch die wiederholte Bitte des Rates an das General-Accise-Collegium, die nur dem Landesherrn verantwortliche oberste Steuerbehörde, man möge der Einführung einer Biersteuer zugunsten des Sakralbaus zustimmen, blieb nach mancherlei Hin und Her letzten Endes unerfüllt. Ferner bewegte den Rat – und mit ihm auch George Bähr – lange Zeit die Idee, aus dem Verkauf von Grabstätten in der Kirche sowie von Betstübchen und Anrechten auf Stühle auf den Emporen – davon die Hälfte an „Minister, Räthe und andere vornehme

Personen" – eine größere Summe zu gewinnen.[328] Schließlich stellten letztere doch in Größe und Lage innerhalb des Binnenraums ein der Reputation ihres Inhabers nicht unwesentlich dienendes Element dar, das dessen sozialen Status in der ständischen Gesellschaft widerspiegelte.[329] Doch auch damit ließ sich insgesamt nur ein geringer Erlös erzielen; er umfaßte bis August 1728 lediglich 7260 Taler, während der Ratszimmermeister mit 40000 Talern gerechnet hatte.[330]

Endlich sei hier noch das testamentarisch hinterlassene Vermächtnis der 1727 verstorbenen Kurfürstin Christiane Eberhardine, der Gemahlin des Landesherrn, erwähnt. Sie, die weiterhin dem evangelischen Bekenntnis anhing, hatte nämlich bestimmt, daß dreitausend Taler von ihr dem Kirchenbau zugute kommen sollten. Diese lagen aber gar nicht bar vor, sondern sollten einer Konkursmasse entnommen werden, die indes gleichermaßen nicht liquide war. So gelangte der Betrag erst auf einigen Umwegen dank einer Anweisung Augusts des Starken, dazu um tausend Taler vermehrt, 1730 in den Besitz des Rates.[331]

Eine regelmäßig angezapfte Quelle blieb am Ende noch die Ratskämmerei, von der man allein 1728 zehnmal Vorschußzahlungen entgegennahm – Gelder, die freilich ebenfalls von anderen Kirchen geborgt waren.[332]

Dadurch ergab sich Jahr für Jahr ein Mißverhältnis zwischen Einnahmen und Ausgaben, die finanziellen Erwartungen standen in der Regel hinter den monetären Gegebenheiten weit zurück, der Schuldenberg erreichte unvorhergesehene Höhen.

Einen Erfolg konnte der Rat übrigens im Zusammenhang mit den Salzburger Emigranten, den aus dem Erzbistum im Zuge der Gegenreformation vertriebenen Protestanten, verbuchen: Die auf Ersuchen des Dresdner Konsistoriums von August dem Starken 1732 verfügte Kollekte zugunsten der Glaubensflüchtlinge, die bei den Bürgern der Residenzstadt auf eine bemerkenswerte Resonanz stieß, wurde nämlich – unterdessen auf reichlich 28.000 Taler angewachsen – von August III., seinem Nachfolger – allerdings in herrschaftlicher Willkür zweckentfremdet – für die Vollendung der Frauenkirche dem Bauherrn übergeben.[333]

Wie angespannt jedoch die Finanzlage bis zum Lebensende Bährs (und darüber hinaus) war, dafür ist auch, um noch ein Beispiel zu nennen, die Tatsache bezeichnend, daß der Ratszimmermeister, um Handwerker beim Bau der Kuppel entlohnen zu können, auf seine eigenen Ersparnisse zurückgreifen mußte, wie wir noch hören werden.[334] Um der ständigen pekuniären Misere beizukommen, bat der Rat über seine Bemühungen um Geldbeschaffung hinaus den Landesherrn auch um Zuweisung von Baumaterialien und Baustoffen. So suchte er im Mai 1727 die Genehmigung zu erhalten, in den Wäldern der Umgebung Bauholz einschlagen zu dürfen. Falls das jedoch angesichts der Schäden, die Unwetter in den Jahren zuvor dort angerichtet hätten, nicht erlaubt werden könne, so wäre ihm – so ließ er wissen – auch mit einem Geschenk von „ein baar hundert Kasten Kalck und 70000 Mauer-Ziegeln"[335] gedient. Nach wiederholten Bittgesuchen, jedesmal im zeitgemäßen, sogar besonders übertrieben-devoten Ton formuliert, gewährte man ihm sein Anliegen – indes auf zwei Drittel der erbetenen Mengen reduziert und mit der Auflage verbunden, diese mit Zinsgeldern zu bezahlen, auf welche die städtische Behörde für eine länger zurückliegende Zeitspanne eigentlich Anspruch hatte. Als der Rat erneut insistierte, übergab man ihm zwei Monate später noch einmal fünfhundert Reichstaler mit dem Zusatz, „aus Gnaden geschenckt".[336]

Im selben Jahr verfolgte man auch den Gedanken, an diejenigen Einwohner, die Wagen und Pferd ihr eigen nannten, zu appelieren, diese für Materialfuhren zur Verfügung zu stellen. Wer dazu nicht willens war oder sich nicht imstande sah, konnte solche Leistung durch klingende Münze abgelten. Obzwar sich mehrere namhafte Persönlichkeiten an der Aktion zu beteiligen beabsichtigten, scheint ihr ebenfalls kein rechter Erfolg beschieden gewesen zu sein; zumal auch die meisten der angebotenen Pferde sich für die notwendigen Arbeiten als zu gebrechlich erwiesen.

Was die Abgaben und Fuhrdienste anlangte, die den eingepfarrten Dörfern zufielen, so gab es selbst mit diesen Reibereien. Manche nämlich wollten den Zahlungsanforderungen nicht Folge leisten, indem sie behaupteten, dazu überhaupt nicht verpflichtet zu sein, woraufhin dann der Rat die Sache schlichten mußte.

Als man beim Ausheben der alten Gräber des Frauenkirchhofs auf Gold und Silber in der Form von Kruzifixen, von Schmuck wie Ringen und Ketten stieß, offensichtlich Grabbeigaben, wie sie in jener Zeit Brauch waren, erbrachte deren Verkauf eine unerwartete, wenn auch in Grenzen sich haltende Einnahme. Im ganzen aber blieben die finanziellen Verhältnisse weiterhin angespannt, und in den Akten ist immerfort von Borgen, Vorschüssen und Schuldenmachen die Rede.

## Arbeitskräfte

Vom Sommer 1726 an traten am Bau der Frauenkirche neben George Bähr, dem man bekanntlich die Bauleitung übertragen hatte, der Ratsmaurermeister Johann Gottfried Fehre, sein „wichtigster und verläßlichster Mitarbeiter"[337] sowie der Steinmetzmeister Daniel Ebhardt auf den Plan. Später, als es nicht zuletzt um die Innenausstattung ging, kam noch der Bildhauer Johann Christian Feige d. Ä. (1689 bis 1751) hinzu. Sie alle hatten zwar einen jeweils anderen, indes in jedem Fall beträchtlichen Anteil an der Gestaltwerdung des Bauwerks. Dabei stützten sie sich auf die zahllosen Bauhandwerker mit ihren Hilfskräften, wie denjenigen, die das Wasser-, Ziegel- und Steinetragen, das Sandschippen, Kalklöschen und Kalkstoßen, das Mörtelanrühren und ähnliches erledigen mußten. Außerdem aber dürfen in diesem Zusammenhang nicht die Tischler, Schmiede, Schnitzer, Stukkateure und Maler vergessen werden, die sich nicht selten durch eine Geschicklichkeit von künstlerischem Rang auszeichneten. Daß eine schon immer von nicht geringen Repräsentationsbedürfnissen beherrschte Residenzstadt wie Dresden gerade solches Können förderte, dort also Menschen mit derartigen Fähigkeiten verfügbar waren oder anders gesprochen: daß sich in ihr wie übrigens auch in ihrer Umgebung ein Reservoir an hochwertiger Arbeitskraft, wie man sie für anspruchsvolle Bauvorhaben brauchte, ausschöpfen ließ, ist nicht weiter verwunderlich.

Die Gesellenschaft der Maurer, Steinmetzen und Zimmerer setzte sich damals aus drei Gruppen zusammen: Einmal aus den einheimischen Gesellen, ledigen wie verheirateten, welche die Mehrheit bildeten; zum anderen aus den Tagespendlern des unmittelbar benachbarten Umlandes – darunter die zu Dienstleistungen verpflichteten Bewohner der nach Dresden eingepfarrten Dörfer –; endlich aus jenen, die entweder als Wanderburschen in die Stadt kamen oder als Saisonarbeiter die günstigen Erwerbsmöglichkeiten in der aufstrebenden Kapitale wahrnahmen – hierbei häufig solche aus Böhmen, die es seinerzeit ohnehin auch nach anderen Orten Sachsens zog.

Von diesen am Bau in entscheidendem Maße mitwirkenden Gewerken kam während der gesamten Bauzeit den Zimmerleuten eine besondere Bedeutung zu. Wenn das, was sie schufen, bei aller eindrucksvollen Ausführung letztlich auch nur Hilfskonstruktionen darstellten, die nach der Vollendung des Steinbaus wieder verschwanden, so spielten sie für die Verwirklichung der Pläne jedoch eine unabdingbare Rolle.

Unter Anleitung des Ratszimmermeisters, der dabei sicher seine in langjährigen Erfahrungen wurzelnde Sachkenntnis weitergab, mußten sie vor allem die hölzernen Gerüste, außen wie im Innern der wachsenden Wandflächen, aufrichten und diese Schritt für Schritt den aus dem Baufortgang jeweils resultierenden räumlichen Gegebenheiten anpassen: damit aber den Maurern und Steinmetzen ihre Arbeit überhaupt erst ermöglichend. Hinzu gesellte sich eine Aufgabe, die außergewöhnliches Vorstellungsvermögen verlangte, nämlich dafür zu sorgen, daß die in ihren Formen ganz unterschiedlichen Gewölbe genau eingeschalt wurden.

In der Anfangsphase des Baugeschehens, als es galt, die Fundamente und die Keller fertigzustellen, waren namentlich die Maurer gefordert, die zunächst auch die Steinbearbeitung mit übernahmen; die Steinmetzen hingegen traten recht eigentlich erst in Erscheinung, als die Außenmauern entstanden und der Mauerkern mit Quadern verkleidet werden mußte.

Die Arbeitszeit auf dem Bau betrug in jenen Jahren während der von Petri Stuhlfeier (22. Februar) bis St. Gallus (16. Oktober)[338] sich erstreckenden Bausaison in der Regel elf bis dreizehn Stunden. Sie begann vor sieben Uhr in der Frühe und endete nach sechs Uhr am Abend[339], unterbrochen durch drei Pausen. Im Winter, sofern dann überhaupt gearbeitet werden konnte, verminderte sie sich im allgemeinen auf sieben Stunden. Erst später, als der Innenausbau anstand, war man auch über den Jahreswechsel und die gleich daran anschließenden Monate weiter beschäftigt.

Der Lohn wurde nach sechs Tagen wöchentlich bar ausgezahlt, wobei die Belohnung der Maurer und Zimmerleute sich zumeist nicht unterschied, lediglich die Dachdecker erhielten aufgrund der besonderen Gefährlichkeit ihrer Tätigkeit etwas mehr als jene. Organisatorisch überwog bei diesen Berufen – so hat man nachdrücklich hervorgehoben – die Gruppenarbeit, am ausgeprägtesten bei den Zimmerern, was sich allein aus dem Umgang mit dem umfänglichen Baumaterial der Balken ergeben hätte. Zudem habe die Tatsache, daß man durch Absturz vom Gerüst oder durch herabfallende Gegenstände leicht Schaden nehmen konnte, zur Ausbildung solidarischer Verhaltensweisen geführt, die Verantwortungsgefühl und Umsicht im Zusammenwirken einschlossen.[340] Ganz ähnlich lagen die Verhältnisse auch bei den Steinmetzen, die wegen ihrer spezifischen Qualifikation gewöhnlich hohes Ansehen genossen.[341]

Was den Bauplatz der Frauenkirche betrifft, so war er relativ eng, stand doch noch immer die alte Kirchhofsmauer sowie das Maternihospital, das erst – wie schon einmal gesagt – nach der Fertigstellung des neuen Sakralbaus 1744 abgetragen wurde. Das hinderte natürlich die Anfuhr von Baumaterialien ebenso wie den Abtransport von Bauschutt – mit der Folge, daß auch dort Unfallgefahr in hohem Maße bestand und „außergewöhnliche Maßnahmen", um die Sicherheit der Bauleute zu gewährleisten, erforderlich waren.[342]

Es liegt auf der Hand, daß in Hochzeiten des Baubetriebs, immer dann, wenn es über das Übliche hinaus Arbeiten zu verrichten galt und die Finanzierung dazu garantiert war, die Zahl der auf der Baustelle Beschäftigten in die Höhe schnellte. So wird aus dem Jahre 1728, zwei Jahre nach Baubeginn, berichtet, daß noch im Oktober, mithin vor Einbruch der die Arbeitsmöglichkeiten stark einschränkenden, meistenteils sogar zum Erliegen bringenden winterlichen Witterung, rund hundert Maurer, mehr als vierzig Zimmerleute und über zweihundert Handlanger tätig waren; zu ihnen kam eine unbestimmte Menge von Steinmetzen sowie weitere Hilfskräfte, die Pflichtdienste zu leisten hatten und auf mindestens fünfzig Personen beziffert wurden.[343] Eine andere allgemeine Aussage, daß es „eine Baustelle mit bis zu 450 Arbeitern, Gesellen und Meistern (war)"[344], dürfte also keinesfalls zu hoch gegriffen sein.

## Das Baugeschehen

Daß der genehmigte Entwurf in den acht Wochen bis zur Grundsteinlegung noch einmal überarbeitet wurde und auch bauliche Absichten, die der Ratszimmermeister schon Monate zuvor durchdacht hatte, nunmehr zutage traten, belegt eine Anzahl von Rissen aus jener Zeit, die auf uns überkommen sind.[345] Hatte sich Bähr, wie er 1729 zugab, bereits in der ersten Hälfte des Jahres 1726 unter anderem mit den konstruktiven Möglichkeiten befaßt, die ganze Kuppel in Stein auszuführen,[346] so teilte Johann Gottfried Fehre dann auch am 1. August dem Rat der Stadt mit, daß man die Fundamente und das Mauerwerk so tragfähig ausführen werde, daß man eine steinerne Kuppel und die Türme darauf setzen könne – dies, obwohl im approbierten Plan nur von einer hölzernen Konstruktion die Rede gewesen war![347]

Im folgenden schritt der Bau relativ rasch voran. Den reibungslosen Ablauf hemmten allenfalls die ständig wiederkehrenden Finanzierungsprobleme, gelegentlich auch Unbilden der Witterung, Engpässe bei der Materialbeschaffung und schließlich mancher Wechsel bei den Entscheidungen über bestimmte Gestaltungsfragen des Bauwerks selbst. Doch mitunter betonte der Rat selbst in solchen Fällen, beispielsweise in einem Bericht an den Kurfürst-König im Jahre 1727, daß die Arbeiten trotzdem „mit allem Ernst und Fleiße"[348] verrichtet worden seien. Und etwa gleichzeitig schrieb der Rektor der Dresdner St. Annenschule, Christian August Freyberg, im überschwenglichen Ton der Epoche, „also hat der neue Bau mit Gottes augenscheinlichem Beystande das gantze 1727. Jahr durch einen gesegneten Fortgang gehabt, daß die schöne Symmetrie schon unvergleichlich in die Augen fällt, und iedermann sich im Geist auf die Perfection des herrlichen neuen Tempels zu voraus innglich freuet."[349]

Das hieß: Bereits knapp acht Monate nach dem Baubeginn ragte im Osten – trotz der vom Winter erzwungenen Kürzung der Arbeitszeit – eine Mauer empor; auf der westlichen Flanke zog man ebenfalls eine solche energisch nach oben, und beide wurden sogleich auf ihren Innenseiten verblendet.

Im Herbst 1727 konnten dann der Sockel des Bauwerks fertiggestellt und, bevor die inzwischen rundum geschlossene Ummauerung weiter über die Erdoberkante in die Höhe wuchs, auch die Türgewände der sieben Portale versetzt werden. Bedingung dafür war die Abtragung der alten Kirche schon seit Februar gewesen.

Während die Zimmerleute bereits im Sommer damit begonnen hatten, das Aufstellen der hohen Außengerüste vorzubereiten, waren die Maurer nunmehr ständig damit beschäftigt, die in wachsender Zahl benötigten Quader und Wölbsteine in die passende Form zu bringen. Zudem hatte man schon angefangen, an den acht Pfeilern für das Kircheninnere zu arbeiten.

Im Dezember schließlich hören wir davon, daß die Zimmerer „Bau-Holz zu der Coupola gehauen (haben)"[350], also bereits für die zunächst vorgesehene Holzkuppel – so früh, damit es bis zu dem Zeitpunkt, da es gebraucht wurde, hinreichend austrocknen konnte. Daneben ist den vom Brückenamt geführten und registrierten Baurechnungen zu entnehmen, daß die Handwerker zum Bewegen der umfänglichen und schweren Steine Kloben – Hebezeuge in der Art von Flaschenzügen – verwendet, ja für diesen Zweck sich selbst „eine Stock-Winde gemacht" haben.[351]

Bei all den offenkundig genau aufeinander abgestimmten Arbeiten achteten die für das Baugeschehen Verantwortlichen, die Meister Bähr und Fehre, von Anfang an und natürlich ebenso in den sich anschließenden Phasen streng darauf, daß das Gebäude außen wie innen synchron aufgemauert wurde – eine Notwendigkeit, um die auf den Baukörper einwirkenden Kräfte in der Balance zu halten, wobei sie den Fundamenten der Ecktürme die Funktion von Widerlagern zuwiesen.

In den Jahren 1728 und 1729 war man augenscheinlich besonders intensiv tätig. So brachte man den Bau, betrachtet man dies vor dem Hintergrund seiner gesamten Bauzeit, in höchstem Maße voran. Am Ende reichte er, vom Sockel ausgehend, bis zum Hauptgesims im Bereich der Segment- und Dreieckgiebel. Wären nicht unentwegt die bedrückenden Finanzierungsprobleme aufgetreten, hätte sich bei solchem Baufortschritt auch in Zukunft der Plan des Rates, die Kirche bis 1731 aufzuführen, durchaus erfüllen lassen. Verzögerungen ergaben sich ferner daraus, daß der ursprüngliche Plan, wie schon erwähnt, plötzlich wieder abgewandelt werden mußte und infolgedessen die Kostenbe-

Kostenberechnung, die sich noch auf einen Bau ohne die von Wackerbarth geforderten vier Ecktürme bezog, nicht mehr zutraf.

Abermals erfährt man aus den Akten über jenen Abschnitt des Bauverlaufs einiges über die Art der seinerzeit verwendeten technischen Hilfsmittel, wird doch in ihnen etwa von Steinwagen unterschiedlicher Größe berichtet, die mit Ziehbändern an der Deichsel bewegt wurden; und auch von Reparaturen an den bereits beschriebenen Steinböcken, an Schutt- und Kalkkarren ist in den Rechnungen die Rede.

Im Zusammenhang mit den seit dem Frühjahr 1728 anfallenden Aufgaben kam es den Zimmerleuten vor allem zu, weiterhin an den umfänglichen Gerüsten für den Außenbau wie den Innenraum zu arbeiten. Parallel dazu gingen die Maurer mit ihren Handlangern mit vollem Einsatz daran, zügig Wände und Pfeiler aufzurichten, außerdem sich schon mit Einbauten wie den Betstuben zu befassen. Die Steinmetzen andererseits fertigten mehr und mehr die Steine für Fenstergewände und Türrahmungen, für Stufen und Gesimse, versetzten diese, ja widmeten sich der Verblendung des Mauerwerks.

Spezifische Schwierigkeiten, die mitunter zu Unfällen führten, erklärten sich aus der Enge der Baustelle und dem Nebeneinander der verschiedenartigsten Verrichtungen. Neben den Kalkhütten, die zwischen dem äußeren Gerüst und der Friedhofsmauer ihren Platz gefunden hatten, „richteten", wie es in einer Schilderung jener Zustände heißt, „Maurer und Steinmetzen Bau- und Werksteine zu, transportierten sie mit Walzen und eisenbeschlagenen Hebebäumen. Allein 1728 waren wieder 148 dieser Hebebäume neu angeschafft worden. Die Zimmerer bereiteten die Gerüstteile zum Aufsetzen vor. Hier wurde Sand gesiebt und in eisernen Pfannen Blei zum Vergießen der von den Maurern und Steinmetzen zum Stabilisieren in das Mauerwerk eingeschlagenen Klammern, Anker, Dübel und Keile erhitzt. Von dem Brunnen des Maternihospitals wurde Wasser herangeschafft. Hier lagen aber auch Sand- und Plänerberge. Täglich passierten viele Fuhrwerke mit neuem Material, mit Schutt, mit fertig zugerichtetem Rüstholz aus dem Zimmerhof oder aus der Steinmetzhütte herangefahrenen großen bearbeiteten Werksteinen die Torzugänge zur Rampischen Gasse und zum Neumarkt."[352]

Anfangs des Jahres 1729 war man, da die Arbeiten offenbar infolge ungünstiger Wetterlage erst nach und nach begannen, zunächst damit beschäftigt, im Gruftbereich des heranwachsenden Sakralbaus die ersten Toten beizusetzen - hochgestellte Persönlichkeiten, einen Hofrat und einen Arzt, die dort eine Grablege erworben hatten. Ansonsten setzten die Bauhandwerker, wie es die Planung vorsah, die üblichen Arbeiten bis hinauf zum Architravgesims am Kernmauerwerk kontinuierlich fort, und zwar in solchem Umfang, daß es nahelag, nun bereits die Außenhaut des Baukörpers mit Zierelementen zu versehen. So begann man beispielsweise die Gesimse mit „Simsblumen" oder „Simsrosen"[353] ebenso auszuformen wie die Pilaster mit ihren Komposit-Kapitellen unterhalb der Giebel, denen jeweils eine große Sonnenblume aufsaß – zeitraubende Aufgaben, wobei neben Daniel Ebhardt namentlich der Bildhauer Johann Christian Feige d. Ä. mit seinen Gesellen zum Zuge kam.

Im Herbst jenes Jahres, als es wichtige Entscheidungen über den Weiterbau zu treffen galt, spitzte sich wegen des geradezu lähmenden Geldmangels die Situation erneut in besonderer Weise zu. Der Rat nämlich sah sich nicht in der Lage, den für die Holzkuppel und den Kuppelanlauf in Aussicht genommenen Kupferüberzug zu finanzieren. Gesuche an den Kurfürst-König um Unterstützung des Bauvorhabens blieben ohne Erfolg. Obzwar Bährs Vorschlag vom Jahr zuvor, den unteren Teil der Kuppel in Stein auszuführen, schon in einer Sitzung im Frühjahr ein positives Echo gefunden hatte, stellte man diesen in der Baukommission wieder infrage, ja es kamen angesichts der Kassenlage sogar Zweifel auf, ob man den Bau überhaupt fortführen solle. Der Ratszimmer- wie der Ratsmaurermeister empfahlen daraufhin, das Bauwerk auf alle Fälle bis zum Hauptgesims hochzuziehen, nicht zuletzt, um es vor dem Wintereinbruch besser abdecken zu können. Ein von Bähr und von Fehre abermals vorgelegter Kostenanschlag ließ den Rat schließlich am 20. Oktober 1729 zu der Auffassung gelangen, daß man sich das teure Kupfer nicht leisten könne und daher die steinerne Ausführung der sogenannten unteren Kuppel – wohlgemerkt: nur dieses Teil – ins Auge gefaßt werden müßte. Diese Entscheidung jedoch stand, da sie nicht einhellig ausgefallen war, auf schwankendem Boden. Der endgültige Beschluß in der Angelegenheit ließ noch ein halbes Jahr auf sich warten.

Mit vollem Recht hat man die Jahre von 1730 bis Anfang 1733 als die „unruhigsten und spannungsreichsten in der gesamten Bauzeit"[354] bezeichnet. Bald nach dem Baubeginn besuchte am 22. März auf Bitten des Rates Heinrich von Bünau, seines Zeichens Oberkonsistorialrat, die Baustelle, um alles genau zu „observieren".[355] In Anwesenheit von Fehre und Ebhardt, den anderen Baugewerken, demonstrierte Bähr seine baulichen Absichten anhand von Entwürfen, vor allem aber auch, indem er Materialproben vorstellte und Hinweise darauf gab, wie er die einzelnen Kuppelsteine zusammenzufügen gedenke. Ihm, dem nachgesagt wurde, daß er „weder trotzig noch selbstherrlich"[356] veranlagt gewesen sei, gelang es offenbar überzeugend, die Bedenken des hohen Herrn zu zerstreuen. Von Bünau nämlich bestätigte alsbald, die „Verfertigung der Kuppel von Stein (sey) anzurathen."[357]

Zu solcher Beweisführung, auch mit Hilfe eines weiteren Modells, das er einzureichen hatte, sah sich der Ratszimmermeister noch des öfteren genötigt, zumal in den vielen Diskussionen, die sich anschlossen, andere vom Rat gleichermaßen geschätzte Fachleute Einwände gegen das Vorhaben erhoben. Mehrmals, kurz hintereinander, wurden auch die Kosten des Bauwerks in zahlreichen Details und Varianten immer wieder von den Meistern durchgerechnet, und vor allem im Falle differierender Ergebnisse mußten sie Rede und Antwort stehen, beobachtete doch der Auftraggeber, ständig voller Argwohn, sorgfältig die Vorgehensweise der Verantwortlichen und schenkte den notwendigen Ausgaben größte Beachtung.

Am 27. April endlich kam durch Mehrheitsbeschluß im Stadtrat die Entscheidung zustande, den Kuppelanlauf und die Türme in Stein zu errichten. Bis 1733 freilich sollte es noch dauern, ehe man sich dazu durchgerungen hatte, die ganze Kuppel in Steinbau auszuführen.

Als sich Mitte März 1730, nach langer Winterpause, auf der Baustelle die Hände wieder regten, waren es als erste die der Zimmerleute, die ihre Vorbereitungen für die weitere Installierung des Innengerüstes trafen. Zur gleichen Zeit ergänzten die Maurer im Hauptgesims die Teilstücke, die dort bis dahin noch fehlten. Danach, im April, fingen sie an, die Treppenläufe in die vier Turmschäfte einzubauen. Und Anfang Mai schließlich – der Stadtrat plädierte nun dafür, den Bau mit schleunigen Schritten fortzusetzen – schloß man nach abermaligem Hin und Her wegen der Kosten und ihrer Erstattung, wie das im Grunde ständig wiederkehrte, mit Daniel Ebhardt einen Vertrag ab, der den

Weg freimachte, das äußerlich sichtbare Steinwerk in Angriff zu nehmen. Der Steinmetzmeister begann einen Monat später mit dieser Arbeit und wandte sich zunächst den beiden westlichen Türmen zu. Freilich: Das Ratskollegium begegnete ihm dabei vor allem im Hinblick auf seine Aufstellungen über die verbrauchten Geldmittel und das verbaute Material, angetrieben durch die permanenten Sorgen um die Finanzierung, immer aufs neue mit Mißtrauen und Anschuldigungen, gegen die er sich unaufhörlich wehren mußte. Auch ließ sich der Auftraggeber mit der zugesicherten Bezahlung allzuoft Zeit; Querelen waren also an der Tagesordnung.

Man hatte jedoch bislang letzte Klarheit nicht gewinnen können, ob der Rat tatsächlich Anlaß hatte, „an Ebhardts Redlichkeit zu zweifeln. Allerdings ergaben sich auch zwischen Bähr und ihm wegen Abrechnungsschwierigkeiten bald Probleme", und der Steinmetzmeister „schied mitten im Bau der oberen Kuppel"[358] aus dem Amt.

Die Bautätigkeit kulminierte zu Beginn des Sommers 1730. Damals arbeiteten insgesamt 310 Menschen gleichzeitig an dem in seiner Mächtigkeit immer mehr ins Auge springende Bauwerk, und zwar sowohl an den oberen Abschnitten der inneren Pfeiler wie an der äußeren Umwandung. Außerdem konzentrierte man sich nun auch schon auf die Sockelzone, die sich oberhalb des Hauptgesimses anschloß.

Im Binnenraum berührten die Pfeiler nun bald den durch Kämpfer – vorkragende, profilierte Platten – betonten Bereich. So begann man neben den anderen Aufgaben, sich sogleich auch den zwischen ihnen zu wölbenden Bögen anzunehmen, „worauf die Koppel zu stehen kömbt."[359]

Kompliziert wurde es besonders am Außenbau, als man anfing, die beiden ersten Ecktürme zu errichten. Mit der verwinkelten baulichen Situation an der Stelle, an der diese den Kuppelanlauf tangierten, kam man erst zu Rande, als man die bereits hochgezogenen Teile wieder beseitigt und noch einmal von vorn begonnen hatte.

Wenig später, seit August, entstand dann auch die Wölbung über dem Chorraum; und endlich vermochte man noch vor Einbruch des Herbstes die Arbeit an dem nächsten Bauelement, dem das Gebäude deutlich gliedernde Kranzgesims über den Pfeilern und Bögen, aufzunehmen.

Zugleich wünschte nun der Rat eine sorgfältige Rechnungslegung; und auch alle Baugewerken waren gehalten, am Ende des Baujahres die von ihnen vollbrachten Leistungen genau anzugeben. Hinterher erging an den Ratszimmer- wie den Ratsmaurermeister die Aufforderung, die Bautätigkeit schon am 28. Oktober einstellen zu lassen. Dies zog sich indes bis weit in den November hin, denn die laufenden Arbeiten mußten noch zum Abschluß gebracht werden, bevor die Zimmerer das Mauerwerk zum Schutz vor den Unbilden des Winterwetters abdecken konnten.

Nicht in der nachteiligen Witterung der kalten Jahreszeit, sondern, wie so oft, in den Geldnöten lag offenkundig die Ursache dafür, daß man 1731 den Bau erst vom 2. April an wieder aufgriff. Zwar sind die Nachrichten über die einzelnen Tätigkeiten in jenen Monaten recht dürftig, so viel jedoch ist gewiß: Man arbeitete weiterhin an den beiden den Chor flankierenden Türmen. Auch der Einbau der Emporen stand nach Bährs Vorstellungen noch Ende des Jahres an, wofür die Zimmerleute bereits die Voraussetzungen schufen. Ebenso gingen diese im Mai daran, die Wölbung der unteren Partien der Innenkuppel vorzubereiten, während die Maurer zunächst noch immer mit den Türmen und dem Kuppelanlauf befaßt waren.

Am 1. November dann berichtete das „Diarium Dresdense", welches bemerkenswerte Bauvorhaben in der Residenzstadt zur Kenntnis brachte, daß nunmehr das innere Hauptgewölbe der Frauenkirche geschlossen werden konnte[360], dessen kreisrunde Öffnung am Schlußgesims zukünftig den Blick in die obere Kuppel zuließ.

Damit war es möglich geworden, im Laufe des herannahenden Winters den inwendigen Ausbau intensiv voranzubringen.

Eine wichtige Aufgabe bestand für die Zimmerer damals wie in den kommenden Jahren auch darin, die Gerüste, die an den fertiggestellten Teilen des Baukörpers nicht mehr benötigt wurden, wieder zu entfernen und dort aufzurichten, wo man sie demnächst brauchte – eine gebräuchliche Vorgehensweise, die der Einsparung von Holz, mithin von Kosten diente. Falls jenes nicht mehr zu verwenden war, verkaufte es der Rat als Brennmaterial.

Unterdessen war Johann Christoph Feige, der Bildhauer, erneut mit der Verzierung des Außenbaus, in erster Linie der Turmaufsätze beschäftigt, und dies unmittelbar an Ort und Stelle, nachdem von Meister Ebhardt und seinen Mitarbeitern die Steine an die vorgesehenen Plätze versetzt worden waren.

Feige d. Ä., 1689 im thüringischen Zeitz geboren, seit 1719 in der Residenzstadt ansässig und von 1729 bis 1742 an dem Dresdner Sakralbau tätig gewesen, gehörte neben Bähr, Fehre und Ebhardt bekanntlich zu der außergewöhnlichen Werkgemeinschaft, die durch ihr schöpferisches Zusammenwirken die Eigenart der Frauenkirche maßgeblich bestimmte. Seine Verdienste beziehen sich sowohl auf die künstlerisch-plastische Ausgestaltung der Umfassungsmauern des Gebäudes, auf dessen von außen sichtbare Teile als auch auf die Bildhauerarbeiten im Innenraum, die wir erst später beschreiben werden. So war er es denn, der, bewirkt durch seine kreativen Fähigkeiten, den – wir sprachen schon gelegentlich davon – „manchmal etwas spröden und unbeholfenen Formen der Bährschein Entwürfe mit großem Einfühlungsvermögen ihre endgültige Gestalt (gab)."[361] Ihm war es zu verdanken, daß die ursprünglich schlichte Gliederung des Baus und die im Approbationsplan nur angedeutete „Bauzierde" unter seinem Einfluß zu einem belebenden, ja eleganten Ausdruck fanden, wobei die verschiedenen Schmuckelemente niemals auftrumpften, sich vielmehr dem monumentalen Charakter des an eine Plastik erinnernden Bauwerks unterordneten.

Im Sinne der zeitgenössischen Auffassungen von der Würde eines Gotteshauses und in Übereinstimmung mit des Ratszimmermeisters Intentionen galten die von Feige zur Verzierung ersonnenen und nach und nach auf Giebeln, Ecktürmen und dem Chordach entstandenen Flammen- und Rauchvasenaufsätze in ihrer naturalistischen Ausführung als „Herrlichkeits"- oder „Ehrfurchtssymbole" – so wie auch die über den Kapitellen der Pilaster angebrachten Sonnenblumenrosetten in der protestantischen Barockemblematik wurzelten, sah man doch in diesen dem Licht sich entgegenreckenden Blüten das Sinnbild für die Hinwendung der Gläubigen zu Gott.[362]

Auf den 17. August 1731 fiel übrigens die erste der insgesamt fünf Audienzen, die August der Starke George Bähr gewährte. Über diesen Empfang, dem auch der Obrist-Lieutnant Carl-Friedrich Pöppelmann, der zweite Sohn des Oberlandbaumeisters, beiwohnte, ist ein ausführlicher Bericht überliefert, der zugleich einen aufschlußreichen Einblick in die Art und Weise gibt, wie der Herrscher mit dem Ratszimmermeister umging: nicht nur, daß er den von dem Architekten vorgebrachten Argumenten offen begegnete und dazu mit Sachverstand Stellung nahm, er habe sich überhaupt, auch bei gegensätzlichen Meinungen, als „sehr gnädig und freundlich" erwiesen.[363]

Dies bekräftigt die Tatsache, daß der Kurfürst-König dem Projekt durchaus wohlwollendes Interesse entgegenbrachte, vor allem natürlich deshalb, weil er, eingedenk seiner venezianischen Eindrücke, die günstigen Wirkungen des Monumentalbaus – gleichsam einer Santa Maria della Salute an der Elbe – auf das Stadtbild Dresdens wohl erkannte, außerdem aber mit dessen Förderung auch seine religiöse Toleranz in bezug auf seine evangelisch-lutherischen Untertanen beweisen konnte. Zu einer finanziellen Unterstützung, um die der Rat den Herrscher immer wieder dringlich bat, fand dieser sich in nennenswertem Umfang indes nicht bereit; ebensowenig zur kostenlosen Lieferung von Kupfer für die Abdeckung der oberen Kuppel aus der schon seit 1493 existierenden kurfürstlichen Saigerhütte in Grünthal bei Olbernhau, um die man sich ebenfalls monatelang bemühte.

Das protokollierte Gespräch drehte sich allerdings nicht, wie man lange Zeit annahm, um die Frauenkirchenkuppel und ihre Form. Vielmehr gab der Landesherr insbesondere zu bedenken, daß der Bau „keine rechte Entree" habe und forderte die Ausrichtung des Hauptportals zum Neumarkt hin, wobei dieses „nicht von kleinen Säulen gemacht, sondern große darzu genommen werden, weiln das Werck von Größe und Ansehen wäre." Die Bemerkungen, die Bähr dagegen vorbrachte, so etwa sein Hinweis darauf, daß er nicht anders als nach dem „approbirten Risse (habe) bauen können", nahm August offenbar in verbindlichem Ton auf, ohne auf seinem Standpunkt zu bestehen. Darüber hinaus besann er sich darauf, um „die Kirche im Prospect wohl sehen" zu können, die „jetzige Hauptwacht"[364], also die Alte Wache von Fäsch, abzureißen – ein Verlangen, das sich bei seiner Verwirklichung als problematisch herausgestellt hätte, denn als das Gebäude nach dem preußischen Bombardement von 1760 tatsächlich „fiel, mußte man erkennen, daß gerade die feste Einbindung in die Umgebung die Monumentalität der Kirche gesteigert hatte."[365]

Obwohl im Jahre 1732 die Außenmauern, die Pfeiler und die innere Kuppel fertiggestellt wurden, zog sich die endgültig-verbindliche Entscheidung, auch die obere Kuppel in Stein auszuführen, noch immer hin. Angesichts dieser Lage gab man, um den Kirchenraum so bald wie möglich gottesdienstlich nutzen zu können, dem Innenausbau, und zwar schon den Winter über, den Vorrang.

So schritt zunächst der Einbau der vier amphitheatralisch hochgestuften Emporen über dem verglasten Betstubenring einschließlich der Treppenaufgänge, der Brüstungen und Bücherablagen sowie der Stukkaturdecken mehr und mehr voran. Daneben galt es, die im Zentrum der Bodenfläche bis zu den Grüften hinabreichende Vertiefung, über der sich bisher das Gerüst erhoben hatte, zu überwölben und dabei in der Mitte einen später mit Steinplatten abdeckbaren Zugang offenzulassen, durch den in Zukunft die Särge hinabgesenkt werden konnten. Überdies wurden nun sukzessive die Fußbodenplatten verlegt, die von Bähr entworfenen Türen eingesetzt und die Fenster, an der Wetterseite sogar besonders stark, verglast. Und im Parterre konnten die Betstübchen vollendet und zudem die Hälfte der Frauenstühle placiert werden. Seit dem Sommer arbeitete Feige weiter am Zierat des Gebäudes, auch seines Außenbaus. Der November brachte dann bereits den Abschluß eines Vertrages mit dem in Freiberg lebenden Gottfried Silbermann, der den Orgelbaumeister zur Lieferung des für die musikalische Umrahmung des Gottesdienstes unerläßlichen Instruments verpflichtete.

Nachdem man im Januar 1733 schon über die Glocken und die Gestalt wie den Standort der Kanzel diskutiert, ferner auch die Akustik des Krichenraums überprüft hatte[366], befaßte man sich in rascher Folge mit dem schon im Jahr zuvor weit vorangetriebenen Innenausbau. Im März hieß es dann im „Auserlesenen Kern Dreßdnischer Meckwürdigkeiten": „In der Frauenkirche wird nunmehro an denen Weiber-Stühlen unermüdet gearbeitet, und werden solche in ehesten fertig werden. Umb die Kirche ist nunmehro der Platz zu planiren und zu pflastern angehoben worden, und bey denen Kirch-Treppen werden steinerne Seiten-Geländere gemachet, die auf denen Ecken grosse runde Kugel haben."[367] Im Laufe des Augusts war dann die Ausmalung des oberen Teils des Kirchenraums bis hin zu den Pfeilerkapitellen abgeschlossen,

und außerdem hatte Johann Christian Feige die plastische Ausschmükkung an den Emporenbrüstungsfeldern, an den Kopfstücken der Säulen
sowie den Kragsteinen fertiggestellt. Bis zum Dezember konnte schließlich das Kirchengestühl selbst auf den Emporen eingebaut werden.

Der wichtigste Markstein für das Baugeschehen im Jahre 1733 war
indes ohne Zweifel die Beschlußfassung über den Bau der oberen Kuppel
ebenfalls aus Stein. Erleichtert wurde diese Entscheidung insofern, als
sich die Finanzsituation durch die Zuweisung der zugunsten der Salzburger Emigranten gesammelten Gelder wesentlich verbessert hatte. Dies
war, wie bereits erwähnt, vom neuen Kurfürsten Friedrich August II. veranlaßt worden, dem Sohn Augusts des Starken, der nach dessen plötzli-
chem Tod am 1. Februar in die Nachfolge aufgerückt war.

Am 31. August jenes Jahres schloß der Rat – vorher hatte noch ein
positives Gutachten de Bodts, damals „Directeur der sämmtlichen Gebäude" am Oberlandbauamt, die letzten Bedenken ausgeräumt – mit
George Bähr jenen Kontrakt ab, der ihn in die Pflicht nahm, „den ganzen Bau nach dem von ihm unterschriebenen Riße ... accurat, tüchtig
und gut, auch mit allem Fleiße steinern auffzuführen."[368]

Mit diesem Auftrag betrat der Ratszimmermeister in bautechnisch-
konstruktiver Hinsicht völliges Neuland. Denn bei aller Bedeutung, die
man im nachhinein seinen profanen und sakralen Vorgängerbauten
beilegte, sie rangierten weit hinter den Herausforderungen, denen er
sich nun gegenübersah, hatte doch bereits Leonhard Christoph Sturm
in seinem Buch „Kurtze Vorstellung der gantzen Civil-Bau-Kunst"
1718 betont, daß die „Kuppeln den Kirchen das allerheiligste Aussehen
(geben)" ... , „aber auch ... die grösseste Wissenschafft unter allen Gebäuden erfordern."[369] Darin gründet wohl auch die Tatsache, daß der
Rat während der Realisation der Pläne nicht selten zögerlich reagierte:
Schließlich war er beständig um die Standfestigkeit der Kuppel besorgt,
die schon de Bodt dadurch sichern wollte, daß er vorgeschlagen hatte,
die „Pyramide – (womit er die Laterne meinte) – aus Holz zu machen,
weil jeder Körper nur ein gewisses Maß an Gewicht zu tragen imstande sei."[370] Und nicht zuletzt ging es dem Bauherrn naturgemäß um die
möglichst effektive Verwendung der von ihm zur Verfügung gestellten
Gelder. Erschwerend wirkte sich überdies aus, daß der Kuppelbau, so
wie er beschlossen war, doch mehr Kosten verursachen würde, als es

diese Lösung hätte vermuten lassen. Das permanente Bemühen, über die bislang ausgeschöpften Geldquellen hinaus fortan noch neue zu erschließen, wirft ein bezeichnendes Licht auf die prekären Verhältnisse.

Die Arbeitsabläufe bei dem Anfang 1734 aufgenommenen Bau der zweischaligen oberen Kuppel mit ihrem inwendigen spiraligen Aufgang zur Laterne, wie man ihn vom Florentinischen Dom und der Peterskirche zu Rom kennt, glichen weitgehend denjenigen in den Jahren zuvor - sieht man einmal von der Mühsal ab, auf einem in immer größere Höhen aufragenden Bauwerk schwere körperliche Tätigkeiten bei Wind und Wetter verrichten zu müssen. Monat für Monat wurden die benötigten Materialien herangeschafft, die Gerüste vorbereitet, aufgestellt, vorgerückt, erhöht; obendrein die Deckplatten und Grundstücke, die Quader und Wölbsteine zugerichtet, endlich an ihren Verwendungsort gebracht, wo man sie in den mehr und mehr hochwachsenden Baukörper einfügte.

Mitte des Sommers erreichte man bereits die Zone der acht großen Kuppelfenster und versah die Lichtöffnungen zu Beginn des Septembers mit Bogenstücken und Schlußsteinen. Zugleich begann man, schmiedeeiserne Anker, sogenannte Ringanker, einzulegen, die, in Blei vergossen, außer anderen Armierungen wie Dübel und Klammern dazu dienten, an unterschiedlich hochgelegenen Stellen bestimmte, besonders stark belastete Partien des massiven Steinbaus zu befestigen,[371] ein Verfahren, das seinerzeit durchaus üblich war und auch in den Bähr offenbar bekannten Anweisungen Sturms zur Zivilbaukunst empfohlen wurde.

Vom Februar 1734 an hatte man zudem in dem Eckturm hinter der Hauptwache, der das Geläut aufnehmen sollte, gearbeitet. Als der Glockenstuhl fertig war, hing man dort neben den beiden alten Frauenkirchenglocken zwei neugegossene, größere auf. Dies erwies sich jedoch als nicht unproblematisch, denn das Klangbild, das daraus hervorging, entbehrte zunächst der Harmonie und zwang zum Umgießen einiger Teile; auch das Läuten machte, des hohen Gewichts der Glocken wegen, anfangs Schwierigkeiten und erforderte neun Personen. Erstmalig ertönte das Geläut dann Ostern dieses Jahres. Zuvor war, worüber wir noch genauer berichten werden, das Gotteshaus eingeweiht und der erste Gottesdienst abgehalten worden.

Gegen Ende September 1734 hatte sich die mächtige Kuppel schon etwa zur Hälfte gerundet. Das Jahr klang wieder damit aus, daß die Zimmerleute das Gebäude winterfest machten und sich mit den Gerüsten für die kommende Bauphase beschäftigten. Während die „Dreßdnischen Meckwürdigkeiten" am 11. Januar 1735 meldeten, der „Thurmbau" der Frauenkirche werde, „wenn die ietzige Witterung continuiret"[372], anfangs Februar erneut anheben, verschob sich dieser Termin bis tief in den März hinein. Erst seit dem 22. des Monats ließ Fehre wieder mauern, und danach folgten die anderen Arbeiten dem gewohnten Muster.

Am Jahresanfang indes hatte man schon den Interimsglockenturm abgetragen, der ja bis dahin noch auf der alten Begräbnisstätte stand, aber auch die Reste der einstigen Friedhofsummauerung niedergelegt. Dazu wurde fortgesetzt am Platz um den Neubau gepflastert, überdies entstand noch das Ziergitter vor dem Umgang der unteren Kuppel. Und unentwegt war man genötigt, den in großen Mengen anfallenden Bauschutt abzufahren.

Im Juli befaßte man sich bereits mit den kleinen ovalen Kuppelfenstern, ebenfalls acht an der Zahl, die an der Höhenmarke von rund sechzig Metern die Außenwand durchbrachen. Vom November an übernahm, nachdem Ebhardt seinen Posten bekanntermaßen aufgegeben hatte, der Steinmetzmeister Johann Friedrich Lutz dessen Aufgaben. Die Bauhandwerker waren noch bis zum Monatsende tätig, dann schloß sich die Winterpause an, die alle Aktivitäten am Äußeren des Gotteshauses zum Erliegen brachte.

Jener Winter scheint besonders schneereich gewesen zu sein, denn eine Rechnung aus dem Frühjahr 1736 beweist, daß damals zwei Handlanger zwölf Tage brauchten, um die Kuppel von ihrem weißen Überzug zu befreien. Anschließend – die Zimmerer hatten unterdessen auch alle in der kalten Jahreszeit Schutz gewährenden Holzabdeckungen der offenen Gebäudeteile wieder beseitigt – fing eine größere Anzahl von Maurern an, am „Crantz inwendig des Gewelbes"[373] zu arbeiten, der ringförmig die Öffnung zu der später darüber aufsteigenden Laterne umschloß. Ende Juni war die innere Kuppelschale fertiggestellt, und im folgenden Monat baute man dann schon am Laternenhals oder -postament. Auch in diesem Unterbau sparte man um den Gewölbescheitel wieder ein Kreisrund aus, freilich von wesentlich geringerem Radius, das den Zugang zu dem Laternenaufsatz ermöglichen sollte. Er wurde mit kleinformatigen Fenstern versehen, in seinem Inneren von einer Wendeltreppe durchstoßen und von Feige außen mit nach oben volutenähnlich aufgerollten Kragsteinen verziert, über denen nochmals ein Gesims umlief - Bildhauerarbeiten, die, da von der Straße aus nur undeutlich zu sehen, auch nur von grober Machart waren.

Überragt von dem Laternenpostament konnte gegen Ende Oktober die gesamte Kuppel des Sakralbaus vollendet werden. Nun fehlte nur noch die eigentliche Laterne, die, wie man weiß, jetzt in Holz ausgeführt werden sollte.

*Die Gewölbeausmalung*

Bereits 1732 war man daran gegangen, auch das Innere der Frauenkirche so auszugestalten, daß es den Ansprüchen, die der Rat wie das Konsistorium, ja der Hof an das neue Gotteshaus stellten, gerecht werde. Dabei verfolgte man nicht zuletzt ein Ziel, das für den protestantischen Kirchenbau durchaus eine Besonderheit darstellte, nämlich einen von Licht erfüllten Raum von strahlender Festlichkeit zu schaffen.

Johann Christian Feige hatte in jenem Jahr die untere Kuppelwölbung mit bandförmigen Lisenen aus Stuck in acht Felder aufgeteilt, die er oben mit Ornamenten in der Art von Kapitellen abschloß und in ihrer Länge mit Blumenrosetten schmückte. Auch an den Holzemporen brachte er vegetabile Zierelemente an, ebenso wie an den Kragsteinen der Pfeiler, deren Voluten und die vor allem mit Engelsköpfen dekorierten Kapitelle gleichfalls auf ihn zurückgingen.[374]

Den Auftrag zur Gewölbeausmalung bekam in diesem Zusammenhang Giovanni Battista Grone (1682 bis 1748).[375] Der geborene Venezianer, der in seiner Heimatstadt neben der Gestaltung von Bühnenprospekten schon ein kleines Kuppelfresko für die Sakramentskapelle San Geminiano am Markusplatz geschaffen hatte, war 1724 nach Dresden gekommen, in die in ihrer Kunstszene damals nicht wenig von Italienern geprägte Residenz. Zum königlichen Hofmaler bestallt, erwarb er sich als Dekorations- und Ausstattungskünstler – wir sprachen bereits einmal davon – bald wachsende Anerkennung. Im Hof-

und Staatskalender nannte man ihn „Theatralischer Maler" oder gar „Architecte du Theatre", wohl auch deshalb, weil er das castrum dolores, das Trauergerüst für die Zeremonie anläßlich Augusts des Starken Todes, entworfen hatte. Später malte er den Plafond im Opernhaus hinter dem Zwinger aus, schuf Decken- und Altarbilder in Kirchen außerhalb der Kapitale und machte sich überdies auch als erfolgreicher Lehrer einen Namen.

Seit Mitte Mai 1734 arbeitete Grone – das zu diesem Zweck wie für den Altarbau aufgerichtete Gerüst konnte endlich benutzt werden – an seinem großen Werk und bedeckte mit seiner Malerei nach und nach „die schön gewölbte Innenkuppel" bis hin zu dem „weiten Lichtring" in ihrem Zenit, der „einen Aufblick in diese Schutzkuppel bis zum Nabel der Laterne gestattet."[376]

Er setzte dabei zwischen die acht Gurtbögen in jeweils eigene gerahmte Bildfelder die vier Evangelisten mit den ihnen zugeordneten Attributen: Matthäus mit dem Engel, Marcus mit dem Löwen, Lucas mit dem Stier und Johannes mit dem Adler. In Medaillons von kleinerem Format, welche die Abstände dazwischen einnahmen, fügte er die drei Christlichen Tugenden Glaube (Fides), Liebe (Caritas) und Hoffnung (Spes) hinzu, deren Darstellung, weil es schließlich alle Gewölbesegmente zu füllen galt, um die der Barmherzigkeit (Misericordia) ergänzt wurde – allesamt personifiziert in weiblichen Gestalten, so beispielsweise die Caritas als Mutter mit Kindern, die Misericordia als Frau, die Münzen in die Mütze eines Bettlers wirft. Darin hat man eine Anspielung auf die „Früchte des Geistes" gesehen, die das Gotteswort den Herzen zuteil werden läßt.[377]

Mit alldem gelang es dem Künstler, einen „architektonisch-farbigen Ausklang des gewaltigen Kirchenraumes" zustande zu bringen.[378]

„Zart getönte Flächen in den Rücklagen der Pilaster und in den Füllungen der architektonischen Felder um die Bilder herum" – mit diesen Worten hat man die Farbgebung der Gemälde jüngst beschrieben –, „dazu vergoldete Ornamente auf hellem Grund und die vergoldeten Rahmen der Bildfelder selbst klingen zusammen mit den kräftigeren Farben der Malerei: hellblauer, grauwolkig durchsetzer Himmel und dichte rote, blaue und grüne Partien in den Gewändern der Gestalten."[379]

Im Unterschied zu den reichen, in ihrem Illusionismus bis zum Äußersten getriebenen Deckenmalereien katholisch-barocker Gotteshäuser, und obwohl bei Grones Figuren eine gewisse Anlehnung an jene Michelangelos naheliegt, blieb die Ausmalung der Frauenkirche, protestantischer Gesinnung gemäß, in Form und Inhalt relativ einfach, „alle szenische Inszenierung (wurde) vermieden"[380]: eine Art und Weise künstlerischer Gestaltung, die gerade bei einem so hochgeachteten Theatermaler verwundert, jedoch nicht ihm, sondern seinem Auftraggeber geschuldet war. Trotz des Respekts, dem man dem im Oktober 1734, also nach erstaunlich kurzer Zeit, vollendeten Werk zollte – „es (giebet) der Kirchen eine ungemeine Zierde"[381] – lassen die damaligen wie auch spätere Urteile keinen Überschwang erkennen. Den einen nämlich waren „die Bilder zu wenig theatralisch, zu wenig überwältigend"[382], die anderen hatten kein Verständnis dafür, daß ausgerechnet einem Katholiken – und dies möglicherweise sogar unter dem Einfluß des Königs oder Wackerbarths – die Aufgabe übertragen worden war, das neue evangelische Gotteshaus, das größte der Residenzstadt, auszumalen. Daß der Italiener zu den leistungsstarken Monumentalmalern der Elbmetropole im achtzehnten Jahrhundert gehörte, ist heute freilich unbestritten.

Neben diesem Großprojekt galt es auch seinerzeit, beim Innenausbau einer Vielzahl von Details sich zuzuwenden: Den Türbeschlägen und -schlössern ebenso wie Schornsteinen, Abzugseinrichtungen und Belüftungskanälen, die, vom Gruftbereich zum Kuppelansatz führend, der Luftzirkulation dienten, dazu den Laternen aus Blech und Glas zur Beleuchtung des Kirchenraums.

Im Dezember 1735 traten, gewiß zum Erschrecken der Verantwortlichen, die ersten Bauschäden im Inneren zutage: an den oberen Abschnitten der Pfeiler wurden infolge der hohen Belastung durch die schwere Steinkuppel Risse sichtbar, welche dem Mißtrauen gegen die zwei Jahre zuvor beschlossene Lösung sofort wieder neue Nahrung gaben. Mit Ankern, Klammern und anderem „Eisenwerck" ging man dagegen an.

*Bährs persönliche Bedrängnisse*

Wenige Monate später, im März 1736, geriet George Bähr darüber hinaus auch aus finanziellen Gründen in arge Bedrängnis. Ihm war nämlich zu diesem Zeitpunkt bewußt geworden, daß weder der für die Errichtung der Kuppel angesetzte Betrag noch derjenige, den man für das Altarwerk beziffert hatte, fortan ausreichen würde. Angesichts dieser Erkenntnis schrieb er am achten des Monats einen ausführlichen Brief an den Rat und bat darin um eine Aufstockung der bisher vorgesehenen Mittel. Zugleich erinnerte er an die „ungeheure Last und unzehlbare Bemühung"[383], die seine Arbeit Jahr für Jahr mit sich gebracht habe und betonte nachdrücklich, daß seine Entlohnung dafür zu gering gewesen sei – offensichtlich jedoch gingen seine Vorgesetzten darauf überhaupt nicht ein.

Als die ihm in seinen Pauschalkontrakten zugestandenen Summen im August unabänderlich aufgezehrt waren und er den Handwerkern ihr Entgelt schuldig bleiben mußte, zwang ihn dieser bedenkliche Umstand, seine eigenen Rücklagen anzugreifen.

Aus solcher Notlage heraus ersuchte er den Rat abermals, ihm weitere Gelder zuzuweisen, damit er seinen Verpflichtungen nachkommen und das Werk zum Abschluß bringen könne. Die Antwort, die er darauf erhielt, war enttäuschend. Denn man ergänzte seinen gültigen Vertrag lediglich um die Anmerkung, daß die in Zukunft auszuzahlenden Löhne amtlicherseits direkt an die Arbeitskräfte ausgehändigt, diese aber als Vorschuß an Bähr verbucht werden. Derart unter Druck gesetzt, stimmte der Ratszimmermeister dem zu, was letztlich zur Folge hatte, daß seine Insolvenz nur auf unbestimmte Zeit verschoben wurde. Augenscheinlich hoffte er noch immer, daß er mit seiner Bitte vom Frühjahr doch Gehör findet, wodurch es ihm möglich geworden wäre, seine mittlerweile erdrückende Schuldenlast abzutragen.

Inzwischen hatte am 15. März 1736 George Bähr seinen siebzigsten Geburtstag begangen; und als sich das Jahr seinem Ende näherte, hatte man die Frauenkirche, mit Ausnahme der Laterne, gleichsam unter Dach und Fach gebracht. So war es ihm vergönnt, seinen Bau in einem Zustand zu sehen, an dem es im Grunde nur noch letzte Hand anzulegen galt. Er konnte sich seiner überragenden Leistung erfreuen, ja wohl in der Hoffnung wiegen, daß auch die restlichen Arbeiten trotz aller noch zu bewältigenden Probleme sich in naher Zukunft würden abschließen lassen.

Unterdessen hatte er dafür gesorgt, daß für ihn und seine Familienangehörigen auf der zweiten Empore ein bescheidenes Betstübchen, von ihm selbst finanziert, eingebaut worden war, von wo man, allerdings nur aus einem der Fenster, die Kanzel erblicken konnte.

Um diese Zeit litt er bereits unter jener Krankheit – man spricht heute von der damals immer wieder grassierenden Schwindsucht –, die ihn zwei Jahre später dahinraffte. Die Last der Verantwortung, die ihn schon seit einem Dezennium auferlegt war, die dauernden Auseinandersetzungen mit verschiedenen Instanzen infolge der ständigen Geldnöte, nicht selten aber auch wegen mancher komplizierter Bauaufgaben hatten seine Kräfte erschöpft und seinen Körper so angegriffen, daß er am 5. August 1737 dem Rat von seinem „sehr miserablen und gantz entkräfften, schwachen Leibes-Umständen, des daher zu befürchteten unvermuthen Todesfall"[384] Mitteilung machte.

Im Dezember 1736 war auch die Frage wieder aufgebrochen, aus welchem Material man die noch immer fehlende Laterne errichten sollte: aus Holz, wie schon einmal beschlossen, oder doch aus Stein. Der Rat, voller Unsicherheit und nicht willens, die notwendige Entscheidung zu fällen, richtete, um Klarheit zu gewinnen, am 3. April des neuen Jahres über den Kabinettsminister und nunmehrigen Gouverneur Heinrich Friedrich Reichsgraf von Friesen – Wackerbarth war 1734 gestorben – ein Schreiben an die Baukommission, die daraufhin vorschlug, sich in der Angelegenheit direkt an Knöffel als den kenntnisreichen Fachmann zu wenden. Diese Aufgabe übertrug man Bähr. Offensichtlich erzürnt, berichtete der später, daß jener ihn „gar verächtlich tractiret"[385], seine Risse zurückgewiesen und verlangt habe, dieselben in präzis-detaillierter Form ihm binnen eines halben Jahres erneut vorzulegen. Der Ratszimmermeister, der wegen seiner schweren Erkrankung um Nachsicht dafür bat, daß er dies in so kurzer Zeit nicht leisten könne, ging bei dem Gespräch auch auf die Risse an den Hauptbögen und Pfeilern ein, die man ihm, wie er meinte, zu Unrecht anlaste. Sie resultierten – so erklärte er – einfach daraus, daß die Gewölbebögen mit der Außenmauer nicht verbunden seien, und nur die ungleichen Steine der Pfeiler hätten dort hin und wieder schmale Fugen entstehen lassen. Das Problem der Laterne blieb zunächst ungelöst.

Im selben Jahr – 1737 mithin – erfahren wir abermals einiges über persönliche Schwierigkeiten Bährs, die sich zu einer geradezu existenzbedrohenden Situation auswuchsen. Anlaß dafür war die Tatsache, daß die Ausgestaltung des Chorraums, obwohl mit dem Ratszimmermeister vertraglich entsprechend vereinbart, auf Grund nicht ausreichender Geldmittel noch immer auf sich warten ließ. Hierauf wurden Bähr und Feige vom Rat einbestellt. Vor dem Gremium beklagte sich der Bildhauer darüber, daß der Zimmermeister ihm zum Weiterarbeiten nicht genügend Geld ausgezahlt habe und außerdem bislang auch das Gerüst dazu fehle. Bähr verpflichtete sich sofort, die hölzerne Vorrichtung zu erstellen. Um die finanziellen Lücken zu schließen, also die ausstehenden Beträge für Feige, aber auch für Bähr und ihre Handwerker aufzubringen, schlug der Rat letzterem vor, er solle, um den Bau zu vollenden, sein gesamtes – auf zweitausend Taler veranschlagtes – Vermögen verpfänden. Dieses als Zumutung empfundene Verlangen traf den von unheilbarer Krankheit Heimgesuchten, der eine vielköpfige Familie ernähren mußte, offenbar im Innersten. So bat er um einen neuen Kontrakt, der helfen sollte, die Kosten für die abschließenden Arbeiten an der Kirche aufzubringen.

*Altarbau*

Von Frühjahr 1734 an bis zum November 1739 entstand jener Ausstattungsteil, der dem Kircheninnern, zusammen mit der Gewölbeausmalung Grones, in höchst beeindruckender Weise seinen besonderen Glanz verlieh und ein spätbarockes Raumkunstwerk entstehen ließ: der überaus reich verzierte Altar mit einer Reihe ihm zugeordneter, für den Gottesdienst bedeutsamer Elemente. Damit stoßen wir wieder auf den Künstler, der für die Raumgestaltung in ihrer Gesamtheit eine gewichtige Rolle spielte: auf den bereits mehrfach erwähnten Bildhauer Johann Christoph Feige, der schon im Zusammenhang mit den schmückenden Ergänzungen im Innenraum wie vor allem am Außenbau unsere Aufmerksamkeit auf sich gezogen hatte. Ihm, dessen Werkstatt am Neustädter Elbufer lag, verdanken sich „die fünf Stücke", und zwar der Altar und das Orgelgehäuse, die Kanzel und die Beichtstühle sowie die Treppenbalustrade. Für sie mußte er gemeinsam mit Johann Benjamin Thomae, einem Mann von gleicher Profession und Schüler des berühmten Permoser, dem seinerzeit ein guter Ruf auch als Möbelschnitzer vorausging, und neben dem Steinmetzen Daniel Ebhardt, bereits eingangs des Jahres 1733 auf Weisung des Rates Risse und Modelle anfertigen. Der Entwurf Feiges bildete auf Grund seiner, was Material, Farbfassung und Formgebung anlangt, einheitlichen Konzeption, geradezu ein Gesamtkunstwerk. Er war es denn auch, den der Ratszimmermeister, der in seinem jedoch nur im Grundriß überlieferten Raumschema das Leitbild dazu schon vorgegeben hatte, fast ohne Abstriche übernahm[386]. Hierin hat man den Ausdruck „wohl einer tieferliegenden Übereinstimmung"[387] in den Stilauffassungen der beiden Künstler gesehen.

Das nach fünfeinhalb Jahren vollendete Prunk- und Repräsentationsstück fand seinen Standort im tiefen Ovalraum des Chores, dort also, wo das innere Rund der Kirche in der Richtung ihrer Hauptachse eine deutlich sichtbare Ausbuchtung nach Osten erhalten hatte. So stellte es mit seinen seitlichen Stufenanlagen den dominierenden Blickpunkt für die Gemeinde dar.

Ihre Wirkung bezog die schlanke Altararchitektur mit ihrer lichten Farbigkeit nicht zuletzt aus ihrer sowohl horizontal als auch vertikal wohlproportionierten Gliederung sowie dem vor- und zurückschwingenden Linienfluß des plastischen Zierats seiner einzelnen Teile, der zudem mit der Bewegung der Emporen und des Gestühls korrespondierte. Sie ruhte auf einem Untergeschoß mit Umgang, war damit gegenüber dem Zentralraum bühnenartig erhöht.

Der künstlerische Rang der Feigeschen Arbeiten, die, wie angedeutet, vom Bährschen Formenrepertoire durchaus beeinflußt waren, kulminierte in der Gestaltung dieses hochbarocken Altars, dem nach oben, wie es vom Kirchenbautyp der Schloßkapellen bekannt war, die Orgel mit ihrem Prospekt in gleicher ausgewogener Beschaffenheit hinzugefügt war.

Das Zentrum des Werkes bildete in einer Nische, begrenzt von vier kannelierten, grün marmorierten Säulen mit vergoldeten Kapitellen und Basen, eine körperhaft gestaltete Ölbergszene: mit dem betenden Jesus vor hellblauem Grund, dem aus einer üppigen, Goldstrahlen aussendenden Wolkenglorie ein Engel entgegenflog; mit den drei schlafenden Jüngern Petrus, Jakobus und Johannes in Flachreliefs rechts neben dem Erlöser; und dahinter aufsteigend das himmlische Jerusalem mit der Pforte zum Garten Gethsemane, aus der die Häscher, die Verfolger des Herrn, heraustraten. Auf dem Zwischengesims darunter, das Ganze abermals von vier Figuren flankiert, standen auf der linken Seite Paulus und rechts gegenüber Philippus; nach außen saßen links Moses und auf der rechten Seite Aaron – Figuren, die jeweils das Neue und das Alte Testament vertraten. Über dem geschweiften Giebel des Altars folgte dann das reich ornamentierte Pfeifengehäuse der Orgel, auf dessen oberen Rand zwei Engel mit Posaunen ihren Platz gefunden hatten.

Während die Altarfiguren und die meisten Verzierungen aus Sandstein bestanden, um Stuckarbeit ergänzt, war das Material des Orgelschmucks ausschließlich das Holz.

Eine kunsthistorische Bewertung der Ausgestaltung des Frauenkirchen-Binnenraums insgesamt kam jüngst, nachdem lange Zeit, offenbar ohne genaue Kenntnis desselben, eine negative Grundeinstellung dem Bildhauer gegenüber vorgeherrscht hatte, zu dem Ergebnis: „Obwohl Feige sehr dekorativ arbeitete und oft Motive und Zierelemente wiederholte, wirkte nie etwas schematisch oder zufällig – nichts steif oder aufgesetzt. Durch immer neue Formenvariationen, wechselnde und oft liebevoll nach der Natur gestaltete Details, kraftvoll zupackende Formgebung, strahlte seine Plastik Unmittelbarkeit, Frische und Vitalität aus. Rein dekorative, phantastische Bildungen gingen mit betont naturalistischen eine harmonische Bindung ein. Alle Formen waren plastisch-voluminös und bekamen durch fließende Linienführung Schwung und Lebendigkeit – so hatte man oft den Eindruck, die Formen seien organisch aus dem Stein gewachsen."[388]

Den Urheber des Bildprogramms, das mit dem Altarwerk verwirklicht wurde, kennt man bis heute nicht. Dennoch lassen sich über seine Bedeutung und Herkunft auf verschiedenen Hinweisen beruhende, durchaus überzeugende Vermutungen ableiten.[389]

Von mehreren vorausgehenden Entwürfen stammte deren ältester aus dem Jahre 1722 von George Bähr und zeigte ein von Doppelsäulen eingerahmtes, von einem Strahlenkranz mit dem Auge Gottes bekröntes Altarrelief, über dessen Inhalt jedoch nichts ausgesagt wurde. Während auch die späteren Vorschläge mit ihren Darstellungen der Himmelfahrt und Auferstehung des Herrn oder alttestamentlicher Themen an der ikonographischen Tradition protestantisch-barocker Altäre festhielten, wie das schon eine Reihe zuvor entstandener Arbeiten in sächsischen Stadtkirchen erkennen läßt, scheint der Beschluß des Dresdner Rates vom 1. Dezember 1733, „die Historie von Christo am Oehlberge" abzubilden, in seelsorgerischen Ambitionen zu wurzeln. Denn in jenen von Pietismus und Aufklärungstheologie beeinflußten Jahrzehnten, in denen der Superintendent der Residenzstadt Valentin Löscher diese religiösen Erneuerungsbewegungen im Geiste der von ihm kompromißlos verfochtenen lutherischen Orthodoxie leidenschaftlich bekämpfte, dürfte die Rückbesinnung auf ältere reformatorische Auffassungen zur Altarkunst an Gewicht gewonnen haben. Kein Wunder also, daß offensichtlich angeregt durch ein Werk in der Dreifaltigkeitskirche zu Görlitz, wo das Thema als zentrale Aussage erstmals behandelt worden war, das Gebet Christi im Garten Gethsemane dann auch in die Frauenkirche Eingang gefunden hatte. Nach Luthers Verständnis nämlich diente, neben der Fußwaschung vor dem Abendmahl, gerade diese Szene den Gläubigen zur „Erinnerung und Vermahnung".[390] Daß sich aus der Wolkenglorie zudem ein Engel löst, um Jesus das Kreuz hinabzutragen, damit er es annehme und so den Tod überwinde, wurde als weiterer Fingerzeig auf die Heilsgeschichte gedeutet. Die anderen ins Auge fallenden Altarfiguren, die wir hier noch ansprechen wollen, die des Alten wie des Neuen Testaments verweisen mit ihren Symbolen – so etwa Moses mit den Gesetzestafeln – auf die im Altarraum empfangenen Sakramente von Beichte und Taufe. Die Katheder-kanzel wiederum, die dem Altarraum vorgesetzt war, gilt als Zeichen dafür, „daß alle bildlichen Darstellungen nur im Geiste des Wortes Gottes" – wie es für Luther die Bibel als alleinige Quelle der christlichen Wahrheit ausspricht – „richtig zu lesen und zu verstehen sind".[391]

Der Ratszimmermeister konnte das, wie anfangs gesagt, erst 1739 fertiggewordene Altarwerk, starb er doch schon ein Jahr vorher, in seiner endgültigen Gestalt nicht mehr sehen.

Damals mußte man übrigens, akustischer Mängel wegen, die sich inzwischen bemerkbar gemacht hatten, die Kanzel mit Schalldeckel an den nordöstlichen Pfeiler versetzen. An ihre Stelle fügte Feige ein niedriges Lesepult ein, das nunmehr in der Mittelachse lag und unterhalb auf beiden Seiten von wohlverzierten Beichtstühlen flankiert wurde.[392]

*Die Orgel und der erste Gottesdienst*

In der Zwischenzeit hatte auch die Orgel ihren Platz erhalten – auch sie, wenn man so will, ein Stück unverwechselbarer Architektur von Feiges Hand, den Vorstellungen Bährs wie Fehres entsprechend, der Umgrenzung und Höhe des Kirchenraums angepaßt. Schon im frühen Oktober 1734 war von dem „Hoff- und Landorgelbauer" Gottfried Silbermann aus Freiberg, einem Mann mit hervorragendem Ruf in seinem Wirkungskreis, dem man zwei Jahre zuvor – er hatte bereits zwischen 1720 und 1721 die Orgel der Sophienkirche geschaffen – nach zähen Verhandlungen den Auftrag erteilt hatte, in einer Ratssitzung betont worden, er könne nunmehr sein Instrument aufstellen, aber – so fügte er ungehalten und vorwurfsvoll hinzu –, dies scheitere daran, daß Bähr das Balgenhaus und das Orgelgehäuse noch immer nicht fertiggestellt habe. Dies hätte insofern eine Verzögerung zur Folge, als er momentan nicht imstande sei, sich seiner nächsten Aufgabe zu widmen: seien nämlich die Arbeiten an den Orgelpfeifen aus Zinn erst einmal abgeschlossen, so müßten sie sofort an der dafür vorgesehenen Stelle eingebaut werden. Als der Ratszimmermeister daraufhin Rede und Antwort stehen mußte, rechtfertigte er sein Verhalten damit, daß durch die Aufnahme des Gottesdienstes seine Handwerker überbeansprucht würden, könnten sie doch nur noch von Montag bis Freitag tätig sein, weil der Bau nicht allein sonntags, sondern auch sonnabends bereits für die sakrale Nutzung herhalten müsse. Bis Pfingsten 1735 indes werde er seinen Verpflichtungen nachkommen.

In der Tat hatte Löscher schon am 28. Februar 1734, am Sonntag Sexagesimae, zum ersten Mal in der neuen Kirche gepredigt, deren Altar bekanntlich damals ebenfalls noch nicht vollendet war. Eingeladen hatte man zu dieser Einweihungsfeier, wie nicht anders zu erwarten, hochkarätige Gäste, darunter nicht zuletzt namhafte Vertreter des Hofes, für die der Rat „gewiße Stühle"[393] reservieren ließ. Nach dem Läuten der Glocken aus der alten Frauenkirche, die seinerzeit noch in dem provisorischen Glockenturm hingen, begann schon sieben Uhr in der Früh der festliche Akt, den der Kreuzkantor Theodor Christlieb Reinhold, den wir bereits von der Grundsteinlegung kennen, mit dem Cho-

ral „Allein Gott in der Höh sei Ehr" einleitete. Es folgten die Epistel-
lesung und im Anschluß an den Gemeindegesang die Lesung des
Evangeliums, danach die Aufführung einer von Reinhold eigens komponierten „Vocal- und Instrumental-Music", schließlich das von allen
Anwesenden gesprochene Glaubensbekenntnis, bevor der Superintendent für zwei und eine Viertel Stunde das Wort ergriff. Hinterher
mündeten die üblichen Gebete und die Beichte ein in eine weitere musikalische Darbietung und abermaligen Gesang der Gemeinde, in Gebet und Segen. Drei Viertel zwölf klang der Gottesdienst aus mit dem
Lied „Es ist das Heil uns kommen here, Sey Lob und Ehr mit hohem
Preiß". In der ausführlichen Beschreibung der Feier kann man lesen,
daß man – ein Hinweis auf die gute Akustik des Raumes – trotz des an
jenem Tag herrschenden Sturms die Predigt „überall vernehmlich (hat)
hören können."[394] Und außerdem erfährt man, daß man sich zur musikalischen Umrahmung ein Orgelpositiv, eine kleine Standorgel ohne
Pedal, leihen mußte.

Anschließend gab es auch Klagen: Die Gottesdienstteilnehmer aus
den sechzehn eingepfarrten Dörfern der Umgebung trugen beim Rat
die Beschwerde vor, man sei bei der Vergabe der Kirchenstühle zu
wenig auf ihre Wünsche eingegangen. Dazu übte man Kritik an den da
und dort zu eng aufgestellten Stuhlreihen. Die Männer monierten, daß
man ihnen die zweite und dritte Empore zugewiesen habe: sie seien
doch zum Teil recht alt und als Landbewohner das Treppensteigen,
zumal mit ihren im Winter vereisten Schuhen, nicht gewöhnt; sie be-
auftragten sogar einen Notar, der ihr Recht auf angemessene Sitzgele-
genheiten gegenüber dem Ratskollegium mit den von ihnen beim Kirchenbau geleisteten Diensten begründete. Manches nahm dabei
ausgesprochen skurrile Züge an – so, wenn sie zum Beispiel darauf be-
harrten, „ihren schwangeren Frauen sei nicht zuzumuten, auf den im
Mittelgang des Kirchenschiffs zunächst längs eingestellten Bänken zu
sitzen, weil dann durch die Drehung des Halses die Leibesfrucht ge-
fährdet sei, auch würden die Bürgersfrauen, wenn sie aufstünden, ihnen
mit ihren großen Reifröcken ‚übers Maul fahren'"![395]

Erst 1736, vom Juni an, wurde die Orgel an ihren Ort eingebaut –
auch davon haben wir schon gesprochen –, von „Virtuosen, Musicis
und Organisten"[396] geprüft sowie zum Spielen vorbereitet und am

22. November, zweieinhalb Jahre nach dem hier geschilderten Ereignis, in Anwesenheit von Löscher mit „vollkommenen Applausu"[397] dem Rat übergeben. Das bot Silbermann die Möglichkeit, einen zusätzlichen Betrag, über den im Kontrakt festgelegten hinaus, zu fordern, wozu er sich vor allem durch die Tatsache veranlaßt sah, daß George Bähr seine Teile für die Orgel nicht rechtzeitig geliefert und dadurch Komplikationen heraufbeschworen habe. Die von ihm verlangte Summe wurde ihm nach einem „unerquicklichen Tauziehen"[398] mit dem Auftraggeber, wenn auch mit einer Kürzung, schließlich gewährt.

Das Instrument war des Meisters neununddreißigstes Werk – insgesamt baute er sechsundvierzig Orgeln – und mit achtundvierzig Registern „auch das grösseste, stärckste und ansehnlichste, so er gemachet".[399] Als es am 25. November zum ersten Mal, zusammen mit drei Chören, erklang, „(erschallete) nicht ohne besondere Gemüths-Ergötzung ein wohlcomponirtes Echo aus der obersten Kuppel der Kirchen."[400] Die Einweihungskantate, nach der Predigt aufgeführt, stammte wiederum vom Kreuzkantor Reinhold, der schon die Grundsteinlegung der Frauenkirche musikalisch begleitet hatte und nun der ausgezeichneten Akustik des Bauwerks seine Anerkennung zollte.

*George Bährs Tod und die Vollendung des Monumentalbaus*

Die Unschlüssigkeiten über die Ausführung der Laterne, wohl nicht zuletzt durch die 1735 erstmals sichtbar gewordenen Bauschäden hervorgerufen, hielten das ganze Jahr 1737 über an.

Im Februar 1738 beklagte sich dann die oberste Baukommission beim Rat darüber, daß die für jenen Bauteil angeforderten Risse, die zeichnerischen Darstellungen also, noch immer nicht geliefert worden seien. Möglicherweise entstehe dadurch bei Einheimischen wie Fremden, ja sogar bei der Königlichen Majestät der Eindruck, „der Kirchen-Bau (solle) mit Fleiß ins Weite gezogen werden."[401] In ihrer Erwiderung erinnerte die städtische Behörde an Bährs wegen seiner schweren Erkrankung eingeschränkte Arbeitsfähigkeit und verwies darauf, daß der Ratszimmermeister, obwohl alles Notwendige bereits aus den eingereichten Unterlagen zu ersehen sei, noch die dem Schreiben beiliegenden Entwürfe für drei kleinere Kuppelaufsätze habe anfertigen lassen, die zudem den Vorzug hätten, daß sie in jedem Fall billiger als die ursprünglich vorgesehene Laterne errichtet werden könnten.

Derartige Auseinandersetzungen zwischen den wichtigsten Behörden und Fachleuten, zumeist um das für den Kuppelabschluß zu verwendende Material geführt, bestimmten auch noch die folgende Zeit. In diesen Monaten scheinen sich die von George Bähr mehrfach geäußerten Befürchtungen, sein körperliches Befinden betreffend, zunehmend bewahrheitet zu haben. Die Mühsal seiner Arbeit, mancherlei Kritik an seinen Entscheidungen, die wiederholten Sorgen um das Gelingen des großen Werkes, schließlich auch die Reibereien mit den übergeordneten staatlichen, kommunalen und kirchlichen Stellen hatten offenkundig an seinen Kräften gezehrt.

Aus dem fortschreitenden Siechtum, dem Bewußtsein seiner Hinfälligkeit ohne Aussicht auf Besserung erklärt sich wohl auch jenes leider nicht mehr erhaltene „Abschiedsschreiben", das er damals in aller Form an den Rat richtete und das dort am 8. März 1738 verlesen wurde. Es hatte zur Konsequenz, daß er noch fünfzig Taler für besondere Aufwendungen ausgezahlt bekam, „zumahlen er solcher bey seiner langwierigen lagerhaften Krankheit vornehmlich bedürftig ist."[402] Außerdem erließ man ihm drei Tage später „derer Zinsen ... von seim schuldig gewesenen Capitale á 400 Thaler ... in Ansehung verschiedener vor uns zeithero gefertigten Risse und Modelle, auch dabei adhibirten (gebrauchten!) Leuthe und selbst gethanen Aufwandes bey fortwehrender seiner Kranckheit."[403] Beides wirkt fast so, als ob man nun seinen gelegentlich vorgebrachten Anliegen, zumindest bis zu einem gewissen Grade, doch noch gerecht werden wollte.

Eine Woche danach endete sein mit außergewöhnlichen Talenten und bedeutsamen Erfolgen gesegnetes, aber eben auch von Anfeindungen, Entbehrungen und Prüfungen gezeichnetes Leben. In der schon mehrmals zitierten Publikation „Kern Dreßnischer Merkwürdigkeiten" hieß es dazu: „den 16. Mart. starb allhier der bekannte Architectus und Raths-Zimmermeister Herr George Bähr, im hohen Alter, welcher Baumeister von hiesiger Frauen-Kirche gewesen ...".[404] Als Todesursache wurden – so unter dem 20. März 1738 in den Nachrichten der Kreuzkirche an das Ratskollegium – „Stickfluß" (früherer Name für Lungenödem = krankhafte Ansammlung von Flüssigkeit in den Lungenbläschen) sowie „Verzehrung" im Sinne von Auszehrung genannt, dem seit dem achtzehnten Jahrhundert üblichen Wort für Schwindsucht. Bähr verschied in seinem eigenen Haus in der Seegasse. Wie er gestorben ist, wissen wir nicht, auch nicht, ob seine (seit 1730 dritte) Ehefrau Johanna Juliane, geb. Wahle ihm in den letzten Stunden beistehen konnte und seine sechs noch unmündigen Kinder, drei Töchter und drei Söhne, mit am Sterbebett waren. Überfiel ihn, dem man stets tiefe Gläubigkeit nachgesagt hatte, Todesangst oder vollendete er sein Dasein auf sanfte Weise? Auch diese Frage ist bis heute offengeblieben.

Beigesetzt – und zwar ehrenvoll, wie man lesen kann – wurde er auf dem Johannisfriedhof, dem 1861 aufgelassenen Begräbnisplatz vor dem Pirnaischen Tor. Wer bei dem Leichenbegängnis zugegen war, ob die Leistungen des hervorragenden Mannes von offizieller Seite eine angemessene Würdigung erfuhren: dazu gibt es ebenfalls keine schriftliche Überlieferung.

Das längst gesicherte Wissen über die Todesart, die er erlitten, steht in krassem Gegensatz zu dem erst hundert Jahre nach seinem Ableben aufgekommenen Gerücht, der Ratszimmermeister habe sich, des dauernden Kampfes um sein Hauptwerk müde, durch einen Sprung vom Gerüst selbst ums Leben gebracht. Diese Fama, niemals durch unwiderlegliche Beweise bestätigt, wäre sicher nach und nach der Vergessenheit anheimgefallen, hätte sie nicht um die Mitte des neunzehnten Jahrhunderts eine Wiederbelebung erfahren. Als man nämlich am 12. und 14. Juli 1854 sich anschickte, die Bährschen Gebeine vom Johannisfriedhof in die Katakomben der Frauenkirche umzubetten, stieß man in einem irrtümlicherweise geöffneten Grab auf das Skelett eines anderen Verstorbenen, dessen schwere Brüche an Schädel und Rippen die These vom Absturz vermeintlich erhärteten. Sie fand dann sogar Eingang in die Biographie des Ratszimmermeisters von Jean Louis Sponsel aus dem Jahre 1893, allerdings in der Version des Unglücksfalles, auf die sich später weitere Autoren stützten. Dabei war in allen zeitgenössischen Mitteilungen über den Tod Bährs von einem solchen außergewöhnlichen Geschehen nie die Rede gewesen.

Warum jene Legende überhaupt hat entstehen können, wurde schon gegen Ausgang des vorletzten Jahrhunderts damit begründet, daß der 1730 durch einen Sprung vom Baugerüst herbeigeführte Freitod eines verarmten Adligen, des einstigen Kammerjunkers bei Kurfürst Friedrich August I. Melchior Ernst von Kröcher, die Gemüter so stark bewegt hatte, daß sich das Ereignis tief ins Gedächtnis der Bevölkerung eingrub, während andererseits der Name des Selbstmörders mit der Zeit der Erinnerung entfiel. Angesichts des nagenden Kummers, der George Bähr immer wieder bedrängte, habe es sich angeboten, jene Tat auf ihn zu projizieren.

Nachdem der Ratszimmermeister 1738 mit zweiundsiebzig Jahren gestorben war, währte die Bauzeit bis zur Vollendung des Sakralbaus noch weitere fünf Jahre. Die Arbeiten lagen auch fortan in den bewährten Händen der schon bisher neben Bähr maßgeblichen Meister, gelegentlich jedoch ergänzt um einige neue Akteure, wobei die noch auftretenden Schwierigkeiten keineswegs geringer waren als in den vorangegangenen Phasen der Bautätigkeit. Vor allem das Laternenproblem, dem der Verstorbene, gebrechlich wie er in seinen letzten Lebensjahren war, sich offenbar nicht mehr intensiv hatte widmen können, harrte nach wie vor der Lösung.

Als George Bährs Nachfolger in der Bauleitung galt bislang sein Neffe und Schüler Johann Georg Schmid. Der Zimmerpolier und spätere Ratsbaumeister, der als Mitwirkender an Dresdner Kirchen- und Profanbauten bekannt geworden war, hatte die erst vierzig Jahre alte Witwe des Entschlafenen geheiratet, die ab 1741 in Schreiben an den König und den Rat, wobei es um Zahlungen für von dem Architekten noch erbrachte Leistungen ging, die ihm nicht vergütet worden waren, stets als Ehefrau des einstigen Gesellen unterzeichnete.[405] Erst seit neuestem weiß man, daß im Gegensatz zu der in der Literatur verbreiteten Ansicht der Ratszimmermeister George Friedrich Winckler (1704 bis 1762) in das Amt Bährs berufen worden war.[406]

Drei Monate nach unseres Baumeisters Tod entschied die oberste Baukommission, daß das Laternenpostament wieder beseitigt und statt seiner unmittelbar auf der Kuppel nur ein leichter Aufsatz aus Holz errichtet werden soll. Falls sich aber dadurch die Standfestigkeit des Gebäudes trotzdem nicht garantieren ließe, möge man den gesamten oberen Kuppelbau niederreißen und denselben, wie es Fehre ehedem schon einmal geraten hätte, durch eine Holzkonstruktion ersetzen. Man stützte sich dabei auf ein Gutachten, von – unter anderen – so namhaften Architekten wie Knöffel, Fürstenhoff und Krubsacius (1718 bis 1789), in dem vor allem auf die für die Kuppellast zu schwachen Pfeiler verwiesen wurde – der Kampf um die Ausführung der Kuppel ruhte also noch immer nicht.

Der Rat reagierte darauf unverzüglich. Im Juni 1738 beauftragte er die Ältesten der Zimmermeisterinnung ebenfalls mit einer Expertise. Ihr Ergebnis lautete: Die aufgetretenen Risse an Bögen und Gewölbe bedeuteten keine Gefährdung des Bauwerks, das allerdings dann stark erschüttert würde, wenn man das Postament wieder entferne; so sei es besser, diesen Unterbau zu belassen. In einer vier Wochen danach anberaumten Sitzung von Rats- und Kirchenvertretern, der auch Löscher beiwohnte, prangerte der Oberkonsistorialpräsident von Holzendorf die ungerechtfertigten Erwägungen, die im Umlauf seien und in feindseligen Einstellungen gegenüber dem verstorbenen Architekten George Bähr gründeten, in kräftigen Worten an; als ihre Urheber machte er Personen aus, die „eben nicht die habilsten (fähigsten) Baumeister wären."[407]

Um die ganze Angelegenheit voranzubringen, einigte man sich darauf, den bekannten Architekten David Schatz (1667 bis 1750) aus Leipzig zur Überprüfung des gesamten Kirchenbaus zu engagieren. Man bediente sich dabei der Fürsprache des einflußreichen Heinrich Graf von Brühl, damals seines Zeichens Kabinettsminister unter August III., der sein Interesse an der Erhaltung der Kuppel bekundete, ebendeshalb aber zur rechten Beurteilung der prekären Fragen zusätzlich auch noch den ein Jahr zuvor an die Elbe gekommenen Italiener Gaëtano Chiaveri anzuhören wünschte.

Der Schöpfer der katholischen Hofkirche, in der Ideenwelt des römischen Spätbarocks verwurzelt, stand der Bährschen Baukunst in ihrer schlichten Monumentalität offensichtlich fremd gegenüber und empfahl kurzerhand, ohne sich tiefer mit ihr auseinanderzusetzen, die Kuppel teilweise wieder abzutragen und an ihre Stelle eine hölzerne, mit Blei gedeckte treten zu lassen. Dagegen untersuchte Schatz das Bauwerk weitaus gründlicher und legte im August 1738 dann ein umfängliches Gutachten vor. Er hatte mit einer Reihe von Amtspersonen und zahlreichen Fachleuten den Baukörper vom Gruftbereich bis in

die oberste Kuppel hinein besichtigt und daraufhin dem Ratszimmermeister als erstes die Gediegenheit seiner Arbeit und die Haltbarkeit
der Konstruktion attestiert. Als Ursache für die Schäden, die zur Besorgnis Anlaß gegeben hatten, nannte er weitgehend dieselben, die
schon von Bähr angeführt worden waren.

Um sie zu beheben, riet er vor allem dazu, die verwitterten Fugen
am Außenbau zu verkitten und ebenso die innen aufgetretenen Risse
wieder fest zu verschließen. Das Eindringen von Nässe an bestimmten
Schwachpunkten, namentlich am Kuppelanlauf bei extremen Wetter-
lagen, könne mit metallenen Abdeckungen aus Blei oder Kupfer abge-
wehrt werden. Überdies sollten die feuchten Partien an Bögen und
Mauerwerk im Inneren abgerieben, nicht jedoch erneut gekalkt werden, damit die Steine durch ungehinderten Luftzutritt austrocknen
könnten. Kein Wunder, daß diese Stellungnahme den Rat der Stadt
erst einmal zufrieden machte. Schließlich regte Schatz an, über dem
oberen Kuppelkranz eine Art Balustrade zu errichten. Der dadurch
entstehende Raum, über die bereits vorhandene Treppe im Postament
zugänglich, ließe sich als Observatorium in Nutzung nehmen – eine
Anregung, die der Rat mit einem umfassenden Bericht zur Genehmigung beim Gouverneur von Dresden, nunmehr der Kabinettsminister
Heinrich Friedrich Reichsgraf von Friesen, einreichte, nicht ohne auf
den leichten Aufbau und seine geringen Kosten hinzuweisen.

Mit alldem war freilich die langwierige Prozedur um die anstehen-
de Lösung des Kuppelabschlusses noch immer nicht beendet. Der
Schriftverkehr, der sich zwischen den maßgebenden Stellen vom Dezember 1738 bis tief in das Jahr 1740 hinein entwickelte, spiegelt abermals die angestrengten Bemühungen um die Weiterführung des Baus
wider. So legte zunächst der Gouverneur dem Landesherrn in einem
ausführlichen Schreiben, dem er neben den vorhandenen Gutachten
die Kommentare der Oberbaukommission und des Rates beifügte, die
im Laufe der Zeit erarbeiteten Varianten des Vorgehens dar. Er wog
ihre Vor- und Nachteile ab, beschrieb die finanziellen Konsequenzen
und favorisierte letztlich die Schatzsche Empfehlung.

Die Würfel fielen indes erst, als der Kurfürst-König ein halbes Jahr
danach, am 4. Juli 1739, seine Entscheidung in dieser Angelegenheit
traf. Sie gipfelte in den Worten, daß er unter den „differenten Vor-

schlägen denjenigen (bevorzuge), welchen der Land-Baumeister Schatz aus Leipzig gethan …, (damit der) Bau endlich einmahl zum Ende gebracht werde."[408]

Wenig später begann man, farbige Modelle anzufertigen, die man, um ihre Wirkung auf der Kuppel prüfen zu können, in zwei Anläufen dort postierte. Das Resultat dieser Versuche war, daß der Rat im Oktober 1739 den Gedanken der Balustrade mit dem Observatorium wieder fallen ließ. Fehre und Knöffel entwarfen deshalb neue Versionen für eine Laterne, von denen nur jene des Ratsmaurermeisters Augusts III. Gefallen fand. Dieser Fehrsche Entwurf wiederum stimmte mit dem von Schatz, um dessen Genehmigung der Rat ja gebeten hatte, nicht ganz überein, so daß die Vertreter der Stadt befürchteten, sie könnten im Falle seiner Verwirklichung von der obersten Baukommission zur Rechenschaft gezogen werden. Nachdem man diesen beunruhigenden Sachverhalt dem Oberkonsistorium mitgeteilt hatte, ordnete diese kirchenleitende Kollegialbehörde am 27. Mai 1740 an, daß der Laternenbau „auf alle mögliche Weise zu beschleunigen" sei und realisiert werden solle, wie „Ihro Königliche Majestät und Churfürstliche Durchlaucht"[409] es gewünscht habe.

Damit mündete der das Baugeschehen immer aufs neue verzögernde, zeitraubende Entscheidungsprozeß nach etlichen Vorbereitungen Anfang des Jahres 1741 in die letzte Phase der Bautätigkeit.

Zu ihren Voraussetzungen gehörte, da die Laterne nach Fehres Vorstellungen nunmehr aus Stein entstehen sollte, abermals als erstes die Beschaffung von „specificirtem Steinwerck".[410] Seit Ende Juni brachten es fünf Steinschiffer aus dem Brüchen von Postelwitz heran. Um sie zu bearbeiten, mußten eigens Schablonen hergestellt werden, war doch für die Einzelstücke der Außenmauern jeweils eine besondere Formgebung erforderlich.

Bereits im Mai konnten die Fachleute bei der Kirche zwei Muster der Laterne begutachten, von denen der Rat das eine zur Ausführung auswählte. Im Anschluß daran ging man sofort an die Arbeit; zugleich hatte die städtische Behörde den insgesamt vier dabei tätigen Maurern als Gefahrenzulage den Tagelohn um einen Groschen aufgebessert. Acht Zimmerleuten oblag es wieder, für die Gerüste zu sorgen, die es in großer Höhe – man bewegte sich inzwischen in mehr als siebzig

Metern über dem Boden – mit Brücken, Brustlehnen und Ruheplätzen zu versehen galt. Bald ergänzten noch zweiundzwanzig Handlanger die Bauhandwerker.

Zunächst öffnete man die bekanntlich oben am schon existierenden Laternenfundament ausgesparte Rundung, befestigte über ihr einen kranartigen Aufzug und legte dann den Sockel für die vier Schäfte des Laternenaufsatzes. Eiserne Klammern, mit Blei vergossen, taten beim Versetzen der Steine auch hier wieder ihren Dienst. Anschließend vollzog sich der Baufortschritt so kontinuierlich, wie man ihn geplant hatte. Von August bis September 1741 dauerten die Maurerarbeiten an den Bögen über den vier hohen Arkadenöffnungen, die von Feige abermals mit Konsolsteinen, die sich nach oben zu Voluten aufrollten, verziert wurden. Im Oktober konnte das Hauptgesims noch zustande gebracht werden, bevor man das Bauwerk, wie stets in der Vergangenheit, für den heraufziehenden Winter sicherte.

Vom vorletzten Baujahr an stand außer mancherlei Feinarbeit am im allgemeinen bereits Abgeschlossenen namentlich die Errichtung der Dachhaube auf dem Programm, des einer kleinen Kuppel nicht unähnlichen Holzaufbaus, der bis Mitte August 1743 mit Kupfer gedeckt wurde. Diese Hauben-Lösung wich im übrigen von der ursprünglichen Intention Bährs ab, hatte der doch, wie uns bereits bekannt, im Gegensatz dazu an einen durchbrochenen, von einem Obelisken abgeschlossenen Helm gedacht – eine an das von Longuelune ehedem für das Blockhaus entwickelte Konzept erinnernde Absicht, deren Ausführung – wir hoben es schon einmal hervor – am Widerstand Löschers scheiterte. Die Bekrönung der Frauenkirche mit einem solchen vierkantigen, nach oben verjüngten und in einer pyramidenförmigen Spitze endenden Steinpfeiler hätte dem Bau schließlich eine Architekturform hinzugefügt, die seinerzeit in Dresden die Herrschaft August des Starken versinnbildlichte

Unterdessen hatte Feige, der Bildhauer, auch den Knopf, ein nahezu eiförmiges Gebilde unter dem Kreuz, sowie dieses selbst, dem weitere Gestaltelemente beigegeben waren, entworfen. Sie beide mußten der hölzernen Haube noch aufgesetzt werden. Dazu waren wiederum, und zwar vom Sommer an, bemalte Modelle in natürlicher Größe auf den bis dahin höchsten Punkt des Gebäudes gestellt worden, um auch in diesem Falle sich des Eindrucks zu vergewissern, den diese von ihrem exponierten Standort aus hinterließen.

Das schließlich am 27. Mai 1743 über dem vergoldeten Kupferknopf angebracht Kuppelturmkreuz mit seinen zwei Ansichtsseiten, jede von eigener Art, bestand aus vier Eisenstäben, die ebenso einen Goldüberzug besaßen und von Strahlen und Wolken aus Kupferblech umgeben waren.

Dem kunstvoll ausgeformten Kreuzwerk eignete naturgemäß eine tiefe, den Gläubigen seit alters verständliche christliche Symbolik, die in ihrer ikonographischen Bedeutung den Zeitgenossen durchaus bewußt war, wie es die Äußerungen der am Bau Beschäftigten, der Baukünstler, der Meister und Handwerker vielfach belegen.[411]

Nachdem die Montage jenes Aufsatzes mit dem sich „Ihro Königl. Majestät ... gnädigst zufrieden"[412] zeigten, zu Ende geführt war, konnte der Bau, abgesehen von einigen ergänzenden Arbeiten an der Laterne, die noch bis zum November dauerten, als vollendet betrachtet werden. In einem damals abgefaßten Bericht wurden neben den während der Bauzeit amtierenden Ratsangehörigen auch alle mit dem Ratszimmermeister zusammenwirkenden Baumeister aufgeführt, aber auch diejenigen, die nach dessen Tod in solcher Stellung noch tätig gewesen sind. Dort fand sich am Ende der Name des Mannes, dem sich der Sakralbau in erster Linie verdankt, von „George Bähr, des Raths verpflichteter Zimmermeister und Architectus, welcher von Anfang des Kirchenbaus bis zum Schluß der obern Kuppel gelebet und am 16. Martii 1738 gestorben ist."[413]

Am 24. November 1743 „beym Beschluß des Kirchenjahres hat der Stadt-Prediger Weller in der Frauenkirche" – so kann man es im „Kern der Dreßdnischen Merckwürdigkeiten" lesen – „wegen nunmehro gäntzlich geendeten Kirchenbaus besonders gedancket, und Göttlicher Gnade gepriesen, daß er bey diesen 17jährigen Kirchenbau alle Unglücksfälle väterlich abgewendet, indem darbey niemand verunglücket, außer derjenige, der sich vorsetzlicher Weise von oben herabgestürtzet."[414]

Schaut man aus heutiger Sicht auf die Größe des Werks, die Länge und Schwierigkeiten seiner Bauzeit, außerdem auf die damals begrenzten technischen Möglichkeiten, so erweist sich eine solche Bilanz in der Tat als erstaunlich.

*Bewertung des Bauwerkes und zeitgenössische Wahrnehmung*

Jahr für Jahr war der barocke Zentralbau, der in seiner Grundriß- und Raumdisposition den Ansprüchen des protestantischen Gottesdienstes in einer der Vollkommenheit sich annähernden Weise genügte, in die überlieferte Stadtsilhouette hineingewachsen. Mit einer Höhe von fünfundneunzig Metern, einem Kuppeldurchmesser von über dreiundzwanzig Metern und den einundfünfzig Meter hohen Ecktürmen, vor allem aber seiner einzigartig-unverwechselbaren Gestalt beherrschte er sie bis zu seiner Zerstörung während des Bombenangriffs im Februar 1945.

Baukünstlerischen Rang gewann die Frauenkirche vornehmlich durch ihre Kuppel, die freilich nicht in den Kreis der Tambourkuppeln gehörte, wie sie die Baugeschichte vielfach kennt; in der Neuzeit besonders wieder seit der italienischen Renaissance, so beispielhaft bei St. Petri in Rom und beim Florentiner Dom, wo über einem zylindrischen oder polygonalen Unterbau die Wölbung sitzt. Im Gegenteil, mit ihr war etwas ganz Eigenes entstanden: eine geradezu skulpturale Architektur, die dem Wunsch George Bährs entsprach, seine Kirche solle „vom Grund aus bis oben hinauf gleichsam nur ein einziger Stein sein".[415] Ihre Ausprägung hatte sie vor allem durch die schwungvollkonkaven Dachflächen erfahren, welche den Corpus des Gebäudes mit der eigentlichen Kuppel verbanden, die in der offenen Laterne mit ihrer Haube ausklang. Sie schufen eine Kontur, die den Eindruck einer gestreckten steinernen Glocke erweckte, deren Plastizität auf das gesamte Bauwerk ausstrahlte. Im Verein mit den vier übereck gestellten zierlichen Treppentürmen und der Schlichtheit ihres Äußeren wirkte sie, von allen Seiten sichtbar und einheitlich aus Sandsteinquadern aufgeführt, sowohl monumental wie anmutig, ebenso gewaltig wie graziös. Neben der Kreuzform ihres Grundrisses war es nicht zuletzt ihre „Allansichtigkeit", in der sich lutherische Bautradition namentlich Schlesiens und Skandinaviens manifestierten.[416]

Seitdem sie vollendet war, unterlag ihre künstlerische Beurteilung naturgemäß im Laufe der Zeit nicht unerheblichen Wandlungen. Betrachtet man daraufhin die kunst- und baugeschichtliche Literatur, wie sie sich in Einzelbeiträgen, Handbüchern und Überblicksdarstellungen findet, so zeigt sich – und dies gilt generell sowohl für die deutschen als auch für ausländische Autoren –, daß dabei die bald zutage tretende Ablehnung von Barock und Rokoko eine ausschlaggebende Rolle spielte. Hatten der im letzten Drittel des achtzehnten Jahrhunders aufkommende Klassizismus sowie die aus der Romantik geborene Neogotik eine Epoche eingeleitet, die der durchaus vielfältigen Architektur der augusteischen Ära mit Skepsis, ja Verachtung begegnete und damit auch den Bährschen Sakralbau in seiner Formensprache kritisch gegenüberstand, sofern man ihn überhaupt erwähnte, so erfuhr jener Kunststil seit dem Ende des neunzehnten Jahrhunderts eine erneute Wertschätzung. Als Wegbereiter dafür seien hier nur der Dresdner Hochschullehrer und Denkmalpfleger Cornelius Gurlitt (1850 bis 1938) sowie der Schweizer Kunsthistoriker Heinrich Wölfflin (1864 bis 1945) genannt.

Doch schon um die Mitte des vorletzten Säkulums übte die Materialität und Modellierung der Frauenkirchenkuppel wie auch deren Konstruktion eine wachsende Faszination aus; wenige Jahrzehnte danach wandte sich die Forschung mehr und mehr der Bedeutung des monumentalen Gotteshauses für die Typengeschichte des evangelischen Kirchenbaus zu, bevor schließlich seit der Wende vom neunzehnten zum zwanzigsten Jahrhunderts Stilanalysen der Bauform, besonders jene der Kuppel in den Mittelpunkt des kunstwissenschaftlichen Interesses rückten.

Am frühesten hatten sich, und zwar meist pragmatisch-unbefangen in ihrem Urteil, teilweise sogar recht ausführlich, Architekten des englischsprachigen Raumes mit der Frauenkirche beschäftigt. Im Unterschied dazu war die Rezeptionsgeschichte des Bauwerks in Deutschland, zumal im Zeichen des Wilhelminismus, trotz aller im Detail fruchtbaren Untersuchungsergebnisse, nicht frei von ideologisch bestimmten Einschätzungen, die sich, in Ansätzen bereits im Werk Gurlitts angelegt, zu Klischees verdichteten und nicht selten von einem Verfasser zum anderen weitergegeben wurden. Sie offenbarten sich darin, daß man sich dazu verstieg, die Frauenkirche samt ihrem bürgerlich-protestantischen Geist nicht nur gegen das Katholisch-Höfische, das Stammesgeschichtliche gegen das Fremde auszuspielen, sondern sie zugleich nationalistisch zu mythisieren und in eine Reihe mit jenen vermeintlich wesenhaften Ausprägungen deutsch-völkischer Kultur zu stellen, die wie der Bamberger Reiter, die Stifterfiguren im Naumburger Dom, der Isenheimer Altar, Dürers „Ritter, Tod und Teufel" oder Beethovens Fünfte Symphonie die Werte eines gefühlstiefen Idealismus ausdrückten[417] – „Eigenschaften, durch die sich die Deutschen in einer Mischung aus Minderwertigkeitskomplexen und Überheblichkeit von den benachbarten großen Kulturnationen, besonders Frankreichs, abgrenzen wollten".[418]

In solchem Zusammenhang veränderte sich auch das von seinem Biographen Sponsel aus den Quellen erarbeitete Persönlichkeitsbild George Bährs: Unter dem Einfluß des neuidealistischen Geniekults verwandelte sich nämlich der Ratszimmermeister bald in die Figur des künstlerischen Einzelgängers, der, vom typischen lutherischen Ethos erfüllt, gegen alle Widerstände unaufhörlich seinem außergewöhnlichen Werk diente und es mit Gottvertrauen voranbrachte – wobei man freilich außer acht ließ, daß neben ihm an der Gestaltwerdung des Monumentalbaus noch andere nicht unbedeutende Köpfe mitgewirkt hatten.[419]

Im zwanzigsten Jahrhundert bildete dann das von Georg Dehio herausgegebene „Handbuch der Deutschen Kunstdenkmäler", namentlich in seiner 1924 erschienenen zweiten Auflage, einen wichtigen Meilenstein auf dem Weg der Beurteilung der Frauenkirche. Es schuf gleichsam ein Bewertungsmuster, indem es den Rang des Gotteshauses als Höhepunkt einer erst geraume Zeit nach der Reformation einsetzenden kirchenarchitektonischen Entwicklung hervorhob, die den Anforderungen der von Luther ausgelösten religiösen Bewegung in angemessener Weise zu entsprechen versuchte. Ihm folgten zahlreiche Kunsthistoriker und Kunstkritiker, die indessen ihre Akzente im Hinblick auf den Außenbau wie den Innenraum einmal mehr positiv, ein andermal mehr negativ setzten und gelegentlich auch mit pathetischen Worten nicht sparten. Von ihnen soll an dieser Stelle nur noch der vom Expressionismus beeinflußte Wilhelm Pinder (1878 bis 1945) erwähnt werden, der die Vorstellung von dem Dresdner Bauwerk ebenfalls nicht wenig einschneidend geprägt hat, sprach er doch 1911 von dem „glockenförmigen Ablauf der Kuppel gegen den Unterbau".[420] – eine Wendung, aus der dann die suggestive Metapher von der „Steinernen Glocke" hervorging.[421]

Schließlich kam es aber auch zu einer Wiederbelebung und Verstärkung der um 1900 sichtbar gewordenen kulturnationalistischen Tendenz vor allem durch die doktrinäre Gesinnung des Nationalsozialismus, der seine Auffassung von den germanischen Wurzeln der Frauenkirche rassentheoretisch zu stützen unternahm.

Vor dem Hintergrund solcher vom wechselnden Zeitgeist abhängigen Interpretation des Sakralbaus gewinnt der unlängst niedergeschriebene Satz eine besondere Bedeutung, daß „dieses Baudenkmal ... alle Formen von Mythisierungen und Romantisierungen nicht nötig (hat), um sich als eines der großen Werke der europäischen Kultur zu beweisen".[422]

Was die Wahrnehmung des neuen Sakralbaus kurz vor und nach seiner Vollendung durch die Zeitgenossen anlangt, so kommt in deren Urteilen im Gegensatz zu manchen Einschätzungen in den folgenden Jahrzehnten meistens volle Anerkennung der architektonischen Leistung zum Ausdruck. Dabei wird seiner außergewöhnlichen Form, nicht zuletzt der Kuppel, den überwältigenden Ausmaßen, ja der mächtigen Steinmasse besondere Bewunderung gezollt und zum Vergleich, trotz der beträchtlichen formalen und konstruktiven Abweichungen voneinander, häufig der Petersdom herangezogen.

Als August der Starke 1732, ein Jahr vor seinem Tode, da der Bau außen bis zur Kuppel vollendet war, mit dem Hofstaat aus Polen kommend, wieder in Dresden eingetroffen war, habe er – das wird in einer ersten Biographie des Königs mitgeteilt – sein „höchstes Wohlgefallen" darüber geäußert, „wie denn auch dieses, nach der großen Peterskirche zu Rom angelegte Gebäude so beschaffen ist, daß es von niemandem absonderlich von den Bau-Verständigen nicht, ohne Admiration kan gesehen werden."[423]

Kurze Zeit danach rühmte ein Bericht über die lokalen Verhältnisse in der Residenzstadt die Massivität des Bauwerks und betonte, daß, wäre erst der große „Haupt-Turm" aufgesetzt, dieses „vollends alle Kirchen Europae beschämen" würde.[424] In einer frühen Enzyklopädie wiederum wurde bereits 1734 hervorgehoben, daß der Bau „verdienet, unter die vornehmsten gezählet zu werden".[425] Und ein Reiselexikon stellte damals als Besonderheit heraus, daß an dem neuen Gebäude „alles aus Stein, Eisen und Bley (bestehet)", ja „auf dieser neuen Frauen

Kirche" sehe man „fünf steinerne Thürme, unter welchen der mittelste der Höchste ist, die oberste Kuppel aber breitet sich über die gantze Kirche aus".[426]

Nicht zuletzt beeindruckte die Besucher der Elbmetropole immer wieder die materiale Ausführung der Kirche: charakteristisch dafür sind Formulierungen wie „sie ist aus puren Werckstücken zusammen gesetzt" oder, sie sei „vom Grunde bis in die Spitze von gehauenen Steinen und hat wenig ihres gleichen".[427]

In einer umfangreichen Darstellung Dresdens, die allerdings erst nach dem Siebenjährigen Krieg herauskam, bezeichnete der Verfasser das Gotteshaus als den „prächtigsten Tempel in Sachsen, das wahre Ebenbild der berühmten Peterskirche in Rom"; ein „Meisterstück der Baukunst auch deswegen, weil selbst das preußische Bombardement der Standfestigkeit des Baus nichts hatte anhaben können."[428] Ein anderer Autor, der hier als letzter zitiert werden soll, merkte 1782 nach einer Reise durch „einige deutsche Provinzen" schließlich an, das Gebäude sei eines „der merkwürdigsten und besten neuerer Zeit in Deutschland, prächtig und edel gebaut, obgleich einzelnen Teilen etwas steifes und gothisch schmeckendes anhafte"[429]

Angesichts ihres markanten Umrisses wie ihrer gewaltigen Baumasse, mit der sie die städtische Physiognomie prägte, nimmt es nicht wunder, daß die Frauenkirche auch den Malern ein beliebtes Sujet bot. Zahlreiche Gemälde, Radierungen, Lithographien, in den wenig mehr als zweihundert Jahren seit der Errichtung des Sakralbaus bis zu seiner Verwüstung gegen Ende des Zweiten Weltkriegs von Künstlern unterschiedlicher Stilrichtung geschaffen, beweisen dies. Eine besondere Rolle spielte dabei die im Barock auch in Dresden aufgekommene Vedutenmalerei, die mit ihrem Streben nach Wirklichkeitstreue zuverlässige Dokumente für die Entwicklung der Residenzstadt zu einer von reger Bautätigkeit erfüllten Kapitale des achtzehnten Jahrhunderts hervorbrachte, diesem „Gesamtkunstwerk auch in der Verbindung von urbanem Raum und Stromlandschaft."[430]

Neben Johann Alexander Thiele, der als Vater solcherart Malkunst in Sachsen gilt, muß hier noch einmal vor allem Bernardo Bellotto genannt Canaletto erwähnt werden, der 1746 einer Einladung an den Hof Augusts III. gefolgt war. Unter seinen vierzehn bis 1752 entstandenen Gemälden der Elbmetropole finden sich nämlich mehrere, deren Bildaufbau außer dem Schloßturm, der Kreuzkirche und der erst später fertiggestellten Hofkirche nicht zuletzt die Frauenkirche bestimmte, auf denen der damalige Neubau im optischen Zentrum steht oder die Fluchtlinien anderer Gebäude den Blick bis hin zu ihm führen.

So trugen gerade sie wesentlich dazu bei, die Ansicht des bedeutenden Bauwerks, welches in der katholischen Residenz das Selbstwertgefühl des evangelischen Bürgertums bekundete, das auch aus der Inschrift über dem Altar „Senatus Populusque Dresdensis", der Senat und das Volk von Dresden, spricht, in Europa bekannt zu machen. Als Zeugnis handwerklich-bürgerlicher Baukunst, die in der Elbmetropole einen Gipfelpunkt barocker Sakralarchitektur erreichte und der Stadt- wie der Flußlandschaft einen einzigartigen Akzent verlieh, bleibt es für immer mit dem Namen seines maßgebenden Schöpfers, des Ratszimmermeisters George Bähr, verknüpft.

# ANMERKUNGEN

## Die Grundsteinlegung der Frauenkirche

1 Rothe, J.A.: Kurtzer, doch zuverläßlicher Bericht von denen Solennitäten, welche bey beschehener Legung des Grund-Steins zu der Neuen Frauen-Kirche in Dreßden, am 26. Augusti, Anno 1726, vorgegangen, und observirt worden ... Dresden 1726, S. 13.

2 Zit. nach Fischer, H.: Dresdner bürgerliches Bauwesen zur Zeit des Barock. In: George Bähr Die Frauenkirche und das bürgerliche Bauen in Dresden. Katalog zur Ausstellung der Staatlichen Kunstsammlungen Dresden und des Landesamtes für Denkmalpflege Sachsen im Georgenbau des Dresdner Schlosses 21. Dezember 2000 bis 4. März 2001, S. 26. (Dieser Katalog, dessen Einzelbeiträge fortan immer wieder berücksichtigt werden, wird künftig nur als „Ausstellungskatalog 2001" angeführt).

3 Vgl. dazu neben Rothe, J.A.: a.a.O. (1726) vor allem Richter, O.: Geschichte der Stadt Dresden, Bd. I, Dresden 1900, S. 522 ff., außerdem Kuke, H.-J.: Die Frauenkirche in Dresden. „Ein Sankt Peter der wahren evangelischen Religion". Worms 1996, S. 61 f., sowie Hennig, G.K.: Der Verlauf der Bautätigkeit an der Frauenkirche in den Jahren 1724–1727. In: Die Dresdner Frauenkirche, Jahrbuch 1995, Band 1, Gesellschaft zur Förderung des Wiederaufbaus der Frauenkirche Dresden e.V. unter Mitwirkung der Stiftung Frauenkirche Dresden. Weimar 1996, S. 99 f. (Diese Jahrbücher, seit 1995 regelmäßig den Wiederaufbau begleitend, werden später lediglich als „Jahrbuch" mit der entsprechenden Jahreszahl genannt).

4 Rothe. J.A.: a.a.O. (1726), S. 18.

5 Kuke, H.-J.: a.a.O. (1996), S. 61.

6 Fischer, H.: a.a.O. (2001), S. 25.

7 Vgl. Hammer-Schenk, H.: Der protestantische Kirchenbau der Barockzeit in Europa. Ausstellungskatalog 2001, S. 48.

8 Löscher, V.E.: Predigt zur Grundsteinlegung der Frauenkirche „Das Göttliche Glück zu ...", 26. August 1726. Ausstellungskatalog 2001, S. 192, Kat.-Nr. 89.

9 Rothe. J.A.: a.a.O. (1726), S. 26.

10 Ebd., S. 10.
11 Ebd., S. 30.
12 Ebd., S. 32.
13 Richter, O.: a.a.O. (1900), Fußnote, S. 523.
14 Eine Abbildung der Vorderseite dieser Medaille findet sich im Ausstellungskatalog 2001, S. 180, Kat.-Nr. 62.
15 Rothe. J.A.: a.a.O. (1726), S. 40.
16 Zit. nach Lange, W.: Der gerichtete Zentralbau George Bährs. Wertheim am Main 1940, S. 37.

## George Bähr – „Die unbekannte Person"

17 Hierzu sei auf die bibliographischen Hinweise des genauen Kenners der Quellensituation, Horst Fischer, verwiesen. Fischer, H.: George Bähr Eine biographische Skizze. Ausstellungskatalog 2001, S. 16, Fußnote 1; vgl. auch Magirius, H.: Zur Gestaltwerdung der Dresdner Frauenkirche. Dresdner Hefte 10, H. 32, 4/94, hrsg. vom Dresdner Geschichtsverein e.V., S. 4; der Autor kommentiert dort einige exemplarische Werke zur Frauenkirchen-Forschung. Jüngst erschien, bearbeitet von Rudolf Quaiser, im Jahrbuch 2004, S. 247 ff., das bislang umfassendste Bücher- und Schriftenverzeichnis unter dem Titel: Frauenkirche Dresden. Bibliographie 1680–1989. Es findet seine Fortsetzung in der von Ulrich Voigt zusammengestellten Spezialbibliographie zur Geschichte und zum Wiederaufbau des Sakralbaus in den Jahrbüchern 1997 bis 2001.
18 Vgl. Graefe, A. (Hrsg.): Adriani, G., F. Löffler und F. Schubert: Sächsische Köpfe im zeitgenössischen Bild. Dresden o.J., S. 6.
19 Vgl. Czok, K.: August der Starke und Kursachsen. Leipzig 1990, S. 187.
20 Vgl. Löffler, F.: Das alte Dresden. Würzburg 1987, S. 122.
21 Vgl. Fischer, H.: Ausstellungskatalog 2001, S. 19.
22 Zit. nach Löffler, F.: a.a.O. (1987), S. 123.
23 Vgl. Kuke, H.-J.: a.a.O. (1996), S. 63 ff.
24 Vgl. Löffler, F.: a.a.O. (1987), S. 123.
25 Vgl. Ausstellungskatalog 2001, S. 171 f., vor allem die Kat.-Nrn. 45 und 47/3, sowie Fischer, H.: Ebd., S. 25.
26 Vgl. Fischer, H.: George Bähr und der bürgerliche sächsische Barock. Lauenstein 1988, S. 36 f.

## Geographische und soziale Herkunft

27 Vgl. Fischer, H.: Ausstellungskatalog 2001, S. 16, Fußnote 2.
28 Vgl. für das Folgende Schlesinger, W. (Hrsg.): Handbuch der Historischen Stätten Deutschlands. Achter Band Sachsen. Stuttgart 1990. Artikel „Lauenstein", S. 177, sowie Georg Dehio: Handbuch der Deutschen Kunstdenkmäler. Sachsen I Regierungsbezirk Dresden. München; Berlin 1996; bearbeitet von Barbara Bechter, Wiebke Fastenrath u.a. Artikel „Lauenstein", S. 516 ff. Zur Entwicklung

Lauensteins im achtzehnten Jahrhundert im einzelnen vgl. insbesondere Bachmann, W.: Lauenstein. In: Mitteilungen des Landesvereins Sächsischer Heimatschutz Jg. XIX. Dresden 1930, S. 161 ff.

29  Siehe dazu ausführlich vor allem Hammermüller, M.: Um Altenberg, Geising und Lauenstein. Ergebnisse der heimatkundlichen Bestandsaufnahme im Gebiet von Altenberg und Fürstenwalde. Berlin 1964.

30  Vgl. Blaschkle, K.: Soziale Gliederung und Entwicklung der sächsischen Landbevölkerung im 16. bis 17. Jahrhundert. In: Zeitschrift für Agrargeschichte und Agrarsoziologie, 4. Jg., H. 2, Frankfurt am Main 1956, S. 145.

31  Vgl. Petzold, H.: George Bähr muß umziehen. In: Sächsische Heimatblätter, H. 4, Dresden 1988, S. 186 ff. sowie ders.: George Bähr und seine erzgebirgischen Vorfahren. Jahrbuch 1997, S. 177 ff.

32  Zit. nach Gross, R.: Geschichte Sachsens. Leipzig 2001, S. 84; siehe dort auch über die „Reformierung des Bildungswesens ab 1541" auf der folgenden Seite. Vgl. außerdem Steude, R.: Bildungswesen. In: Heckmann, H. (Hrsg.): Sachsen. Historische Landeskunde Mitteldeutschlands. Würzburg 1990, S. 138 f.

33  Vgl. Burger, E.: George Bähr Der Baumeister der Frauenkirche zu Dresden. In: Nitzschke, K. (Hrsg.): Die großen Dresdner. Frankfurt a.M. und Leipzig 1999, S. 33 f.

34  Ebd., S. 35

## Ankunft und erste Jahre in Dresden

35  Vgl. Boelcke, W.A.: Wirtschafts- und Sozialgeschichte Sachsens. In: Gerlach, S. (Hrsg.): Sachsen Eine politische Landeskunde. Stuttgart 1993, S. 131.

36  Vgl. Richter-Nickel, S.: Aufstieg zu Residenzstadt von europäischem Rang (1648 bis 1763): Dresdner Geschichtsverein e.V. (Hrsg.): Dresden Die Geschichte der Stadt. Dresden 2002, S. 58 und S. 60.

37  Zu den Einwohnerzahlen vgl. ebd., S. 60 und S. 81.

38  Vgl. ebd., S. 64.

39  Vgl. Czok, K.: a.a.O. (1990), S. 11.

40  Vgl. ebd., S. 11 und S. 182.

41  Vgl. Richter-Nickel, S.: a.a.O. (2002), S. 68 f.

42  Löffler, F.: a.a.O. (1987), S. 81.

43  Neben zahlreichen Spezialstudien, die an entsprechender Stelle aufgeführt werden, orientieren sich die folgenden Baubeschreibungen namentlich an Löffler, F.: a.a.O. (1987); Bächler, H. und M. Schlechte: Führer zum Barock in Dresden. Dortmund 1991; Dehio, G.: a.a.O. (1996) und Hootz, R. (Hrsg.): Deutsche Kunstdenkmäler Sachsen. Leipzig 1993.

44  Franz, H.G.; zit. nach Löffler, F.: a.a.O. (1987), S. 82.

45  Braunfels, W.: Abendländische Stadtbaukunst. Köln 1977, S. 194.

46  Diese Formulierung ist dem Titel der amerikanischen Untersuchung zur Wahrnehmung und Gestaltung der gebauten Umwelt von Bloomer, K.C./Ch.W. Moore, Stuttgart 1980, entnommen.

47 Vgl. Löffler, F.: a.a.O. (1987), S. 41 und S. 43.
48 Vgl. Fischer, H.: a.a.O. (1988), S.3.
49 Ebd., S. 9.
50 Friedell, E.: Kulturgeschichte der Neuzeit. München 1974, S. 553.
51 Möllering, W.: George Bähr, ein protestantischer Kirchenbaumeister des Barock. Leipzig 1933, S. 19.
52 Vgl. Fischer, H.: a.a.O. (1988), S. 9
53 Franz, H.G.; zit. nach Kuke, H.-J.: a.a.O. (1996), S. 69, Fußnote 241.
54 Zit. nach Möllering, W.: a.a.O. (1933), S. 17.
55 Vgl. Löffler, F.: Dresden im 18. Jahrhundert. Bernardo Bellotto genannt Canaletto. Würzburg 1985, S. 18. Daß sich Bellotto bei seiner künstlerischen Arbeit
   zwar der Camera obscura bediente, diese jedoch „nicht sklavisch handhabte",
   wurde unterdessen deutlich nachgewiesen; siehe dazu Sulze, H.: Das Antlitz
   Dresdens in der Sicht Canalettos. In: Jahrbuch zur Pflege der Künste, 3, Dresden
   1955.
56 Vgl. Burger, E.: a.a.O. (1999), S. 34.
57 Vgl. Herfurth, K.E.: Buchhandel und Pressewesen. In: Heckmann, H. (Hrsg.):
   a.a.O. (1990), S. 206 ff.
58 Vgl. Friedell, E.: a.a.O. (1974), S. 437.

*Die Lebenswelt der augusteischen Epoche*

59 Zit. nach Czok, K.: a.a.O. (1990), S. 16.
60 Vgl. Blaschke, K.: Der Fürstenzug zu Dresden. Leipzig, Jena, Berlin 1991, S. 172.
61 Freiherr von Reitzenstein, A.: Deutsche Baukunst. Die Geschichte ihrer Stile.
   Stuttgart 1956, S. 157.
62 Vgl. die gründliche Auseinandersetzung mit dem Problem bei Matzerath, J.: Das
   sogenannte Augusteische Zeitalter in Sachsen. In: Landesgeschichte als Heraus-
   forderung und Programm. Karlheinz Blaschke zum 70. Geburtstag. Hrsg. von
   Uwe John und Josef Matzerath. Veröffentlichung der Sächsischen Akademie der
   Wissenschaften. Stuttgart 1997, S. 443 ff.
63 Schlesinger, W.: Geschichte. In: Heckmann, H. (Hrsg.): a.a.O. (1990), S. 14.
64 Vgl. Gurlitt, C.: August der Starke. Bd. 1. Dresden 1924, vor allem S. 94 ff.;
   Czok, K.: a.a.O.(1990), S. 269 sowie S. 271 f. Ders.: August der Starke und seine
   Zeit. Leipzig 1997; Blaschke, K.: a.a.O. (1991), S. 172 ff. Siehe dazu auch Löffler,
   F.: a.a.O. (1987), S. 114 f. Im Gegensatz zu den hier genannten Autoren, die sich
   um ein ausgewogenes Urteil bemühten, unterzogen die Historiker des neunzehnten Jahrhunderts den Kurfürst-König als Person wegen seiner politischen
   Handlungsweise wegen in der Regel heftiger Kritik, wobei der einflußreiche
   Ideologe des preußisch-deutschen Nationalismus Heinrich von Treitschke
   (1834 bis 1896) den Ton angab. Noch Paul Haakes Biographie August der Starke. Berlin und Leipzig 1927 zeichnete aus der historiographischen Perspektive
   Preußens ein überwiegend negatives Bild des Herrschers.
65 Vgl. Blaschke, K.: a.a.O.(1991), S. 174, 180 und 182.

66 Ders., S. 181.
67 Vgl. Czok, K.: a.a.O. (1990), S. 17 ff.
68 Vgl. ebd., S. 261 f., sowie Gross, R.: a.a.O. (2001), S. 138.
69 Vgl. Gross, R.: a.a.O. (2001), S. 139 f., sowie Richter-Nickel, S.: a. a.O. (2002), S. 64 ff.
70 Vgl. Gross, R.: Die Zeit der sächsischen Kurfürsten Friedrich August I. und Friedrich August II. und ihre Residenz. Ausstellungskatalog 2001, S. 13, sowie ders.: Geschichte Sachsens (2001), S. 131 ff.
71 Gross, R.: Die Zeit der sächsischen Kurfürsten ..., a.a.O. (2001), S. 13.
72 Gross, R.: Geschichte Sachsens. Leipzig 2001, S. 125.
73 Vgl. Held, W.: Der Adel und August der Starke. Konflikte und Konfliktaustrag zwischen 1694 und 1707 in Kursachsen. Köln 1999, S. 109.
74 Vgl. Gross, R.: Geschichte Sachsens. Leipzig 2001, S. 129.
75 Vgl. ebd., S. 130, sowie Czok, K.: a.a.O. (1990), S. 194 ff.
76 Vgl. Richter-Nickel, S.: a.a.O. (2002), S. 76.
77 Vgl. Gross, R.: Geschichte Sachsens. Leipzig 2001, S. 131, und Czok, K.: a.a.O. (1990), S. 203 und S. 205.
78 Zit. nach Schlesinger, W. (Hrsg.): a.a.O. (1990); Geschichtliche Einführung, S. L.
79 Vgl. Gross, R.: Geschichte Sachsens. Leipzig 2001, S. 128 f.
80 So der Wettin-Kenner Jacek Staszewski; vgl. Krzeminski, A.: Sachsen und Polen – eine gescheiterte Union? In: Dresdner Hefte 15. Jg. H. 50, 2/97, hrsg. vom Dresdner Geschichtsverein, S. 6 f. – In dem Zitat wird auf Stanislaw II. August Poniatowski angespielt, den letzten König von Polen (1764 bis 1795), der sich nach der 1. Polnischen Teilung erfolgreich um die wirtschaftliche und politische Gesundung des Staates bemühte und dessen Name zugleich mit einer kulturellen Blüte verbunden ist.
81 Vgl. Czok, K.: a.a.O. (1990), S. 126.
82 Boelcke, W.A.: Wirtschafts- und Sozialgeschichte Sachsens. In: Gerlach, S. (Hrsg.): a.a.O. (1993), S. 128.
83 Vgl. Gross, R.: Zur Wirtschaft und Gesellschaft Sachsens vom ausgehenden 17. bis zum 20. Jahrhundert. In: Sächsische Heimatblätter, H. 1, 1991, S. 1.
84 Boelcke, W. A.: a.a.O. (1993), S. 127.
85 Vgl. Biedenkopf, K.: Johann Friedrich Böttger. Der Erfinder des europäischen Porzellans. In: Nitzschke, K. (Hrsg.): a.a.O., S. 50 ff.
86 Vgl. Richter-Nickel, S.: a.a.O. (2002), S. 85 f.
87 Vgl. ebd., S. 85 ff., sowie Gross, R.: Geschichte Sachsens. Leipzig 2001, S. 139 f.; außerdem Stimmel, E: Feinstes aus Gold, Glas, Porzellan und Zinn. Handwerk und Manufakturen Dresdens. In: Dresden Die Kunststadt. München 1998, vor allem S. 62 bis S. 65.
88 Vgl. Richter-Nickel, S.: a.a.O. (2002), S. 83 f.
89 Vgl. Riehl, W.H.: Wege und Stege. In: Otremba, E. und U. auf der Heide (Hrsg.): Handels- und Verkehrsgeographie. Darmstadt 1975, S. 25.
90 Vgl. Czok, K.: a.a.O. (1990), S. 58 f.
91 Vgl. ebd., S. 184.

92  Vgl. ebd., S. 184 f.
93  Braunfels, W.: a.a.O. (1977), S. 196.
94  Schöller, P.: die deutschen Städte, Wiesbaden 1967, S. 50.
95  Blaschke, K.: a.a.O. (1991), S. 186.
96  Zit. nach Matzerath, J.: a.a.O. (1997), S. 453.
97  Keller, H.: Dresden in Ansichten von Canaletto. Dortmund 1986, S. 9.
98  Löffler, F.: a.a.O. (1987), S. 114.
99  Ebd., S. 115.
100 Zit. nach Goethe, J.W.v.: Italienische Reise. Gesammelte Werke in sieben Bänden, hrsg. v. B.v. Heiseler: Siebenter Band. Gütersloh 1955, S. 136.
101 Vgl. Bächler, H. und M. Schlechte: a.a.O. (1991), S. 87.
102 Vgl. Heckmann, H.: M.D. Pöppelmann, Leben und Werk. München und Berlin 1972, S. 15 ff.
103 Vgl. Fischer, H.: a.a.O. (2001), S. 19 und S. 23, sowie Richter-Nickel, S.: a.a.O. (2002), S. 80.
104 Vgl. Heckmann, H.: a.a.O. (1972), S. 21, und Helas, V. und F. Zadniček: Das Stadtbild von Dresden, hrsg. vom Landesamt für Denkmalpflege Sachsen. Dresden 1996, S. 40 f., und Löffler, F.: a.a.O. (1987), S. 116.
105 Vgl. Bächler, H. und M. Schlechte: a.a.O. (1991), S. 20 f., sowie Löffler, F.: a.a.O. (1987), S. 122.
106 Vgl. Keller, H.: Die Kunst des 18. Jahrhunderts. Propyläen Kunstgeschichte Bd. 10. Berlin MCMLXXI, S. 27.
107 Vgl. May, W.: Das höfische Bauwesen zur Entstehungszeit der Frauenkirche. Ausstellungskatalog 2001, S. 120.
108 Vgl. Heckmann, H.: a.a.O. (1972), S. 20 und S. 25.
109 Vgl. May, W.: Das sächsische Bauwesen unter August II. und August III. in Polen. In: Dresdner Hefte 15/H. 50, 2/97, S. 17 ff.
110 Vgl. Bächler, W. und M. Schlechte: a.a.O. (1991), S. 166.
111 Alewyn, R. und K. Sälzle: Das große Welttheater. Die Epoche der höfischen Feste in Dokument und Deutung. Hamburg 1959, S. 13.
112 Ebd., S. 10.
113 Ebd., S. 74 ff. sowie Dülmen van, R.: Kultur und Alltag in der Frühen Neuzeit: Zweiter Band Dorf und Stadt 16.–18. Jahrhundert. München 1999, S. 157 ff.
114 So Miloš Vec in seiner Rezension der Dissertation von Claudia Schiffer: Höfische Maskeraden. Funktion und Ausstattung von Verkleidungsdivertissements an deutschen Höfen der Frühen Neuzeit. Tübingen 1999 (Frankfurter Allgemeine Zeitung vom 19. Oktober 2000).
115 Bächler, H. und M. Schlechte: Sächsisches Barock aus der Zeit von Matthes Daniel Pöppelmann. Leipzig 1990, S. 11 f.
116 Vgl. Keller, H.: Matthäus Daniel Pöppelmann: Vorstellung und Beschreibung des Zwingergartens zu Dresden. Nachdruck des Stichwerks von 1729. Dortmund 1980, S. 69. (Nachwort).
117 Ebd., S. 69 (Nachwort).
118 Hager, W.: Barockarchitektur. Baden-Baden 1968, S. 162.

119 Bächler, H. und M. Schlechte: a.a.O. (1991), S. 184.
120 Vgl. ebd., S. 12 und 19, sowie Marx, H.: Matthäus Daniel Pöppelmann: Der Dresdner Zwinger. Frankfurt am Main 2000, S. 23 ff.
121 Braunfels, W.: a.a.O. (1977), S. 198.
122 Zit. nach Löffler, F.: a.a.O. (1987), S. 128.
123 Braunfels, W.: a.a.O. (1977), S. 198.
124 Vgl. Hager, W.: a.a.O. (1968), S. 160.
125 Vgl. die ausführliche Beschreibung in: Dülmen van, R.: a.a.O. (1999), S. 169 f.
126 Vgl. Zeittafel in: Dresdner Geschichtsverein e.V. (Hrsg.): Dresden Die Geschichte der Stadt. Dresden 2002, S. 300.
127 Vgl. Löffler, F.: a.a.O. (1987), S. 128.
128 Bächler, H. und M. Schlechte: a.a.O. (1990), S. 115.
129 Vgl. ebd., S. 26.
130 Blaschke, K.: Die Umlandbeziehungen Dresdens als Residenzstadt. In: Veröffentlichungen der Akademie für Raumforschung und Landesplanung. Forschungs- und Sitzungsberichte, Bd. 88. Historische Raumforschung 11. Hannover 1974, S. 159.
131 Vgl. Löffler, F.: a.a.O. (1987), S. 139 f.
132 Vgl. ebd., S. 119 und 148 f., sowie Bächler, H. und M. Schlechte: a.a.O. (1991), S. 158 f.
133 Vgl. Czok, K.: August der Starke und seine Zeit. Leipzig 1997, S. 142.
134 Vgl. Bächler, H. und M. Schlechte: a.a.O. (1991), S. 84 ff.
135 Vgl. Matzerath, J.: a.a.O. (1997), S. 456.
136 Keller, H.: a.a.O. (MCMLXX), S. 112.
137 Vgl. Hiptmaier. P., M. Kroker, H. Olbrich: Zwischen Wallstraße und Altmarkt. Archäologie eines Altstadtquartiers in Dresden. Dresden 2002, S. 64 f.
138 Vgl. ebd., S. 69.
139 Vgl. ebd., S. 72.
140 Hager, W.: a.a.O. (1968); zit. nach Löffler, F.: a.a.O. (1987), S. 145.
141 Vgl. Fischer, H.: a.a.O. (2001), S. 20, sowie ders.: a.a.O. (1988), S. 16 f., und Heckmann, H.: a.a.O. (1972), S. 12.
142 Vgl. zum Verhältnis zwischen den beiden Instanzen vor allem Richter-Nickel, S.: a.a.O. (2002), S. 77 ff.
143 Vgl. Czok, K.: a.a.O. (1990), S. 222 ff.
144 Zit. nach Fischer, H.: Ausstellungskatalog 2001, S. 20.
145 Vgl. Mai, H.: Ausstellungskatalog 2001, S. 34 f.
146 Vgl. May, W.: Ausstellungskatalog 2001, S. 122.
147 Kaemmel, O.: Sächsische Geschichte. Dresden 1999, S. 94.
148 Zit. nach Bachmann, M. u.a.: Dresdner Gemäldegalerie Alte und Neue Meister, Leipzig 1990, S. 7.
149 Bächler, H. und M. Schlechte: a.a.O. (1991), S. 23.
150 Vgl. Löffler, F.: a.a.O. (1987), S. 238 f.
151 Bächler, H. und M. Schlechte: a.a.O. (1991), S. 23.
152 So der Architekturhistoriker H.G. Franz; zit. nach Hager, W.: a.a.O. (1968), S. 164.

153 Löffler, F.: a.a.O. (1987), S. 238.
154 Vgl. ebd., S. 128 und S. 243.
155 Helas, V. und F. Zadniček: a.a.O. (1996), S. 40.
156 Löffler, F.: a.a.O. (1987), S. 33.
157 So der polnische Kunsthistoriker Stefan Kozakiewicz; zit. nach Löffler, F.: Dresden im 18. Jahrhundert. Bernardo Bellotto genannt Canaletto. Leipzig 1985, S. 14.
158 Ebd., S. 14.
159 Zit. nach Bachmann, M. u.a.: a.a.O. (1990), S.6.
160 Ebd., S. 6 f.
161 Vgl. Marx, H.: Die Maler, die Galerie und die Bilder. In: Dresden. Die Kunststadt. München 1998, S. 68.
162 Vgl. Marx, H.: Bildnisse der Wettiner. In: Bachmann, M., H. Marx und E. Wächter (Hrsg.): Der silberne Boden – Kunst und Bergbau in Sachsen. Leipzig 1990, S. 81.
163 Neidhardt, H.J.: Dresden wie es Maler sahen. Frankfurt am Main 1983, S. 24.
164 Ebd., S. 30.
165 Ebd., S. 32.
166 Ebd., S. 33
167 Vgl. Wilpert, G.v.: Goethe-Lexikon. Stuttgart 1998, S. 691 f.
168 Kozakiewicz, H. und S.: Bernardo Bellotto genannt Canaletto. Berlin 1977, S. 14.
169 Vgl. Löffler, F.: a.a.O. (1985), S. 14 sowie Kozakiewicz, S.: Bernardo Bellotto genannt Canaletto. Bd. I. Leben und Werk. Recklinghausen 1972, S. 81 f.
170 Vgl. Jahn, J., W. Haubenreißer: Wörterbuch der Kunst. Stuttgart 1995, Stichwort „Bühnenbild", S. 122 f.
171 So Albert Schweitzer in seiner Bachbiographie; zit. nach Rüstow, A.: Ortsbestimmung der Gegenwart. Zweiter Band: Weg der Freiheit. Erlenbach-Zürich und Stuttgart 1963, S. 325.
172 Vgl. Steindorf, E.: „Ein von seiner eigenen Harmonie verzauberter Akkord". Dresden als Musikstadt. In: Dresden Die Kunststadt a.a.O. (1998), S. 122, sowie Weineck, J.M.: Musik. In: Heckmann, H. (Hrsg.): a.a.O. (1990), S. 215 f.
173 Für das Folgende vgl. neben Steindorf, E.: a.a.O. (1998), S. 126, und Weineck, J.M.: a.a.O. (1990), S. 216 f. vor allem Steude, W.: Heinrich Schütz „Saeculi sui musicus excellentissimus". In: Nitzschke, K.: (Hrsg.): Die großen Dresdner. Frankfurt am Main und Leipzig 1999, S. 13 ff.
174 Vgl. Steude, W.: a.a.O., S. 17.
175 Vgl. Bericht von Dombrowski, D., Frankfurter Allgemeine Zeitung vom 25. Juni 1997, über Forschungen zur „Institutionalisierung und Geschichtlichkeit" an der TU Dresden.
176 Vgl. Leopold, S.: Die Geburt der Oper aus dem Geist der Propaganda – Musikalisches Theater als Vehikel fürstlicher Selbstrepräsentation. In: Jeismann, M. (Hrsg.): Das 17. Jahrhundert - Krieg und Frieden. München 2000, S. 54.
177 Ebd., S. 55.

178 Vgl. Steindorf, E.: a.a.O. (1998), S. 126, und Weineck, I.M.: a.a.O. (1990), S. 220 f.
179 Vgl. Becker, H.J.: Sachsens Klage und Gloria. In: Frankfurter Allgemeine Zeitung vom 28. Juni 2002.
180 Vgl. Pilková, Z.: Böhmische Musiker am Dresdner Hof zwischen 1710 und 1845. In: Dresdner Hefte H. 48, 4/96, hrsg. vom Dresdner Geschichtsverein e.V., S. 20 ff.
181 Ebd. S. 24.
182 Vgl. Jäckel, G.: Zur sächsischen Kulturgeschichte: Das Beispiel der Residenzstadt Dresden um 1800. In: Gerlach, S. (Hrsg.): a.a.O. (1993), S. 190 und S. 196. In diesem Beitrag konstatiert der Autor eben das auch noch für das Dresden der Romantik.
183 Das Folgende bezieht sich besonders auf Weineck, I.M.: a.a.O. (1990), S. 220 f., und Honolka, K.: Vom Barock bis zur Gegenwart. Europäisches Hochbarock. In: Honolka, K. (Hrsg.): Weltgeschichte der Musik. München/Zürich 1976, S. 228.
184 Thömig, A.-R.: Von der Flüchtigkeit der Musik. Das „ungemeine Ehe-Paar" – der Opernkomponist Johann Adolf Hasse und die Primadonna Faustina Bordoni. In: Frankfurter Allgemeine Zeitung vom 12. Februar 2000.
185 Vgl. Ziegler, K.: Das deutsche Drama der Neuzeit. In: Stammler, W. (Hrsg.): Deutsche Philologie im Aufriß. II. Bd.: Berlin 1959, S. 1005.
186 Jäckel, G.: „Kritische Reden" von 1700 bis 1989. Dresden literarisch. In: a.a.O. (1998), S. 157.
187 Jäckel, G.: Fest und Festpoesie in Dresden um 1720. In: Sächsische Heimatblätter, 29, H. 3, Dresden 1983, S. 269.
188 Vgl. Friedell, E.: a.a.O. (1974), S. 593.
189 Jäckel, G.: a.a.O. (1983), S. 269.
190 Jäckel, G.: a.a.O. (1983), S. 271.
191 Vgl. Ziegler. K.: a.a.O. (1959), S. 1007.
192 Vgl. Jäckel, G.: a.a.O. (1983), S. 268.
193 Vgl. ebd., S. 269.
194 Vgl. Richter-Nickel, S.: a.a.O. (2002), S. 93 f.
195 Vgl. Ziegler, K.: a.a.O. (1959), S. 1005.
196 Vgl. Richter-Nickel, S.: a.a.O. (2002), S. 95, sowie Dülmen van, R.: a.a.O. (1999), S 150 f.
197 Richter-Nickel, S.: a.a.O. (2002), S. 74.
198 Zit. nach Hoffmann, W.: Kirchen, Freikirchen, Sekten. In: Heckmann, H. (Hrsg.): a.a.O. (1990), S. 131.
199 Vgl. Gross, R.: a.a.O. (2001), S. 143, sowie Jäckel, F.: a.a.O. (1983), S. 269.
200 Vgl. Czok, K.: a.a.O. (1990), S. 204.
201 Vgl. Richter-Nickel, S.: a.a.O. (2002), S. 96.
202 Ebd. S. 96.
203 Mann, G.: Wallenstein. Frankfurt a.M. o. J., S. 59.

204 Vgl. Ausstellungskatalog 2001, S. 190, Kat.-Nr. 84; siehe dazu wie auch zu Löscher, V. die ausführliche Darstellung von Greschat, M.: Valentin Ernst Löscher in Dresden. Jahrbuch 1999, S. 125 ff.

205 Löffler, F.: a.a.O. (1987), S. 199.

206 Ebd., S. 197.

207 Vgl. Fischer, H.: Ausstellungskatalog 2001, S. 17, sowie Richter-Nickel, S.: a.a.O. (2002), S. 96.

208 Vgl. Gross, R.: a.a.O. (2002), S. 157, sowie Naumann, G.: Sächsische Geschichte in Daten, München 1998, S. 156 f.

209 Möllering, W.: a.a.O. (1933), S. 23.

210 Ebd., S. 23.

211 Vgl. Matzerath, J.: a.a.O. (1997), S. 447 f.

212 Vgl. Marx, H.: a.a.O. (1998), S. 68, S. 67 f., und Gross, R.: a.a.O. (2001), S. 157.

213 Vgl. Gross, R.: a.a.O. (2001), S. 157.

214 Ebd., S. 157, sowie Richter-Nickel, S.: a.a.O. (2002), S. 74.

215 Zur Interpretation der Veduten Bernardo Bellottos unter den hier gewählten Aspekten dienten dem Verfasser neben den Originalen in der Dresdner Galerie Alte Meister vor allem die Abbildungen in folgenden zum Teil schon genannten Werken:
Keller, H.: Dresden in den Stichen von Canaletto. Dortmund 1986.
Kozakiewicz, H. und S.: Bernardo Bellotto genannt Canaletto. Berlin 1977.
Löffler, F.: Dresden im 18. Jahrhundert Bernardo Bellotto genannt Canaletto. Würzburg/Leipzig 1985.
Neidhardt, H.J.: Dresden wie es Maler sahen. Frankfurt am Main 1983.

216 Vgl. Löffler, F.: a.a.O. (1985), S. 10.

217 Die nach der Beschießung Dresdens durch preußische Truppen im Siebenjährigen Krieg entstandenen Bilder „Die Pirnaische Vorstadt mit dem Palais Fürstenhoff" (1763) sowie „Die Ruine der Kreuzkirche" (1765) bleiben hier außer Betracht, stellen sie doch Situationen dar, die erst rund zweieinhalb Jahrzehnte nach Bährs Tod eingetreten waren.

218 So der italienische Kunsthistoriker R. Pallucchini; zit. nach Kozakiewicz, S.: a.a.O. (1972), S. 91.

219 Faßmann, D.: Der auf Ordre und Kosten seines Kaisers reisende Chineser. Leipzig 1721; zit. nach Dresden. Ein Reiselesebuch, hrsg. v. Katrin Nitzschke. Frankfurt am Main und Leipzig 1991, S. 45.

220 Goethe, J.W.v.: a.a.O. (1955), S. 112.

221 Haenel, E. und E. Kaltschmidt: Das alte Dresden. Frankfurt am Main (o.J.), S. 6.

222 Weinert, B.G.: Stattliche topographische Geschichte Dresdens 1777. In: Haenel, E. und E. Kaltschmidt: a.a.O. (o.J.), S. 23.

223 Kozakiewicz, H. und S.: a.a.O. (1977), S. 10.

224 Konersmann, R.: Rezension von Philippe Ariès und Georges Duby (Hrsg.): Geschichte des privaten Lebens. 3. Bd.: Von der Renaissance zur Aufklärung. Frankfurt a.M. 1991. In: Frankfurter Allgemeine Zeitung vom 08. Oktober 1991.

225 Vgl. Meinhardt, M.: Alltag im Schatten des Hofes. Facetten bürgerlicher Alltags-kultur im Dresden des 18. Jahrhunderts. Ausstellungskatalog 2001, S. 126 ff.
226 Vgl. Dülmen van, R.: Kultur und Alltag in der Neuzeit. Erster Band: Das Haus und seine Menschen 16.–18. Jahrhundert. München 1999, S. 230 ff.
227 Vgl. Forberger, R.: Die Manufaktur in Sachsen vom Ende des 16. bis zum An-fang des 19. Jahrhunderts. Berlin 1958, S. 306 ff.
228 Blaschke, K.: a.a.O. (1974), S. 153.
229 Vgl. Gerlach, S.: Vom Einkaufen und Verkaufen in der mitteleuropäischen Stadt. Entwicklung des Einzelhandels von seinen Anfängen bis zur wilhelmini-schen Epoche. In: Die alte Stadt. H. 3. Stuttgart 1998, S. 280 ff.
230 Vgl. ebd., S. 280.
231 Vgl. Richter-Nickel, S.: a.a.O. (2002), S. 63.
232 Vgl. Zimmer, W.: Leben am Neumarkt – eine sozialgeschichtliche Studie. In: Dresdner Hefte 44, 4/95, S. 37 ff.
233 Vgl. Meinhardt, M.: a.a.O., S. 130.
234 Vgl. Richter-Nickel, S.: a.a.O., S. 84.
235 Vgl. Friedell, E.: a.a.O. (1974), S. 526.
236 Vgl. dazu wie zu dem Vorausgegangenen Meinhardt, M.: a.a.O., S. 129; Dül-men van, R.: a.a.O. (1999), S. 75; Krause, G. und G. Lenning: Kleine Kostüm-kunde. Berlin 1998, S. 145 ff.; Hansen, H.H.: Die Kostümgeschichte aller Zei-ten: Knaurs Kostümbuch. München/Zürich 1957, S. 169 ff.
237 Richter, O.: a.a.O. (1900), S. 527.
238 Vgl. Steindorf, E.: „Ein von seiner eigenen Harmonie verzauberter Akkord". Dresden als Musikstadt. In: a.a.O. (1999), S. 122.
239 Czok, K.: a.a.O. (1990), S. 225.

## Der Ratszimmermeister und sein vielfältiges Wirken

240 Dieses Protokoll aus dem Stadtarchiv der Landeshauptstadt Dresden ist abge-druckt in: Ausstellungskatalog 2001, S. 171, Kat.-Nr. 45.
241 Ebd., S. 171, Kat.-Nr. 45.
242 Ebd., S. 171, Kat.-Nr. 46.
243 Fischer, H.: a.a.O. (1988), S. 8.
244 Vgl. hierzu vor allem die beiden Beiträge von H. Fischer in Ausstellungskata-log 2001, S. 15 f. und S. 17 ff.; außerdem ders.: a.a.O. (1988), S. 15 f.
245 Zit. nach Fischer, H.: a.a.O. (1988), S. 10 und S. 12; dort findet sich auch (S. 11) die Rißausfertigung nach dem Entwurf George Bährs.
246 Vgl. Fischer, H.: a.a.O. (1988), S. 12.
247 Vgl. Fischer, H.: Ausstellungskatalog 2001, S. 20 und S. 23.
248 Die folgenden Baubeschreibungen basieren neben den oben genannten Arbei-ten von H. Fischer in der Hauptsache auf Löffler, F.: a.a.O. (1987) sowie den beiden Beiträgen von Hertzig, S.: Die städtebauliche Entwicklung des Neu-marktgebietes und der bürgerliche Wohnungsbau zur Zeit George Bährs und Die Profanbauten George Bährs außerhalb von Dresden: die Schlösser Dies-

bar-Seußlitz, Hermsdorf und Sorau. Ausstellungskatalog 2001, S. 131 ff. bzw. S. 36 ff.

249  Vgl. Möllering, W.: a.a.O. (1933), S. 22, Anmerkung 4.
250  Vgl. Fischer, H.: a.a.O. (1988), S. 8.
251  Vgl. Löffler, F.: a.a.O. (1987), S. 252 und S. 278, der sich dabei auf Forschungen von H. Fischer bezieht.
252  Vgl. dazu auch Hertzig, S.: George Bähr und die bürgerliche Baukunst. Jahrbuch 1999, S. 151 ff. In diesem Beitrag, hervorgegangen aus einem Kapitel der 1999 vom Verfasser eingereichten Dissertation über das Dresdner Bürgerhaus in der Zeit Augusts des Starken, finden sich, was die Urheberschaft einzelner Gebäude anlangt, in einigen Fällen gewisse abweichende Auffassungen zu den hier vorgetragenen über die Bährschen Profanbauten in der Residenzstadt.
253  Vgl. Löffler, F.: a.a.O. (1987), S. 275.
254  Vgl. Fischer, H.: a.a.O. (1988), S. 21, sowie ders.: Ausstellungskatalog 2001, S. 15.
255  Vgl. zur Beschreibung der folgenden Bauten Hertzig, S.: Ausstellungskatalog 2001, S. 36 ff.
256  Vgl. Titze, M.: George Bähr. Die Frauenkirche und das bürgerliche Bauen in Dresden. Jahrbuch 2001, Band 7, S. 218.
257  Die anschließende Darstellung fußt vor allem auf Mai, H.: a.a.O. Ausstellungskatalog 2001, S. 27 ff., darüber hinaus auch auf Fischer, H.: a.a.O. (1988), S. 27 ff., sowie Magirius, H.: a.a.O. (1999), S. 8.
258  Ihre Wachsbüste zeigte die Sonderausstellung „George Bähr. Die Frauenkirche und das bürgerliche Bauen in Dresden" vom 21. Dezember 2000 bis 4. März 2001; siehe Ausstellungskatalog 2001, S. 209, Kat.-Nr. 129.
259  Titze, M.: Jahrbuch 2001, S. 215.
260  Lange, W.: a.a.O. (1940), S. 30.
261  Kuke, H.-J.: a.a.O. (1996), S. 72.
262  Ihr Titel lautet „Vollständige Anweisung alle Arten von Kirchen wohl anzugeben" und ist in Zusammenhang mit einem System der „Gantzen Civil-Baukunst" in Augsburg erschienen.
263  Zit. nach Lange, W.: a.a.O. (1940), S. 7; vgl. zu Sturms theoretischen Auffassungen zum protestantischen Kirchenbau ausführlich Kuke, H.-J.: a.a.O. (1996), S. 76 ff.
264  Vgl. Löffler, F.: a.a.O. (1987), S. 195.
265  Mai, H.: Ausstellungskatalog 2001, S. 33.
266  Vgl. ebd., S. 33.
267  Titze, M.: Jahrbuch 2001, S. 215.
268  Ebd., S. 216. Der Autor bezieht sich hierbei auf das von H. Magirius, H. Prinz, S. Hertzig und D. Schölzel rekonstruierte Vorprojekt zur Frauenkirche 1722/23.
269  Vgl. Magirius, H.: Notizen zu einem wenig bekannten Kirchenbau von George Bähr in Beitsch/Biecz in der Niederlausitz. Jahrbuch 1999, S. 235 ff.; ferner dazu Mai, H.: Ausstellungskatalog 2001, S 32 f.

270  Vgl. Mai, H.: Ausstellungskatalog 2001, S. 28 f.
271  Vgl. Magirius, H.: a.a.O. (1994), S. 8.
272  Vgl. Gurlitt, C.: Geschichte des Barockstils und des Rococo in Deutschland. Stuttgart 1889, S. 83.
273  Vgl. Mai, H.: Ausstellungskatalog, S. 27.
274  Vgl. Magirius, H.: a.a.O. (1994), S. 8.
275  Lange, W.: a.a.O. (1940), S. 30.

*Die Entstehung der Frauenkirche*

276  Kuke, H.-J.: a.a.O. (1991), S. 68.
277  Sponsel, J.L.: a.a.O. (1893), S. 7.
278  Löffler, F.: Das alte Dresden, a.a.O. (1987), S. 122.
279  Vgl. Völkel, M.: Das Bild vom Schloß. Darstellung und Selbstdarstellung deutscher Höfe in Architekturstichserien 1600–1800. München 2001, S. 11 ff.
280  Beide Werke, das erste 1978, das zweite 1980 in der Reihe der „Bibliophilen Taschenbücher" bei Harenberg, Dortmund, als Reprints erschienen, werden in Nachworten von dem Kunsthistoriker Harald Keller kommentiert.
281  Zit. nach Lange, W.: a.a.O. (1940), S. 26.
282  Magirius, H.: a.a.O. (1994), S. 14.
283  Paul, J.: Barocke Kirchenkuppeln nördlich der Alpen. Ausstellungskatalog 2001, S. 65.
284  Vgl. Magirius, H.: a.a.O. (1994), S. 6.
285  Vgl. Magirius, H, Prinz, H. und S. Hertzig: Die Pläne zur Dresdner Frauenkirche in der ersten Hälfte des 18. Jahrhunderts. Ausstellungskatalog 2001, S. 68 f.
286  Vgl. Fischer, H.: Spieramen und Innenpfeiler der Dresdner Frauenkirche. Für den Wiederaufbau der Kirche aktuelle Werkgeschichte und Werkkunde. Jahrbuch 1996, S. 85 ff. Der Verfasser unterrichtet in dem Beitrag ausführlich über Eigenart und Funktion dieser stabilisierenden Bauwerkteile und setzt sich zudem gründlich mit der etymologischen Ableitung des Begriffs auseinander.
287  Vgl. Magirius, H., Prinz, H., Hertzig, S.: Ausstellungskatalog, S. 68.
288  Vgl. ebd., S. 69, sowie Magirius, H.: George Bährs erste Bauideen zur Dresdner Frauenkirche – Analyse einer wohl 1723 entstandenen Plangruppe. Jahrbuch 2001, S. 289 ff.
289  Vgl. Magirius, H.: a.a.O. (1994), S. 10.
290  Ebd. (1994), S. 10.
291  Vgl. Sponsel, J.L.: a.a.O. (1893), S. 3.
292  Vgl. Fischer, H.: a.a.O. (1988), S. 30.
293  Löffler, F.: Das alte Dresden, a.a.O., S. 196.
294  Vgl. Magirius, H. u. a.: Ausstellungskatalog 2001, S. 72.
295  Vgl. Ausstellungskatalog 2001, S. 175, Kat.-Nr. 53.
296  Vgl. Sponsel, J.L.: a.a.O. (1893), S. 5, sowie Löffler, F. und H. Magirius: Die Frauenkirche zu Dresden. Regensburg 1991, S. 17, und Hennig, G.K.: Jahrbuch 1998, S 61.

297 May, W.: Raumstruktur und Bauform der Dresdner Frauenkirche. In Dresdner Hefte 10, H. 32, 4/92, 1999, S. 22.

298 Magirius, H.: a.a.O. (1998), S. 25.

299 Vgl. Meckseper, C.: Kleine Kunstgeschichte der deutschen Stadt im Mittelalter. Darmstadt 1982, S. 231.

300 Vgl. Hennig, G.K.: Jahrbuch 1995, S. 97.

301 Vgl. Hertzig, S.: Zur Baugeschichte des Neumarktes mit Aspekten des Wiederaufbaus. Jahrbuch 1995; S. 213; dazu auch Löffler, F.: a.a.O.(1987), S. 42 f. sowie S. 46.

302 Vgl. Hertzig, S.: Jahrbuch 1995, S. 215 f.

303 Vgl. Fischer, H.: Zur Hofanlage als Strukturelement der Stadt. In: Wissenschaftliche Zeitschrift der TU Dresden 18 (1969), S. 1035 ff.

304 Vgl. Magirius, H.: a.a.O. (1994), S. 6, sowie Magirius, H., Prinz, H., Hertzig, S.: Ausstellungskatalog 2001, S. 68.

305 Hertzig, S.: „... gleichsam nur ein einiger Stein ...". Der Weg zum Bährschen Kuppelbau. Jahrbuch 2004, S. 36.

306 Vgl. Blaschke, K.: Die Frauenkirche in der Dresdner Kirchengeschichte. In: Dresdner Hefte, 10 H. 32, 4/92, S. 44 ff.

307 Pinder, W.: Deutscher Barock. Die großen Baumeister des 18. Jahrhunderts. Königstein im Taunus. o.J., S. 108.

308 Vgl. Hennig, G.K.: Jahrbuch 1995, S. 103, Anmerkung 60.

309 Ebd., S. 90, Anmerkung 19.

310 Vgl. Remus, T.: Die Sepulkralfunktion der Frauenkirche. Ausstellungskatalog 2001, S. 85.

311 Vgl. Hennig, G.K.: Jahrbuch 1995, S. 87.

312 Vgl. Fischer, H.: a.a.O. (1988), S. 13; dazu auch Ruge, W.: Dresden und die Sächsische Schweiz. Bielefeld 1924, S. 147 f.

313 Vgl. Sponsel, J.L.: a.a.O. (1893), S. 4.

314 Vgl. Fischer, H.: a.a.O. (1988), S. 13 f.

315 Vgl. Hennig, G.K.: Jahrbuch 1995, S. 107, Anmerkung 66.

316 Vgl. ebd., S. 87.

317 Vgl. Fischer, H.: a.a.O. (1988), S. 12.

318 Vgl. Hennig, G.K.: Jahrbuch 1995, S. 88f.

319 Friedell, E.: a.a.O. (1974). S. 533.

320 Ebd., S. 532.

321 Klemm, F.; zit. nach Troitsch, U. und W. Weber: Die Technik von den Anfängen bis zur Gegenwart. Braunschweig 1982, S. 199.

322 Vgl. Radkau, J.: Technik in Deutschland. Vom 18. Jahrhundert bis zur Gegenwart. Frankfurt a.M. 1989, S. 66 f.

323 Hennig, G.K.: Jahrbuch 1996, S. 50. – Steinböcke sind Hebezeuge in der Art eines Tisches, der sich hochwinden läßt, um eine Last auf ein anderes Höhenniveau zu befördern; vgl. dazu auch Hennig, G.K.: Jahrbuch 1995, S. 88, Fußnote 15. – Fußwinde oder Bauwinde: bei ihr wird in einem hölzernen, später auch eisernen Gehäuse ein Stock mit einer Zahnstange durch ein mit einem

Stirnrad, an dem eine Kurbel befestigt ist, versehenes Getriebe auf und ab bewegt; um das Ausgleiten des Gestelles zu verhindern, besitzt das Gerät kurze eiserne Klauen, „Füße", wodurch es am Boden festgehalten wird. Vgl. dazu Mothes, O. (Hrsg.): Illustriertes Bau-Lexikon. Zweiter Band. Leipzig und Berlin 1882.

324 Vgl. Frankfurter Allgemeine Zeitung vom 01. Oktober 2003, in der F. Becker über ein gemeinsames Forschungsprojekt der beiden Max-Planck-Institute für Kunstgeschichte in Rom und für Wissenschaftsgeschichte in Berlin zur „Wissensgeschichte der Architektur" berichtet.

325 Vgl. Jesberg, P.: Die Geschichte der Ingenieurbaukunst aus dem Geist des Humanismus. Stuttgart 1996, S. 109.

326 Für den hier dargelegten Gesamtzusammenhang vgl. auch Remus, T.: Zur Bautechnologie bei der Errichtung der Frauenkirche. Ausstellungskatalog 2001, S. 91 ff.

327 Vgl. Hennig, G.K.: Jahrbuch 1995, S. 86 f.

328 Zit. nach Hennig, G.K.: Jahrbuch 1996, S. 39.

329 Vgl. Kuke, H.-J.: Ordnung und Unfriede. Zur Nutzung der Dresdner Frauenkirche im 18. Jahrhundert. Jahrbuch 1997, S. 91 ff.

330 Vgl. Hennig, G.K.: Jahrbuch 1996, S. 39.

331 Vgl. ebd., S. 36.

332 Vgl. ebd., S. 36.

333 Vgl. Hennig, G.K.: Jahrbuch 1997, S. 29.

334 Vgl. Hennig, G.K.: Jahrbuch 1996, S. 35.

335 Zit. nach Hennig, G.K.: Jahrbuch 1996, S. 37.

336 Zit. nach Hennig, G.K.: Jahrbuch 1996, S. 37.

337 Zit. nach Hennig, G.K.: Jahrbuch 1997, S. 18.

338 Vgl. Fleischmann, P.: Steinmetz und Steinhauer. In: Reith, R. (Hrsg.): Lexikon des alten Handwerks. Vom späten Mittelalter bis ins 20. Jahrhundert. München 1991, S. 233. – Petri Stuhlfeier: Römisch-katholischer Feiertag zur Erinnerung an die Errichtung des Bischofstuhls in Antochia durch Petrus im Jahre 64 n. Chr. – St. Gallus: Todestag des Heiligen Gallus um 640 n. Chr., des Gründers einer Klause, aus der im achten Jahrhundert das Kloster Sankt Gallen erwuchs.

339 Vgl. Hennig, G.K.: Jahrbuch 1996, S. 50.

340 Vgl. Grießinger, A.: Maurer, Dachdecker und Zimmerleute. In: Reith, R. (Hrsg.): a.a.O., S. 151 ff. Die Verhältnisse in Sachsen im achtzehnten Jahrhundert werden zwar vor allem am Beispiel Leipzigs dargestellt, dürften sich jedoch durchaus auch auf andere kursächsische Städte, mithin nicht zuletzt auf Dresden übertragen lassen.

341 Vgl. Fleischmann, P.: a.a.O. (1991), S. 230 ff.

342 Jesberg, P.: a.a.O. (1996), S. 109.

343 Vgl. Hennig, G.K.: Jahrbuch 1996, S. 49.

344 Burger, E.: a.a.O. (1999), S. 42.

345 Vgl. Magirius, H., H. Prinz, S. Hertzig: Ausstellungskatalog 2001, S. 74 f.

346  Vgl. Magirius, H.: a.a.O. (1994), S. 12.
347  Vgl. Hennig, G.K.: Jahrbuch 1995, S. 98.
348  Zit. nach Hennig, G.K.: Jahrbuch 1995, S. 109.
349  Zit. nach Hennig, G.K.: Jahrbuch 1995, S. 109 f.
350  Zit. nach Hennig, G.K.: Jahrbuch 1995, S. 109.
351  Zit. nach Hennig, G.K.: Jahrbuch 1995, S. 109.
352  Hennig, G.K.: Jahrbuch 1996, S. 50.
353  Vgl. Hennig, G.K.: Johann Christian Feige und die plastische Ausgestaltung
     der Frauenkirche. Ausstellungskatalog 2001, S. 97.
354  Hennig, G.K.: Jahrbuch 1997, S. 15.
355  Zit. nach Hennig, G.K.: Jahrbuch 1997, S. 17.
356  Zit. nach Hennig, G.K.: Jahrbuch 1997, S. 16.
357  Zit. nach Hennig, G.K.: Jahrbuch 1997, S. 17.
358  Hennig, G.K.: Jahrbuch 1997, S. 24, Fußnote 28.
359  Zit. nach Hennig, G.K.: Jahrbuch 1997, S. 35.
360  Vgl. Hennig, G.K.: Jahrbuch 1997, S. 42.
361  Hennig, G.K.: Ausstellungskatalog 2001, S. 96.
362  Ebd., S. 97.
363  Der ausführliche Bericht über diese Audienz findet sich in: Heckmann, H.:
     a.a.O. (1972), S. 14 f.
364  Zit. nach Heckmann, H.: a.a.O. (1972), S. 14.
365  Löffler, F.: a.a.O. (1987), S. 196.
366  Vgl. Magirius, H.: Zur Ikonographie und Ikologie der Dresdner Frauenkirche.
     Jahrbuch 1995, S. 113, sowie Hennig, G.K., Jahrbuch 1998, S. 83.
367  Hennig, G.K., Jahrbuch 1998, S. 84.
368  Zit. nach Hennig, G.K.: Jahrbuch 1998, S. 67.
369  Zit. nach Kuke, H.-J.: a.a.O. (1996), S. 79.
370  Zit nach Hennig, G.K., Jahrbuch 1998, S. 66.
371  Vgl. dazu vor allem die ausführliche Darstellung Lambrecht, J., Ch. Weiss,
     G.K. Hennig und W. Jäger: Das Armierungseisen der Dresdner Frauenkirche.
     Jahrbuch 1998, S. 101 ff.
372  Zit. nach Hennig, G.K., Jahrbuch 1998, S. 71.
373  Zit. nach Hennig, G.K., Jahrbuch 1998, S. 73.
374  Vgl. Hennig, G.K.: Ausstellungskatalog, S. 100.
375  Vgl. Marx, H.: Giovanni Battista Grone und die Gemälde in der Kuppel der
     Dresdner Frauenkirche. Ausstellungskatalog 2001, S. 110 ff.
376  So Sponsel, J.L.: a.a.O. (1893); zit. nach Marx, H.: Giovanni Battista Grone
     (1682–1748). Sein Schaffen in Sachsen und die Gemälde in der Kuppel der
     Dresdner Frauenkirche. Jahrbuch 1996, S. 125.
377  Vgl. Magirius, H.: a.a.O. (1999), S. 20.
378  Zit. nach Marx, H.: Jahrbuch 1996, S. 125.
379  Ebd., S. 125.
380  Ebd., S. 125.
381  Zit. nach Hennig, G.K.: Jahrbuch 1998, S. 89, Fußnote 92.

382 Marx, H.: a.a.O. (2001), S. 112.
383 Zit. nach Hennig, G.K.: Jahrbuch 1998, S. 97.
384 Zit. nach Hennig, G.K.: Jahrbuch 1998, S. 97.
385 Zit. nach Hennig, G.K.: Jahrbuch 1999, S. 33.
386 Vgl. Hennig, G.K.: Ausstellungskatalog 2001, S. 100.
387 Menzhausen, J.: Der Altar der Dresdner Frauenkirche und der Bildhauer Johann Christian Feige d.Ä., Jahrbuch 1998, S. 144.
388 Hennig, G.K.: Ausstellungskatalog 2001, S. 101.
389 Vgl. Magirius, H.: Jahrbuch 1995, S. 112.
390 Zit. nach Magirius, H.: Jahrbuch 1995, S. 118.
391 Magirius, H.: Jahrbuch 1995, S. 122.
392 Vgl. Hennig, G.K.: Ausstellungskatalog 2001, S. 100.
393 Zit. nach Hennig, G.K.: Jahrbuch 1998, S. 86.
394 Zit. nach Hennig, G.K.: Jahrbuch 1998, S. 87.
395 Zit. nach Hennig, G.K.: Jahrbuch 1998, S. 88.
396 Zit. nach Hennig, G.K.: Jahrbuch 1998, S. 96.
397 Zit. nach Hennig, G.K.: Jahrbuch 1998, S. 96.
398 John, H.: Das Musikleben in der Dresdner Frauenkirche im 18. Jahrhundert. Ausstellungskatalog 2001, S. 117.
399 Zit. nach Hennig, G.K.: Jahrbuch 1998, S. 96.
400 Zit. nach Hennig, G.K.: Jahrbuch 1998, S. 97.
401 Zit. nach Hennig, G.K.: Jahrbuch 1999, S. 39.
402 Zit. nach Richter, O.: Meister George Bährs Tod. Jahrbuch 1996, S. 244. Die folgenden Ausführungen über das Ableben des Ratszimmermeisters orientieren sich hauptsächlich an diesem bereits 1896 veröffentlichten Beitrag.
403 Zit. nach Richter, O.: Jahrbuch 1996, S. 245.
404 Zit. nach Hennig, G.K.: Jahrbuch 1999, S. 40; die Bezeichnung „Mart." ist die lateinische Abkürzung von Martius=März.
405 Vgl. Hennig, G.K.: Jahrbuch 1999, S. 48, Fußnote 37.
406 Vgl. Fischer, H.: Kuppelturm, Knopf und Kreuz der Frauenkirche Dresden. Jahrbuch 1995, S. 131 f. und Fußnote 3.
407 Zit. nach Hennig, G.K.: Jahrbuch 1999, S. 41.
408 Zit. nach Hennig, G.K.: Jahrbuch 1999, S. 45.
409 Zit. nach Hennig, G.K.: Jahrbuch 1999, S. 48.
410 Zit. nach Hennig, G.K.: Jahrbuch 1999, S. 52.
411 Vgl. Fischer, H.: Jahrbuch 1995, S. 133.
412 Zit. nach Hennig, G.K.: Jahrbuch 1999, S. 59.
413 Zit. nach Hennig, G.K.: Jahrbuch 1999, S. 57 f.
414 Zit. nach Hennig, G.K.: Jahrbuch 1999, S. 59.
415 Magirius, H.: a.a.O. (1994), S. 13 f.
416 Vgl. Magirius, H.: a.a.O. (1999), S. 24.
417 Vgl. Paul. J.: Das Bild der Dresdner Frauenkirche in der kunst- und architekturgeschichtlichen Literatur. Jahrbuch 1996, S. 165 ff.
418 Ebd., S. 180.

419  Vgl. ebd., S. 179, f.
420  Pinder, W.: Deutscher Barock. Die großen Baumeister des 18. Jahrhunderts. Königstein im Taunus 1911, S. 18.
421  Vgl. Paul, J.: Jahrbuch 1996, S. 176.
422  Ebd., S. 180.
423  Zit. nach Kuke, H.-J.: a. a. O. (1996), S. 63.
424  Zit. nach Kuke, H.-J.: a. a. O. (1996), S. 63.
425  Zit. nach Kuke, H.-J.: a. a. O. (1996), S. 64.
426  Zit. nach Kuke, H.-J.: a. a. O. (1996), S. 64.
427  Zit. nach Kuke, H.-J.: a. a. O. (1996), S. 64.
428  Zit. nach Kuke, H.-J.: a. a. O. (1996), S. 64.
429  Zit. nach Kuke, H.-J.: a. a. O. (1996), S. 65.
430  Jäckel, G.: Zur sächsischen Kulturgeschichte: Das Beispiel der Residenzstadt Dresden um 1800. In: Gerlach, S. (Hrsg.): a.a.O (1993), S. 186.

# NAMENVERZEICHNIS

(Der Name *George Bähr* wurde *wegen* der Häufigkeit seines Vorkommens nicht in das Register aufgenommen.)

# ABBILDUNGSNACHWEIS

Abb. 1:  Stadtplanungsamt Dresden

Abb. 2, 3, 5, 15, 20:  Sächsische Landesbibliothek – Staats- und Universitätsbibliothek Dresden, Abt. Deutsche Fotothek

Abb. 4:  Brandenburgisches Landesamt für Denkmalpflege und Archäologisches Landesmuseum

Abb. 6, 8, 13:  Eigene Aufnahmen des Autors

Abb. 7, 11, 12, 14:  Privatarchiv des Autors

Abb. 9:  Evangelisch-Lutherische Kirchengemeinde Eibenstock-Carlsfeld

Abb. 10, 16, 19:  Landesamt für Denkmalpflege Sachsen, Dresden

Abb. 17, 18:  Stadtarchiv, Dresden

**Reiner Pommerin**
**Geschichte der**
**TU Dresden**
**1828-2003**

Am 1. Mai des Jahres 1828 schlug die Geburtsstunde der Technischen Bildungsanstalt, aus der sich die heutige Technische Universität Dresden entwickelte. Der erste Band der dreibändigen Reihe »175 Jahre TU Dresden« ist der Geschichte der TU Dresden und ihrer Vorgängerinstitutionen von 1828 bis 2003 gewidmet.

Das Buch bietet eine verständliche und gut lesbare Darstellung der Geschichte der TU Dresden von der Gründung als Technische Bildungsanstalt 1828 bis heute. Es beschreibt ihre Geschichte in den unterschiedlichen politischen Systemen. Schwerpunkte bilden dabei die Zeit der Weimarer Republik, des »Dritten Reiches«, ihrer Wiedereröffnung nach dem Zweiten Weltkrieg sowie der DDR. Ein Blick auf ihre Entwicklung seit der Wiedervereinigung rundet den Band ab.

(175 Jahre TU Dresden, Band 1)

2003. XII, 452 Seiten. 38 s/w-

Abbildungen. Gebunden.

€ 24,90/SFr 42,–

ISBN 3-412-02303-5

KÖLN WEIMAR

URSULAPLATZ 1, D-50668 KÖLN, TELEFON (0221) 91 39 00, FAX 91 39 011

0230303121 6

**Herausgegeben
von Thomas Hänseroth**

# Wissenschaft und Technik

**Studien zur Geschichte
der TU Dresden**

(175 Jahre TU Dresden, Band 2)

2003. IX, 308 Seiten. 65 s/w-
Abbildungen. Gebunden.

€ 34,90/SFr 57,70

ISBN 3-412-02403-1

Der Band veranschaulicht wesentliche Bereiche der wissen-
schaftlich-technischen Entwicklung an der TU Dresden vor
allem in den letzten fünfzig Jahren und verdeutlicht so die
Vielfalt von Forschung und Lehre.

Aus dem Inhalt: Th. Hänseroth: Die Konstruktion »verwis-
senschaftlichter« Praxis – K. Mauersberger: Das wissenschaft-
liche Maschinenwesen im Spannungsfeld methodischer Aus-
einandersetzungen – B. Sorms: Die Dresdner Schule der
Elektrochemie – K. Zachmann: Männerkultur und Frauenstu-
dium (1873–1974) – Th. Hänseroth: Zur Etablierung der
Allgemeinen Abteilung im Kaiserreich – K. Mauersberger:
Wissenschaftskooperationen im Systemwandel – V. Stöhr: Die
Mechanische Abteilung in der Zeit des Nationalsozialismus –
J. Abele: Hochschulpolitik in der DDR – H. Petzold: Zur
Gründung des Instituts für Maschinelle Rechentechnik –
M. Buschmann: Zur Wissenschaftskooperation zwischen der
TU Dresden und dem VEB Nagema – R. Pulla: Elektrotechnik
und Informationstechnik – G. Barkleit: Mikroelektronik in
Lehre und Forschung – H.-G. Lippert: Zur baulichen Re-
präsentation der Ingenieurausbildung in Dresden.

BÖHLAU

KÖLN WEIMAR

URSULAPLATZ 1, D-50668 KÖLN, TELEFON (0221) 91 39 00, FAX 91 39 011

0240303I216

**Bearbeitet
von Dorit Petschel**
**Die Professoren
der TU Dresden
1828-2003**

Der Professorenkatalog – in dieser Form ein Novum – erfasst in alphabetischer Reihenfolge alle Professoren, die von 1828 bis 2003 an der TU Dresden und ihren Vorgängereinrichtungen lehrten und lehren. Er stellt ein unverzichtbares Nachschlagewerk dar, das die knapp 2.000 Hochschullehrer mit ihrer wissenschaftlichen und beruflichen Vita dokumentiert. Jede Kurzvorstellung wird ergänzt durch eine Auswahl wissenschaftlicher Veröffentlichungen, Bau- oder künstlerischer Werke.

Damit wird nicht nur die Geschichte der TU Dresden selbst illustriert, sondern zugleich die Grundlagen für weitergehende historische oder soziologische Forschung geschaffen.

(175 Jahre TU Dresden,
Band 3)
2003. IX, 1090 Seiten.
50 s/w-Abbildungen.
Gebunden. € 59,90/SFr 97,–
ISBN 3-412-02503-8

KÖLN WEIMAR

Böhlau

Ursulaplatz 1, D-50668 Köln, Telefon (0221) 91 39 00, Fax 91 39 011

0250303 1216